人体运动功能强化及损伤预防训练丛书

体态矫正指南

[英] 简·约翰逊（Jane Johnson） 著 赵鹏 李令岭 译

人民邮电出版社

北京

图书在版编目（CIP）数据

体态矫正指南 /（英）简·约翰逊（Jane Johnson）
著；赵鹏，李令岭译. — 北京：人民邮电出版社，
2019.5（2023.3重印）
（人体运动功能强化及损伤预防训练丛书）
ISBN 978-7-115-50825-6

Ⅰ. ①体… Ⅱ. ①简… ②赵… ③李… Ⅲ. ①身体形
态—矫正—指南 Ⅳ. ①G804.4-62

中国版本图书馆CIP数据核字（2019）第028305号

免责声明

本书内容旨在为大众提供有用的信息。所有材料（包括文本、图形和图像）仅供参考，不能用于对特定疾病或症状的医疗诊断、建议或治疗，且不能保证每一位读者都能通过使用本书运动方法取得成功。所有读者在针对任何一般性或特定的健康问题开始某项锻炼之前，均应向专业的医疗保健机构或医生进行咨询。作者和出版商都已尽可能确保本书技术上的准确性以及合理性，并不特别推崇任何治疗方法、方案、建议或本书中的其他信息，并特别声明，对读者的运动效果不负任何责任，不会承担由于使用本出版物中的材料而遭受的任何损伤所直接或间接产生的与个人或团体相关的一切责任、损失或风险。

内 容 提 要

　　本书介绍了 30 种常见的异常体态及针对性的矫正措施，为需要帮助患者矫正体态的专业人士提供了指导，同时教患者如何根据自身情况进行自我矫正。本书共分为 4 个部分，第一部分对体态矫正的基本原理和应用技术进行了概述，第二部分至第四部分从异常体态的定义、类型、识别方法、后果、缩短和拉长的肌肉等方面，分别对 10 种常见的脊柱体态问题、14 种常见的骨盆和下肢体态问题、6 种常见的肩部和上肢体态问题进行了剖析，并详细介绍了每种异常体态适用的矫正技术和方案，同时针对治疗师和患者分别给出了使用这些方案的建议。通过阅读本书，每位想要了解和学习体态矫正理论及实践知识的读者都将从中获益。

◆ 著　　　　［英］简·约翰逊（Jane Johnson）
　　译　　　　赵　鹏　李令岭
　　责任编辑　王若璇
　　责任印制　周昇亮

◆ 人民邮电出版社出版发行　　北京市丰台区成寿寺路 11 号
　　邮编　100164　　电子邮件　315@ptpress.com.cn
　　网址　http://www.ptpress.com.cn
　　北京虎彩文化传播有限公司印刷

◆ 开本：700×1000　1/16
　　印张：14.5　　　　　　　　　　　　2019 年 5 月第 1 版
　　字数：276 千字　　　　　　　　　2023 年 3 月北京第21次印刷
　　著作权合同登记号　图字：01-2016-6533 号

定价：128.00 元
读者服务热线：**(010)81055296** 印装质量热线：**(010)81055316**
反盗版热线：**(010)81055315**
广告经营许可证：京东市监广登字 **20170147** 号

目　录

第三部分　骨盆和下肢矫正

第四部分　肩部和上肢矫正

扫描右方二维码添加企业微信。

1. 即刻领取免费电子资源。

2. 加入体育爱好者交流群。

3. 不定期获取更多图书、课程、讲座等知识服务产品信息，以
及参与直播互动、在线答疑和与专业导师直接对话的机会。

本书的读者对象是在治疗中需要实操的专业人士。如果你是一名软组织物理治疗师或运动专家，那么本书能够帮助你运用按摩技术、拉伸技术和简单的锻炼方法，矫正患者的身体姿态，而这也应当是你的治疗目标之一。物理治疗师、整骨师、运动物理治疗师以及脊椎按摩医师技术的学习者，都将最终拥有帮助患者克服体态问题的精湛技术。即便是一名学生，也能够根据本书中的简明描述，更加深入地理解人体的肌肉骨骼系统。如果你是一名瑜伽或普拉提老师，可能会从本书中学习到你在课堂上运用的姿势和动作是如何影响学生体态的，同样会受益匪浅。阅读本书后，你会学习到一系列拉伸方案，来帮助解决特定的体态问题。

无论你是什么专业，都可能了解本书中提到的一些技术，但你可能并不知道如何运用这些技术改变体态。本书的目的便是指导读者利用这些技术帮助患者矫正体态，无论体态问题出现在局部关节，还是整个身体的综合层面。

本书列举了 30 种最常见的体态问题，分别涉及脊柱、骨盆和下肢、肩部和上肢，并提供了每种异常体态的矫正措施。同时，还教患者如何根据自身体态问题进行自我矫正，这是体态矫正中十分关键的一部分。一些异常体态是由于习惯性的不良休息姿势或身体使用方式造成的，书中关于患者如何自我矫正的部分，能够帮助患者管理和矫正体态问题。

本书介绍的 10 种常见的脊柱体态问题分别为：颈椎过度前凸、颈椎侧屈、头前伸、头颈部旋转、驼背、平背、胸廓旋转、腰椎前凸过度，腰椎前凸减少以及脊柱侧凸。4 种常见的骨盆体态问题分别为：骨盆前倾、骨盆后倾、骨盆侧倾以及骨盆旋转。10 种常见的下肢体态问题分别为：髋部内旋、膝过伸、膝关节屈曲、膝内翻、膝外翻、胫骨扭转、平跖足、高足弓、足外翻以及足内翻。6 种常见的肩部和上肢体态问题分别为：肩胛骨前伸、肱骨内旋、高低肩、翼状肩胛骨、肘部屈曲和肘部过伸。

这 30 种体态在本书中都有相关的文字描述，且绝大多数附有展示特定姿态的图片，同时列出了异常体态中缩短的肌肉和拉长的肌肉。此外，对于每一种体态问题，都有一系列的建议，在"物理治疗师能做什么"和"患者能做什么"的标题中分条列出。一些建议也配有辅助说明的照片。

　　本书提及的一些技术适用于大多数物理治疗师，尤其是按摩物理治疗师。这些技术主要关注如何通过拉长缩短的肌肉调整身体各部分的对位对线，并根据需要矫正的不同体态有相应变化。该技术系列包括深层组织按摩、简单的被动拉伸、软组织放松、扳机点灭活以及肢体牵引。此外，本书还对患者可使用的主动拉伸技术和休息时的体态注意事项进行了说明和图解，并给患者提供了一些建议。书中关于如何与患者建立融洽关系、提高其在体态矫正中的参与度的知识，能够帮助你与患者配合得更默契，使治疗更加顺利。本书中所介绍的各种技术是对物理治疗师、整骨师和脊椎按摩师用到的各种关节治疗技术的有益补充。

　　本书介绍了一些用按摩物理治疗师现有的技术很难矫正的几种异常体态。典型的例子如脊柱侧凸、膝外翻和膝内翻，对于这些体态问题，简单地拉伸软组织或强化薄弱部分，不足以纠正已改变的骨性解剖结构。尽管如此，本书也介绍了这些体态的相关信息，并提供了意见和建议，这是因为，作为一名物理治疗师，了解自身能力所限也很重要。

　　所有的物理治疗师都清楚地知道，人体解剖结构内部的相互关联性使肌肉骨骼系统中的任何一部分都很难与其他部分分割。例如，颈部可能会影响腰椎；双脚可能会影响骨盆；肩部则会影响到手腕和双手。在理想情况下，我们通过整体性治疗，对患者的整个身体进行矫正。但实际上由于治疗时间的限制，通常物理治疗师一次只能着重处理一部分身体问题。所以本书也分别介绍了不同部位的体态矫正方法。这种呈现形式，可以帮助你在对某一特定的患者进行治疗时能迅速地找到本书中的相关部分加以参考。

　　本书一共分为 4 个部分。第一部分"初步了解体态矫正"包括 2 章，介绍了帮助患者进行体态矫正的基本原理，并概述了后续章节中所建议的方法。第二部分"脊柱矫正"包括 4 章，着重介绍了脊柱的特定部位，并解释说明了特定部位的体态问题和矫正建议。第三部分"骨盆和下肢矫正"包括 2 章，涉及了骨盆、髋骨、膝盖、脚踝和脚部的体态问题与矫正建议。第四部分"肩部和上肢矫正"包括 2 章。

　　本书是《体态评估操作指南》一书的理想姊妹篇，对于《体育运动中的深层组织按摩技术（全彩图解版）》《拉伸治疗操作指南》《体育运动中的软组织放松术》中所介绍的技术如何帮助你治疗那些期待改变不良体态的患者，提出了深入见解。

第一部分

初步了解体态矫正

如果你已经在使用《体态评估操作指南》，那么你可能已经记录了某些患者的体态问题，并开始考虑如何帮助这些患者来改变其非正常的体态。在探讨如何矫正患者的体态之前，需要对进行体态矫正的原因和方式有一个整体的了解。为什么要帮助患者矫正体态？这样做是基于审美需要，还是为了改善患者的功能水平和感受？体态通常是如何被矫正的？是否需要干预治疗？如果需要干预治疗，应采用何种方式？让我们从这些简单的问题入手，了解体态矫正的基本原则。

第 1 章

体态矫正简介

学习成果

学习本章后，你应该做到以下几方面。

- 列举因关节对位对线不良而受到影响的身体结构。
- 说明这些关节对位对线不良可能会导致的结果，以及这些身体结构如何受到影响。
- 举例说明易受关节对位对线不良影响的患者类型，以及能够从体态矫正中获益的患者类型。
- 举例说明体态矫正的禁忌证和注意事项。

本章能够帮助你初步了解关节对位对线不良的原因，及其可能对骨骼、肌肉、关节和韧带产生的负面影响。当体态发生改变时，了解这些结构的变化形式，能够帮助你理解体态矫正，以及第 2 章中所介绍的各种技术。同时，本章还列举了能够从体态矫正中获益的患者类型。

关于技术的有效性的说明

　　尽管本书概述了矫正特定体态的基本原理，但本书的目的并非是说服物理治疗师去改变患者的体态，而是在物理治疗师已经确定体态改变对患者有益的前提下，为如何改变体态提供思路。在没有可供参考的治疗方案时，对体态矫正提出建议是一件颇具挑战性的事情。目前，在体态矫正这一领域，几乎没有教科书，这可能是因为对于临床医师来说，没有人敢使用缺乏坚实证据支持的治疗措施，这是拿自己的专业地位冒险。我们还不了解在体态矫正方面哪些技术效果最好。例如，我们不知道按摩或拉伸缩短的组织，与强化肌肉或改变习惯体态等方法相比，在帮助身体各部分对位对线上的效果是相同还是更好。作为身体功能专家，我们生活在一个不仅循证实践未被鼓励，实验性实践研究也未得到赞成的大环境之中。参考文献被尽可能地引用，但请不要期待其遍布文中。

　　本书中提到的很多体态的参考信息很少，技术有效性的参考信息几乎没有。尽管文中提到的技术并非一定奏效，但它们都基于丰富且可靠的实践经验。我之所以将这些资料呈现给你们，是基于两个方面的考虑。一方面我希望一些读者能够对书中提到的思路进行实验，得出一定的结论，并最终为患者提供帮助。我如此建议是因为你毕竟并非外行，而是知识丰富的从业人员，不可能对患者实施有害的治疗。另一方面我希望一些读者能受到启发去研究选定的技术，或对其有效性进行合作研究。无论阅读本书激励你做出一个案例研究，还是开展更多的工作，我相信分享你的发现都一定能够对本学科有所贡献。总有一天，我们能够了解到更多的信息，知道哪些体态会导致身体疼痛，哪些体态矫正方法是减少体态异常引起疼痛的最佳方案，以及某些体态矫正技术本身是否可预防性地减少体态相关症状发展的可能性。

姿势对位对线不良的原因

　　你是否曾发现，有人与其父母或祖父母具有相同的举止习惯或者站立姿势？你是否曾注意到，某些同一家庭的成员，不仅具有相似的面貌特征，而且还具有相似的体形和姿势？如同肤色、瞳色、发色都是遗传而来，体形也是可以遗传的。你从父母那里继承了骨骼和肌肉的形状、大小以及运动能力，因此，你也可能会继承某种特定的体态倾向。本书中介绍的所有体态都具有一定的遗传性，然而关节对位对线不良还可能有许多其他原因，如受伤等。原因多种多样，本书无法对其进行详细描述。为了便于读者了解，下面列出一些可能导致关节对位对线不良的因素。

■ 肩胛骨前伸。可能是由于负责前伸的肌肉训练过度，如拳击运动，也可能由瘫坐在桌前的习惯引起。单边肩胛骨前伸则可能是由射箭运动中经常举弓的动作，以及因工作或习惯而反复屈肩，即反复前伸肩胛骨造成。

■ 膝外翻。可能是成长过程中身体缺乏矿物质，从而使胫骨弯曲引起。或者患有膝关节炎，从而使关节面变形引起。或者受伤致使外侧韧带过度伸展，以及双脚和脚踝过度内翻导致。

■ 骨盆前倾。可能是持续反复地过度使用髂腰肌，从而使腰椎被拉向前方而导致。腰椎关节活动度过大也会引起这个问题。它也常见于怀孕后期的孕妇和腰围过大的人。

■ 驼背。可能是由于长时间保持驼背姿势，如连续数小时坐在电脑前。也可能是椎骨骨折导致胸椎出现楔形改变引起，常伴有骨质疏松。

■ 头前伸。可能是由于在看电脑屏幕时，或专注于刺绣、模型制作、画图等活动时，且有反复长时间向前伸头的动作习惯引起。此外，携带沉重的背包会加剧这种体态问题（Chansirinukor et al.，2001）。

■ 平跖足。可能具有遗传性，体重增加或脚部韧带松弛都是可能的原因。此外，还可能存在一些潜在的相关因素，如唐氏综合征（Dehghani et al.，2012）。

■ 头颈部旋转。可能是由于经常将头偏向一侧且保持静止不动（如看电视），或者是由于反复向一个方向旋转头部（如倒车时回头看），或者是由于害怕疼痛而主动避免颈部向一侧转动，也可能与颈部旋转肌痉挛有关。

布洛姆菲尔德及其同事（Bloomfield et al.，1994）提出，体态与人的体形之间存在密切的关系。体形消瘦者最易受到影响的是脊柱，而体形肥胖者最易受到影响的是下肢，详见表 1.1 的总结。

了解定期参与运动是否会导致体态异常对我们很有帮助。以某块肌肉或某个肌肉群缩短形成的特定体态为主要动作的任何运动，都会使这种体态持续存在或导致更差的体态。例如，参加划船运动可能会导致驼背，长期打高尔夫球则可能加剧胸部旋转和胫骨扭转。有些冲击力过大、给下肢带来沉重负担的运动，如跑步、举重等，常常会导致膝外翻和膝内翻。箭术和射击运动可能会引起单侧肩胛骨前伸。很显然，长期偏重于使用身体某一侧的运动，可能会导致身体体态失衡。曲棍球、网球和划船是与脊柱侧凸、高低肩、背部不对称高度相关的常见运动（Waston，1997）。

表 1.1　与体形相关的体态问题

体型	相关体态问题
消瘦型	头前伸 肩胛骨外展（前伸） 驼背 腰椎前凸过度 脊柱侧凸
肥胖型	膝外翻 平跖足 足外翻
匀称型	一般来说不存在体态缺陷，但随着年龄的增长，尤其是随着体重的增加，可能会出现一些小问题

　　从事龙舟（赛艇）运动的女性桨手和对照组相比，更容易出现脊柱前凸、腰椎侧凸和高低肩等问题（Pourbehzadi et al.，2012）。尽管人体测量通常会将运动员和非运动员进行对比，但是所测量的项目倾向于包括身体各部位的比例、各部位肢体的使用程度，以及人体杠杆的长度，并非本书中所介绍的体态问题。对于运动员的研究则侧重于生理学特征，而非解剖学特征，因为研究者更加重视哪些生理因素造就了一个优秀的运动员，以及这些指标能否被提高。金教授及其同事于 1995 年针对亚洲优秀壁球运动员所做的研究便是一个典型的例子。他们在研究过程中收集了运动员们的肺功能、心肺耐力、专项运动身体素质、有氧运动能力、柔韧性以及肌肉力量等数据，还获得了身高、体重、体脂率等人体测量数据，但是研究中没有评估任何体态问题。

　　与之相对的是，针对年轻运动员的研究则常常包含对运动员体态的分析。格拉贝拉在 2012 年的报告中指出，每周参加 3 至 5 次足球训练的 11 至 14 岁男生，与不参加训练的同龄人相比，腰椎前凸的角度更加平缓。然而埃内西和沃森于 1993 年的研究发现，成年球员（包括橄榄球、曲棍球和盖尔足球的运动员）腰椎前凸的角度却更大。埃内西和沃森是对腘绳肌一直有伤的运动员们进行的检查，这可能是研究结果不同的原因。研究者们得出结论：某些运动和训练方法可能会加重已有的体态缺陷，并且使运动员更易受伤。他们认为，诸如踢腿、直腿抬高、直腿仰卧起坐等训练都会使用到髂腰肌；而这会导致腰椎向前牵拉，引起脊柱前凸更加严重，即他们所观察到的运动员体态。尽管年轻人的脊柱可塑性更强，但在格拉贝拉的研究中，反复使用髂腰肌（这在足球训练中很常见）并没有导致青少年的脊柱过度前凸。关于年轻运动员们的体态问题，可能还有更多可用的数据，但很明显，这并不能用于解释参与相同运动的成年运动员的体态问题。

　　大概是由于运动员肩关节的受伤概率要高于身体其他部位，因此人们对于肩部体态也更关注。与非投掷项目的运动员相比，身体健康的运动员，肩膀在抬高时，会更多地进行肩胛骨的收缩和上旋（Forthomme et al., 2008）。这与静止状态下的肩胛骨体态有关：对于经常上肢过顶型运动员来说，惯用手一侧肩的位置通常比另一侧肩要低一些，这可能是由于经常用力拉伸韧带和关节囊而造成的（Oyama et al., 2008）；而胸小肌紧张可能会导致内侧缘更加突出的问题。

　　1994 年，布洛姆菲尔德及其同事基于运动教练观察的结果，提出高水平运动员的特征体态问题（见表 1.2）。我们无法确定这些体态问题是否是运动员们参与这些运动的结果，还是运动员在参加运动之前便存在某些体态特征。布洛姆菲尔德及其同事认为，在高水平运动员身上发现的体态特征，可能对其从事的运动有利，因此不应当被改变，反而应该尽量利用这种优势。

表 1.2　来自高水平运动员身体体态的观察结果与推荐的体态

运动	相关体态的发现和推荐
拳击	拳击训练会使运动员更易出现圆肩（目前尚不清楚作者所用的"圆肩"一词是否是指肩胛骨前伸或外展，还是肱骨内旋，抑或是二者兼有）
身体接触性项目： 橄榄球 澳式足球 美式足球	■ 适当的胸椎和腰椎弯曲要比非刚性非直立的脊柱更加有利 ■ 足内翻可能是有利体态 ■ 骨盆前倾和臀部凸出可能是有利体态 ■ 膝过伸是不利体态
场地类项目： 篮球 网球 排球	■ 足内翻可能是有利体态 ■ 骨盆前倾和臀部凸出，以及适当的胸椎和腰椎弯曲，要比平直的体形更加有利
自行车	■ 常出现轻微的圆背，除了可能是运动员们为了赢得比赛而自行选择的体态外，可能更多是因为日常训练所致 ■ 大量的高强度训练可能会导致大腿变粗，臀部变大
体操	■ 在体操运动中，腰椎前凸过度和骨盆前倾的女性，要比平背运动员更易出现脊柱过伸 ■ 在自由体操项目中，臀部较大的体操运动员要比臀部平小的运动员在完成地上跳跃动作中更有优势
跨栏	■ 成功的跨栏运动员可能会很高，并伴有骨盆前倾和臀部凸出
跳跃项目	■ 跳远运动员的体态特征是骨盆前倾和臀部凸出
武术： 柔道 摔跤	■ 足内翻可能是有利体态 ■ 脊柱弯曲增大可能会提高躯干的活动性，因此更加有利

（续表）

运动	相关体态的发现和推荐
跑动类场地项目： 场地曲棍球 足球 长曲棍球	■ 此类运动员体态多样，并没有某个特定的有利体态 ■ 当运动员防守区域有限时，足内翻可能是有利体态 ■ 在需要长距离高速运动时，骨盆前倾和臀部凸出可能是有利体态 ■ 因为球员在比赛中可能需要轻微弯曲脊柱，因此适当的胸椎和腰椎弯曲要好于非刚性非直立的脊柱 ■ 膝过伸是不利体态
持拍类项目： 羽毛球 回力网球 壁球 网球	■ 足内翻是有利体态 ■ 需要补充均衡训练来保持身体两侧的肌肉平衡，否则会由于单侧身体承担主要任务，而导致身体单侧失衡，并且可能会形成脊柱侧凸
划船，皮划艇	轻微的圆肩或圆肩倾向常见于这类运动员，除了可能是运动员们为了赢得比赛而自行选择的体态外，可能更多是因为日常训练所致（目前尚不清楚作者所用的"圆肩"一词是指肩胛骨前伸或外展，还是肱骨内旋，抑或是二者兼有）
中距离赛跑	腰椎和髋部的形状介于短跑和长跑运动员之间：随着赛程的加长，臀部凸出这一特征会变得不太明显
长距离赛跑	与短跑运动员相比，长跑运动员的髋部和腰椎均较平
短跑	骨盆前倾和臀部凸出能够提高短跑能力
投掷项目	此类运动员体态多样，并没有某个特定的有利体态
举重	此类运动员体态多样，并没有某个特定的有利体态
特定型场地项目： 棒球 板球 高尔夫球	此类运动员体态多样，并没有某个特定的有利体态
游泳和水球	■ 具有溜肩的游泳运动员，肩膀的屈伸能力要好于平肩运动员，因为后者更易拥有较大的肩胛骨和较长的锁骨 ■ 足外翻的游泳运动员更适合蛙泳时的腿部运动方式，而足内翻的游泳运动员则更适合于仰泳、自由泳和蝶泳的腿部运动方式 ■ 游泳运动员中常见膝过伸，这是因为他们在反复踢腿时，会过度拉伸小腿的十字韧带。这种体态能够使膝盖前后移动的范围更大，但目前无法确定膝过伸是否有利于游泳运动员

■ 在 15 至 20 米的短距离跑步运动中，足内翻的运动员更具优势，这是因为足内翻能够促进运动员完成短而快的步伐。从理论上来说，胫骨扭转会使腘绳肌收缩，从而限制距离较大的步伐。在这种情况下，运动员在运动时与地面的接触次数越多越有可能提高其动态平衡能力。

- 骨盆前倾和臀部凸出有利于延长跑步动作的周期，因此可能会有利于需要速度爆发力的运动员。

- 脊柱弯曲曲度的增加有利于需要躯干活动性的运动。

- 膝过伸对于需要转身或转向跑动的运动来说是一种不利体态，因为这种体态会降低运动员膝盖的稳定性。

他们的观察结果和建议提出了一个问题：即是否应当为参与运动的人员进行体态矫正。

除了投掷运动员的肩膀以外，我们很难判断长期参加某种特定运动，是否会引起关节对位对线不良。关于运动对于体态的影响，还需要更多的信息和进一步的研究，进而对布洛姆菲尔德及其同事的观察结果和推荐体态进行扩展。

关节对位对线不良的后果

你是否曾经见过标准或理想体态的照片，站姿端正，而且身体部位完美对称？这种照片通常被用来展示身体部位所受压力最小时的体态；它们通常是人们出于审美目的而追求的体态。然而，可能从维多利亚时代（1837 年至1901 年）开始，体态的重要性发生了变化。在那个时代之前，优美的体态大概是诸如花样骑术或芭蕾之类的活动所固有的，但现在却很少有人去追求优美的仪态。现在孩子们的健康仍然和以往一样十分重要，但是老师们已经不像以前那样要求学生挺直身体坐着上课；即使老师这样要求，也只是为了让学生保持注意力，而并非想要改善他们的体态。不过，从解剖学的角度来看，我们有充足的理由去改变那些明显偏离标准的体态。下面介绍关节对位对线不良对于某些身体部位的影响和后果。就本书中所介绍的大多数体态来说，长期的体态改变给特定身体部位所带来的影响，都仅仅是理论上的假设。除了此处介绍的内容，第 3 章至第 10 章介绍的 30 种体态中的每一个，都包括了专门的章节介绍关节对位对线不良引起的后果，读者可以从中获得更多信息。

骨骼

当负重长骨变得比正常情况下更加弯曲时，那么作用于该骨骼上的压力和张力也随之发生了变化。观察图 1.1 中的右腿胫骨。作用于胫骨凹面的压力增加，同时作用于其凸面的张力也变大。在这个例子中，不仅胫骨中间的压力增大，其前方的压力也同样如此（本例中骨骼的凹陷区域），并且增强的张力不仅作用于胫骨外侧，同时还作用于胫骨后部（本例中骨骼的凸出区域）。这是因为图中的胫骨不仅向外侧弯曲（见图 1.1a），还向后方弯曲（见图 1.1b）。如果不能确定观察是否正确，则可在图 1.1a 中，用笔在右腿中间画出一条线，从上至下将腿纵向一分为二。在小腿上画线时，要注意这条线如何向外侧弯曲，即朝向书的边缘处。这个人的身体重量在通过胫骨传递时并非处于最佳状态，同样当走路双脚落地时，通过腿部向上传递的力也存在一定的问题。由于骨骼属于有生命的人体结构，能够变形，因此，如果以上述方式来承受身体重量，则可能会导致骨骼进一步变形，从而导致人的外表体态变得不再美观。不过正如一开

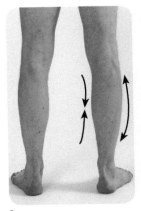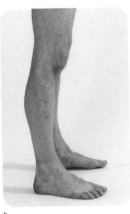

图 1.1　此人胫骨同时向外侧和后方弯曲：a. 后视图，图中箭头表示胫骨凹陷区域所受压力增加，凸出区域张力增加；b. 侧视图

始所说，本书并不是为了追求美观而进行体态矫正的。那么从解剖学上说，我们为什么会担心弯曲的胫骨呢？其中一个原因是如此形状的长骨会降低承重能力，并增加受伤的风险，如应力性骨折。长骨弯曲还会导致与该骨骼距离最近的关节发生改变。在这个例子中，膝盖（胫骨关节、髌骨关节和胫腓关节）、脚踝甚至可能是距离更远的关节，如髋骨关节和骶髂骨关节，都会受到影响。总的来说，关节对位对线不良的后果，就是骨骼以及与之相关联的关节都无法发挥其最佳功能，并可能会导致骨骼、关节变形或相关肌肉的疼痛。

肌肉

在理想的体态中，作用于软组织上的张力最小。如果机体的对线对位是在肌肉保持主动或被动收缩的情况下，那么肌肉会逐渐适应该体态，从而导致结构性肌节数量减少、长度缩短（Spector et al., 1982），以及肌腱长度缩短（Herbert et al., 1993）。这种情况被称为适应性缩短，也可能意味着肌肉力量的减弱。当肌肉收缩时，会使关节僵硬，因此可能会降低该关节的活动范围。相反，如果肌肉保持拉长状态，则会增加肌节的长度，使肌肉力量变弱，而这称为拉伸性肌无力。当肌肉伸长时，会使关节比较松弛，可能增加该关节的活动范围。无论关节太过僵硬或太过灵活，都要比运转正常的关节更容易受伤。

任何一个人在必须长时间保持一种静止体态时，都会感到肌肉很快变得绷紧，如果持续保持这种体态，就会引起疼痛。久而久之，这些部位的肌肉

可能会产生扳机点。在慢性病例中，即便体位改变，疼痛也会持续存在。肌肉紧张度的增加可能最初出现在关节对位对线不良的地方。但是，随着其他肌肉开始适应这种异常，问题会逐步扩大。肌肉会更快出现疲劳，起初是局部，即受影响关节周围的跨关节肌肉，然后远处的肌肉也会受到影响，最终发展为全身疼痛，疼痛的位置通常距离最初的异常部位较远。严重时，甚至会损害身体的正常机能。例如，身体平衡能力可能会退化。机械性压力使扳机点始终存在，而这种压力的常见根源是不相称的身体体态和骨骼（Travell et al.，1999）。

因此，以下是关节对位对线不良可能对肌肉造成的整体影响。

- 肌无力的发生概率增加（由于肌肉的收缩或拉伸）。
- 关节活动范围的增大或缩小。
- 可能会增加关节受伤的概率。
- 受到影响的肌肉和被动代偿的肌肉产生疼痛。
- 对身体机能造成损害。

关节

当关节对位对线不良时，关节所受的压力也会增加。观察图 1.2 中颈后方的皱褶，如果她保持这样的颈部姿势一小时不动，会对其颈椎关节产生怎样的影响？如果她因文案工作而保持该姿势一整天，会怎样？是否会引起颈部疼痛？如果她每天都保持这样的姿势并持续一周会带来什么样的后果？你可能会预期这样的体态会带来频繁的颈部疼痛，或使疼痛加重或疼痛持续时间增加。

图 1.2　头部前伸体态

假设这就是患者的常见体态，并且已经不经意地保持了许多年，又会如何呢？我们假定她除了颈部疼痛之外，还存在颈椎关节滑液减少，以及因为颈椎关节的关节囊附于局部结缔组织而引起的颈部活动度降低，这些是否合理？长期后果是否是软骨退化，以及关节的早期退化？而这种退化还将影响周围神经系统，从而引起颈部、肩部、背部以及手臂的疼痛。

韧带

当韧带处于被持续拉伸的状态时，它可能会逐渐变长。如果韧带变长，则会减弱其覆盖的关节的稳定性。该关节的活动范围可能会增加，甚至会出现关节过度伸展。在图 1.2 中，颈部前纵韧带可能被拉长，而后纵韧带缩短，这可能会损害这些重要结构的机能。图 1.3 中是一名患者踝部外翻的情形。

这时，踝部外侧所受的压力和内侧所受的拉伸张力均有增加。久而久之，踝部内侧副韧带会拉伸过度，使患者足部更易产生外翻损伤（如三角韧带扭伤）。即使韧带长度的改变十分微小，但如果长时间如此，则会改变该关节及其上下关节的受力情况。韧带受伤也可能会导致体态的变化，例如，前交叉韧带（ACL）断裂会增加与膝外翻和膝内翻体态相关的膝关节炎的风险。但目前并不能确定，前交叉韧带此类重要韧带的断裂，是否会令患者更易形成膝外翻或膝内翻体态。

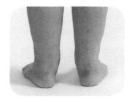

图 1.3　踝部外翻体态

　　韧带变长不仅仅意味着某一个关节变得更不稳定，该关节上方和下方的关节同样也会受到影响，这是因为其他关节会因此受到额外的压力和张力。因此，如果某人膝盖部位的韧带拉长，则同侧的髋部和踝部受伤的风险也会显著提高；同样，如果某人肘部韧带拉长，那么同侧的肩膀和手腕也更容易受伤。韧带中所包含的神经末梢，对于人体的反应能力和本体感觉功能十分重要。持续作用于韧带的压力和张力——并非是在运动中或负重时所产生的正常压力或张力变化——可能会对神经末梢的机能带来不利影响。

其他软组织

　　与骨骼、关节、肌肉和韧带一样，体态异常会对诸如血管、淋巴管、神经或筋膜等软组织造成过度的压力或张力，也会对这些组织的机能产生不利影响。你是否曾经观察过在移除石膏绷带后，伤处皮肤的样子？由于受到压力，绷带下方的皮肤会变得苍白，看起来毫无生气。你可以在拿掉胶布绷带的时候观察到同样的情况，哪怕绷带只是绑了几天。即使是轻微的压力，其持续存在也很难让皮肤保持如初。虽然体内对于软组织的压力或张力是看不见的，但是这种情况会与长期的体态改变一同存在，这些结构会像肌肉、肌腱和韧带一样，受到关节对位对线不良的影响。

　　关节对位对线不良所带来的最严重的后果，也许是本书中所描述的 30 种体态问题，如果不加以治疗，每一种都可能恶化，只是程度有所不同，其中一些体态要比其他体态变得更加糟糕。例如，驼背的人可能会变得更加弓背，但扁平足患者的足部却不会变得更加扁平。此外，不同体态变差的速度也有很大的不同，有的可能需要几个月，有的可能需要几年。病情的发展取决于很多因素，例如，体态异常被确定为哪个阶段，患者的基本健康情况，是否有能够提供建议和治疗方法的专家，以及患者参与体态矫正的意愿和能力。我们假设一对有着膝外翻家族史的姐妹都注意到了自己一条腿的膝盖存在轻微的膝外翻问题，姐妹中的一人继续在集训队参与训练，其中包括举重和跑步训练，并且从不注意自己的膝盖体态。另一人则向专业人士咨询，了解到举重和跑步都会加剧膝外翻。举重会在对位对线不良的关节上附加过多的重量，而跑步则会对膝盖造成反复的冲击。这个女生还找到了许多对膝盖没有不利影响的运动，如游泳、骑自行车和划船等，并且她还采用了本书中推荐的一些处理膝外翻体态的方法。这样看来，继续参加不利于其体态的运动第一个女生，其体态会先于她的姐妹变糟。

当有患者来找你治疗时，体态评估十分重要，因为你可以在对患者的异常体态进行早期诊断之后，向患者提出建议，帮助患者避免那些可能会加重病情的因素，并对异常体态采取一些相应的训练和治疗，尽量减少对关节造成进一步的损伤。关于体态矫正的更多信息将在第 2 章的"使医患关系融洽，提高患者参与度"部分，以及第 6 章的"治疗师应做到以下几点"部分中进行介绍。

哪些人会从体态矫正中获益

本书中所提到的 30 种体态问题，并不仅仅限于某个特定的群体，很多患者都可能从如何避免并矫正不良体态的建议中获益，降低引起异常体态症状的可能性。以下介绍的内容虽然并不十分全面，但举例说明了哪些人更易受到关节对位对线不良的影响，并且能够从体态矫正中获益。

- 处于骨关节炎晚期的老年人，更容易出现膝外翻或膝内翻。同时，这两种体态问题还可能出现在膝盖、臀部、踝部受伤或病变的人们身上。

- 老年人经常存在驼背的问题。同样，久坐人群，或工作中需要反复弯腰的人们，也会有同样的问题。

- 许多体力工作者都存在身体体态不对称的问题。例如，在垃圾箱需要手工搬运和倾倒的年代，垃圾清运工会出现脊柱侧弯的情况，因为他们需要反复收缩身体一侧的肌肉拿起和运送垃圾箱。尽管目前并不能确定这种工作是否会导致体态真性改变，但这也是一个很典型的例子，能够说明某种活动会导致体态失衡。脊柱侧弯还可能出现在经常使用单侧身体携带重物的人们身上。负责摄像的人员在拍摄体育比赛时，需要长时间向上看着电视屏幕，休息时，他们便会出现颈椎过度拉伸的现象。这种情况也常见于维护架空电缆的巡线员身上，由于工作需要，他们经常要攀爬电线杆，或在使用高架移动平台时保持向上看的体态。具有某些特定医学体征的人们易出现关节对位对线不良。例如，多关节韧带松弛症患者的关节缺乏稳定性，并且很可能由于脊椎前移而致使颈椎过度前凸。埃莱尔-当洛综合征患者中，有 30% 至 50% 的人存在脊柱侧凸问题，23.7% 的人出现驼背，43% 至 55% 的人有扁平足，并通常会因此而引起膝外翻（Tinkle，2008）。在对 30 名青少年女性唐氏综合征患者进行的调查研究中，Dehghani 及其同事于 2012 年报告了以下与特定体态相关的百分比数据：平跖足（96%）、膝外翻（83%）、腰椎前凸过度（63%）、颈部侧屈（60%）、膝过伸（43%）、驼背（10%）、脊柱侧凸（6%），以及膝内翻（3%）。

- 关节受伤的人可能会改变关节的姿势，而且可能会因为负重而加重。童年时期受过伤的人，其下肢和脊柱常易形成明显的不对称体态，这是因为他们一直避免让受伤的部位负担身体重量。在一些案例中，患者始终无法让身体两侧均衡地负担体重。尽管最初受伤的部位早在多年前就已经痊愈，患者仍然会无意识地更多使用健侧肢体。

- 颈部体态不对称可见于遭受过颈椎过度屈伸损伤的患者。

- 孕妇经常会出现腰椎前凸过度的问题，因为脊椎受到额外的重量被向前拉。

- 除了布洛姆菲尔德及其同事在表 1.2 中所提到的体态以外，在运动员身上还能够发现以下特定的体态问题。

  - 网球运动员由于反复将握拍的手臂举过肩膀，会使惯用手一侧的斜方肌上束肥大。其惯用手一侧的肩胛骨前伸比另一侧更加明显，而这个部位的不对称性对该项目的运动员来说，可能很正常（Oyama et al.，2008）。

  - 高尔夫球运动员可能会存在与背部、髋部、膝盖和双脚有关的旋转体态问题。

  - 拳击运动员可能会由于肘部屈肌肥大和收缩，而使自己的肘部在休息时仍处于弯曲状态。

  - 咏春拳练习者常存在髋部和肩膀内旋的问题。这是由于练习时的站姿，以及与这种武术形式一致的手臂运动造成的。

- 不活动同样引起体态问题。

  - 伏案工作的人，由于长时间保持坐姿，常会出现肩内旋和驼背等体态问题。

  - 使用轮椅的人，或因工作原因长时间坐着或开车的人，可能会产生与髋骨和膝盖有关的体态问题。

体态矫正的禁忌证和注意事项

本书中所介绍的大部分技术，适用于大多数患者。然而，在使用本书中介绍的技术帮助患者进行体态矫正时，还需要额外注意一些事项。在本书每一部分中，都说明了使用某种技术的注意事项和禁忌证。以下介绍的注意事项和禁忌证很全面，但并不详细。作为一名合格的执业医师，你应当按照主管部门所提出的指导原则，并根据是否能够确保实践治疗的安全性，来给患者实施治疗。但凡在治疗前对技术抱有怀疑态度，应选择并确定更合适的替代治疗方法进行治疗。

何时需要格外注意

■ 当患者可能患有骨质疏松症时（如老年人、厌食症患者以及曾经有过厌食或食欲过盛的患者）需注意。如果你知道或者怀疑自己的患者有骨质疏松症，除最轻微的按压以外，应避免对其骨骼进行任何按压。在应用拉伸技术时，会产生一定程度上的张力，并且经常会对骨骼和关节造成压力，因此也要避免应用拉伸技术。

■ 当患者的体态是为了避免持续性疼痛而采取的相应改变时需注意。应避免对身体处于倾斜状态的患者进行体态矫正，如因后背疼痛而倾斜身体的患者。首先应当侧重于治疗疼痛的潜在原因。

■ 当患者的体态是出于自然的保护性需求，而且是有意识或无意识地对情绪感受做出的反应时（如恐惧、焦虑、害羞和绝望）需注意。如果令患者从闭合型体态变为打开型体态，例如从驼背改变至挺直身体，反而会对患者的情感造成非常糟糕的影响。在这种情况下，应该先试图进行微小的改变，这样做通常会对患者有所帮助。经过一周或几周的时间，让患者慢慢适应整个过程，而后再继续进行治疗。

■ 当患者存在关节灵活性过高的问题时需注意。关节过度灵活症状的成年人获得灵活性常常是以牺牲力量为代价，这类患者的软组织格外松弛，治疗的重点应当是缩短组织，而非继续将其拉长。在某些情况下，可以针对局部区域的张力进行治疗。但要记住，如果患者真的有关节灵活性过高问题，不仅会影响关节，而且还可能导致皮肤和血管功能的弱化。因此应当将这类患者推荐给相关专家进行治疗。

■ 当患者的体态问题是由于肌肉张力过高引起时需注意。这时进行治疗经常需要相关专家的建议。肌肉张力问题可能是因为某些潜在的因素（如与脑瘫或中风有关的肘屈肌痉挛），或是因为药物治疗的后果。在这种情况下，试图通过降低肌肉张力来解决体态问题往往是徒劳的。

■ 当患者的体态问题是由于肌肉无力造成时需注意。肌肉无力可能是因为某些潜在因素而导致的（如中风后形成的肩下垂，或胫骨神经受伤后引起的足下垂），在对这种病人进行治疗时，想通过增加其肌肉张力以改善体态问题，可能不会见效。

■　当患者为正处于产后 12 个月内的女性时需注意。由于怀孕会使身体体态发生暂时性改变，此时治疗产后体态问题效果更好，因为分娩后数月内，身体会分泌松弛肽，增加软组织的柔韧性，因此要注意不要过度拉伸患者的软组织。

■　当患者为老年人时需注意。年龄的增长降低了软组织的柔韧性，在一些情况下，骨骼也会变脆弱。因此对这些患者进行治疗时应格外小心。

■　当患者为儿童时需注意。尽管儿童和青少年能够从体态矫正中获益，但需要特殊的干预治疗方法，因此超出了本书的内容范围。这是因为某些体态对成年人来说是异常的，对于成长中的儿童来说可能是正常的。

禁忌证

- 治疗出现紧急情况，或治疗会影响到身体其他部位。
- 出现炎症。
- 出现血肿。
- 椎动脉血管病变。
- 患者患有骨质疏松症，且存在骨折的风险。
- 存在恶性肿瘤。
- 因融合（由于疾病或手术）而导致骨骼或关节受限。
- 急性血栓或栓塞。
- 当对负责关节稳定性的肌肉进行拉伸会损害其稳定性时。
- 当治疗会不利于伤口愈合进程时（例如对还未痊愈的伤疤施加压力）。
- 如果该治疗技术会逆转或损害其他治疗技术的效果时。
- 在治疗患者时，并不能确定该技术是否对患者有益，且未得到医疗许可。
- 治疗会引起疼痛。

■　另外，当患者出现以下情况时，仍需格外注意。

- 无法提供治疗反馈。
- 皮肤脆弱。
- 存在接触感染的高风险。
- 对于身体接触神经紧张、焦虑和情绪化。

- 长期使用激素。
- 存在平衡问题。
- 无法安全地服从指令。

对于任何治疗来说，都应当与患者讨论治疗目的，并在治疗前征得患者的同意。在第 2 章中会有更多关于治疗技术的信息。

结束语

本章举例说明了姿势对位对线不良的原因，你也了解到关节对位对线不良可能会导致骨骼、肌肉、关节或身体某些部位的形状改变，以及整体体态的改变。关节对位对线不良还会损害身体某些部位的机能，引起该部位的疼痛或其他症状，甚至会影响到与该部位距离很远的身体其他部位。本章还举例说明了哪些患者更容易发生体态问题以及哪些患者能够通过体态矫正而受益。我们对大部分人都可以进行体态矫正，但同时也要考虑注意事项。在某些情况下，体态矫正是需要特别禁止使用的。

第 2 章

改变体态

学习目标

学习本章后，应该做到以下几方面。

- 列出体态矫正的 5 个步骤。
- 举例说明每个体态矫正步骤中使用的矫正技术。
- 说明为什么正确识别原因对于体态矫正很重要，为什么患者引导型矫正会比治疗师使用的矫正技术更有效果。
- 说明使用拉伸、按摩、力量训练、肌筋膜扳机点灭活以及弹力带训练的基本原理。
- 举例说明体态矫正的一般准则。
- 举例说明拉伸、按摩、力量训练、肌筋膜扳机点灭活技术和肌效贴的使用准则、注意事项及禁忌证。
- 举例说明何时需要把患者转诊给其他合适的医生。

本章介绍了矫正技术的指导原则。这些原则适用于成年人，并且只能矫正患者的固有体态，而不是术后或突发外伤导致的临时体态。例如，患者大腿后肌群撕裂或膝关节手术后会表现为膝关节屈曲畸形，无须立即矫正。每个病例需遵循一般的康复治疗原则（例如，减轻炎症阶段，包括休息、冰敷、加压和抬高），然后逐渐实施软组织松动以减少瘢痕形成。

切忌在修复或康复早期阶段使用本书中介绍的矫正技术。作为一名专业的治疗师或运动防护师，需能够正确决定开始矫正治疗的安全介入时间。

无论是作为按摩治疗师、物理治疗师、运动治疗师、骨科或脊椎医师，均需要明确知晓体态评估及其手法治疗，并且应该习惯被你的伙伴进行观察和手法处理。大多数治疗师在进行继续教育过程中，即使在陌生人或从未遇到过的治疗师面前学习新技术也会很放松。看多了不同的体态类型，你就会对不同体态习以为常，甚至自己的身体不完美时，你也觉得这种不完美是司空见惯的，所有人都是不完美的。但是，不要忘记，许多患者并不会有这些经历，并且在进行体态评估或治疗时会感到不舒服。任何患者进行体态矫正治疗时会变得极为敏感。如果异常体态很明显，患者可能会对自己的体态很不安。这时，重点是要避免能引起争论的评论。治疗师在与患者交谈时使用词汇要谨慎，即使是常用的词语如扭曲、旋转、弯曲或屈曲。当这些词汇用于描述脊柱或关节时，可能会让患者感到难堪。因此，要避免异常或不恰当的词汇。

对咨询体态矫正的患者描述体态问题时，建议尽量避免情绪性用词（如不对称），可以描述为轻微差异，描述一个非常明显的异常体态时用词需谨慎。第二个建议是向患者展示他的镜像或照片中的体态时，询问患者是如何看待它的。你可以使用患者在之前描述自己体态时的用词。如何制订体态矫正的方案大部分来源于初次咨询收集的信息，包括患者对体态的描述、他对过去治疗的感受，以及是否有融洽的医患关系。

体态矫正的正确介入时机

确定何时开始体态矫正通常很困难。一般情况下，患者会在发现体态改变导致症状出现之后来就诊（见本章之后举的一些例子）。一般在初步评估后均能观察到患者体态的不平衡。如果认为体态矫正能够缓解症状，那么应尽快实行矫正治疗计划。关节间的力线改变是否能够预防持续损伤是一个未知数，且取决于异常力线部位的偏差程度、潜在的病理阶段、造成异常力线的因素（如体育活动）及治疗师的相关知识技能。另外，患者需自愿参与体态矫正。

在第 1 章中你已经了解到，关节对位对线不齐对骨骼、关节、韧带和其他结构均会产生不利影响，甚至可能导致愈合不良以及病理改变（Troyanovich et al., 1998）。最好的论证是通过体态矫正来减少这种情况发生的可能性。但是，有些变化会对身体其余部位的体态都产生影响。例如在下肢中，足、踝、膝或髋的异常体态将影响整个肢体的负荷。足和踝的过度活动或缺乏活动均可降低足部减震能力和力矩调节能力，导致患者适应能力下降，且刚性杠杆不能维持正常运动（Donatelli，1987）。为了适应畸形，相邻关节的运动发生相应变化，如步态的改变、肌肉的疲劳，因为它们难以抵抗异常负荷并维持关节正常位置（Fawdington et al.，2013）。身体的自然性节段意味着改变身体的一个部位，可能会对其他的部分产生正面或负面的影响，而受影响部分本身也会对其他部分产生影响。活动过少的关节可能会迫使相邻的关节进行代偿，使其过度活动从而达到全关节活动度（Hertling et al.，2006）。如果不能解决所有受影响的部分，就会降低治疗的效果。目前，对于身体哪一部分最能影响其他部位这一说法存在分歧。显然，对身体任何一个部分的调整都对整体有显著影响，但并不一定会立即表现出来。

体态矫正的一个基本原则是正确地识别异常体态的主要原因（Lee，2013），即可能加剧并维持这种体态的解剖学部位。所有体态的形成有多种多样的解剖学因素，你的任务是要确定哪一个因素是形成这种体态的主要原因。由于多种原因的存在，对主要原因的识别可能会很困难。例如，对于下肢而言，代偿性运动通常不可预测（Gross，1995）。关节评估是一种特殊技能，即使对于有经验的从业者来说也是相当耗费时间的。一项研究得出，用于评估足部功能的主要检查并不可靠，尽管足底医生对这些检查至少进行了五年评估，但仍不能有效区分正常和病理性足部功能（Jarvis et al.，2012）。足病医生认为控制足部旋前或旋后的矫形器对整个下肢的疼痛和功能障碍有重要的影响（Donatelli，1987）。也就是说，如果足部姿态不正常，不仅会影响到下肢，而且会影响到骨盆，甚至脊柱、胸部和头部。一些治疗师认为，体态不平衡始于身体的头尾端；认为头部的重量是造成颈部、胸部、甚至腰椎开始出现功能异常的主要原因；或者认为脊柱形态根据头部位置的变化而变化。另一些人认为，骨盆的正确位置相当于上下身体之间的锚，对于矫正其他部位的体态至关重要。

实践经验中会发现某些体态问题会同时发生。例如，头前伸与驼背；骨盆前倾与膝过伸；头颈部侧弯与肩部抬高；骨盆旋转与胫骨扭转。目前尚没有证据表明一种体态是否会导致另一种体态。即使已经确定认为造成这种体态的关节已改变，也不能确定该关节的改变导致了异常体态的形成，因为不能确定该关节改变的原因。患者的正常膝部体态在进行了膝关节术后可以观察到膝部出现对线对位不齐，这是由损伤导致的异常。不过，由于变化是悄然发生的，很难将这种偏差归因于一个特定因素：膝外翻可能是由于受伤引起，因为韧带稳定性减弱；也可能是由于潜在病因引起，如灵活性过度（胫骨过度弯曲）；也可能是因为这些患者在人口统计学上被发现容易患上膝外翻；或者是由于患者另一侧踝关节多年前有损伤使得该侧膝关节承受了过度重量。引起关节功能障碍的不只单一因素（Hertling et al.，2006）。不过本书针对的按摩师、运动治疗师和物理治疗师、脊椎按摩师和整骨医师没有要求达到诊断复杂的生物力学异常的能力，但是他们必须能够识别一般的体态不平衡和缩短的软组织。本书可以作为进行体态矫正的起点，但本章所述的技术并不详尽，它们只是最有可能在你能力范围内为患者解决体态异常的手段，且这些技术能安全适用于大多数患者。

体态矫正的 5 个步骤

提供以下 5 个步骤作为矫正体态的方法，表 2.1 提供了可能有助于实现每个步骤的技术示例。这些技术随后将会更详细地介绍，包括使用原理和实施指南。

步骤 1 是确定体态问题的成因，并消除或减少这些因素。当初次询问患者病史时，需要评估是否出现过诸如伤害或手术等明显成因，或这种体态是否会发展成隐患。全身体态评估会提供更多的信息，你可以利用触诊和动作测试更加详细地检查身体各个部位。如果你不知道如何评估体态，请参阅《体态评估操作指南》（Johnson，2012）这本书。患者的职业、娱乐休闲和体育活动习惯的主观反馈对于了解患者体态形成的外在因素至关重要。

步骤 2 和步骤 3 的作用恰好相反。步骤 2 是增加活动度过低的关节的活动范围。矫正关节对位对线方式包括增加活动度过低关节的活动范围和减小活动度过大关节的活动范围。使用主动或被动拉伸、牵引、按摩和扳机点灭活等技术对缩短的软组织进行拉伸来改善关节活动性。肌筋膜释放技术也很有帮助，因为其有助于促进身体的放松。

步骤 3 是减小活动度过大关节的活动范围。减小活动度过大关节的活动范围有助于稳定关节。可以通过利用强化练习来缩短拉长的组织来达到此目的。肌效贴和支具也可用于限制关节的活动。

一旦减小活动度过大关节的活动范围，就需要维持正常的关节位置，这就是步骤 4。维持一个复位关节的关键技术之一是避免持续性因素的影响。假设这个关节是膝关节，如果患者说她已习惯坐在脚上时，你应该建议患者避免坐在脚上，因为即使这个体态无直接负重通过膝关节，但是这样的坐姿会有不均匀应力施加给膝关节。

步骤 5 是动作再学习。对位对线不齐的关节倾向于保持这种异常位置，除非负责关节位置和运动的神经机制重新学习后再进行关节位置的改变。这需要在治疗师的指导下进行，治疗师可以对关节进行微小的调整，使关节逐渐能够"记住"比原来更正确的位置。

表 2.1　体态矫正的示例

步骤	相关技术举例
步骤 1：确定体态问题的成因，消除或减少这些因素	采集病史，并记录患者的主观反馈。是否存在潜在的病理因素（如关节炎、近期损伤、过度运动、强直性脊柱炎）？患者曾提到可能有加剧体态异常的任何事情吗？例如，睡觉时采用俯卧位，可能会加重腰椎前凸；在站立时，让膝盖处于锁定位（过度伸展）会加重膝外翻；总是用同一个肩膀背很重的袋子可能会使该肩膀抬高
	全身体态评估。例如，患者是否有特殊站姿可能会加剧异常体态，是否有证据表明以前的损伤可能会引起体态变化，患者是否使用助行器
	利用触诊进行关节及软组织的局部评估，并评估关节运动范围，了解肌肉长度测试结果提示什么
	对职业、运动或休闲时的体态进行评估，了解患者是否长时间保持同一体态
步骤 2：增加活动度过小关节的活动范围	使用主动或被动拉伸、牵引、按摩、肌筋膜扳机点灭活、肌筋膜释放和复位等技术，拉长该关节缩短的软组织
	关节松动或手法治疗
步骤 3：减小活动度过大关节的活动范围	通过简单的家庭锻炼或在监督下进行锻炼，来强化该关节拉长的肌肉
	利用肌效贴和支具
步骤 4：维持正常关节位置	避免习惯性的异常体态
	肌效贴
	支具和支持疗法
步骤 5：运动再教育策略	运动治疗师和物理治疗师使用的具体技术

体态矫正技术

因为本书主要是针对使用手法治疗的治疗师，所选择的技术都是适用于按摩理疗师、运动专家以及物理治疗师、骨病医师、整脊治疗师的。关节松动术和手法治疗、神经再教育和矫形器的使用部分已被省略，因为这些技术需要专业的训练，而这些训练超出了本书的范围。本书中的技术旨在使软组织以更优的方式产生功能，通过拉长缩短的组织和缩短拉长的组织来减少压力和拉力。这些技术会使身体部位更加正常，并维持这种状态。体态矫正技术包括以下内容。

- 识别和避免不良习惯。
- 拉伸技术。
- 按摩。
- 肌筋膜扳机点灭活技术。
- 强化肌力训练。
- 肌效贴、支具和石膏疗法。

体态矫正的治疗观念已经从被动干预治疗转变为更加强调患者自我管理的观念。患者或治疗师均可以使用本书介绍的技术，且应尽量强调患者的自我使用。这样做是因为患者在康复治疗中更加积极地配合治疗时，将会提高康复效果。往往患者投入更多时间来矫正体态，一两周内的康复效果可能会出乎意料地有所改善。

适应性缩短是由于肌肉长期保持在缩短位置的结果（Heslinga et al.，1995; Spector et al.，1982; Herbert et al.，1993）。拉伸、按摩和肌筋膜扳机点灭活的基本原理是拉长缩短的组织，从而增加关节活动范围。一些观点认为，按摩可以恢复软组织的延展性、促进肌肉松弛、松解疤痕组织、拉伸紧张的肌肉和筋膜、减少肌肉痉挛。也许这就是为什么一些治疗师认为"拉伸按摩是治疗因长期的体态异常或不稳定而导致肌肉和筋膜缩短的最佳方案"（Kendall et al.，1993）。

如果软组织的紧张不能被拮抗肌抵消，关节的静息位置就会发生改变，最终的结果是活动范围的限制。强化拉长组织治疗有助于松解缩短组织且减少相应关节的活动范围，多用于治疗活动过度关节中过长的肌肉。它还能增强拮抗肌群的延展性（例如菱形肌收缩训练可促进胸部软组织的拉伸），因此也可用于治疗活动度过低的关节。

一旦达到正确的对线对位，肌效贴、支具和石膏疗法就可用来保持关节的正确位置。在某些情况下，这些辅具用来防止关节复位后恶化（治疗过程中很少发生）。使用夹板是为了提供长时间拉伸以维持或促进身体结构的改变

（College of Occupational Therapists & Association of Chartered Physiotherapists in Neurology，2015）。在理想情况下，这些辅具作为治疗的辅助手段只在短期内使用。

各种治疗技术的基本原理总结在表 2.2 中。

一般很难确定体态矫正的治疗频率。正如本章末尾提供的案例所示，治疗频率需要针对个人情况。现在并没有足够证据来支持特定技术治疗频率。例如，并不清楚患者每周进行一次被动拉伸治疗会比患者每周按摩一次的效果更好或更差。频繁的干预治疗可能有助于体态矫正的最终效果。然而，要让患者相信自己需要长期治疗，无论是常规治疗还是偶尔治疗都仍具有伦理争议。在某些情况下，隔一段时间进行一次治疗即可。但在多数情况下，治疗频率将取决于治疗的进展。治疗开始时，会对患者进行体态矫正治疗，但治疗应侧重于鼓励并支持患者自身习惯的改变，积极参与拉伸和强化肌肉训练。例如，在工作中采取不同的体态或改变高尔夫挥杆方式。最初 5 至 10 次治疗可得到满意效果，然后逐渐降低治疗频率。这样最终评估会一切都好，且患者已经可以自我管理。在所有的治疗措施中，其目的是尽早结束患者的治疗，这样也是为了避免患者对治疗产生依赖。

表 2.2　治疗技术、基本原理和治疗用途

治疗技术	基本原理	治疗用途
识别和避免不良习惯	避免长期保持一种体态，促进患者体态改变	正在进行的活动可能会加剧体态异常和永久性改变
拉伸（所有缩短组织），按摩（深部组织），肌筋膜扳机点灭活	这些均有助于拉长缩短的组织，从而增加关节活动	活动度过低的关节
肌筋膜释放技术	促进整体筋膜的释放，从而增加关节的活动性	活动度过低的关节
肌力强化	可用于缩短拉长的肌肉，从而减少关节活动范围	根据治疗目的治疗关节的过度活动或过低活动
肌效贴、支具和石膏疗法	一旦关节对位，这些辅具有助于保持正确的关节位置，或者在某些情况下防止关节复位后再恶化	维持关节位置

体态矫正的一般指南

在进行干预之前，首先需要考虑体态矫正的准则。每个治疗技术部分都能找到与该治疗相关的指南。

- 一般情况下，治疗师使用的技术都应该是基于证据的指导，其中涉及需有相关研究明确指出可以合理使用该技术（Sackett，1996）。但关于如何很好地进行体态矫正的信息几乎没有。

- 根据患者的具体需求制定干预措施。

- 以活动范围、照片或主观反馈的形式进行基础测定。在一项由研究者、从业者和学生所使用的补充和替代医学措施的调查中，发现了 92 种措施（Verhoef et al.，2006）。这些措施包括身体、心理、社会、精神、生活质量和整体措施。你需要确定无论提供的是手法治疗还是某些建议都是有效的，因此需要及时正确衡量有效性。

- 禁忌证和注意事项。本书中介绍的大多数技术对于大多数人都是安全有效的。但在处理某些患者时，需要考虑一些禁忌证和注意事项（见第 1 章）。

- 始终在你的专业职责范围内使用治疗技术。如果有疑问，请遵守你所在机构提出的准则。

- 同患者一起设定 SMART 治疗目标：目标具体化（Specific）、目标可衡量（Measureable）、目标可实现（Achievable）、目标实际性（Reality）和目标时限性（Time bound）。在本章后面的"使医患关系融洽，提高患者参与度"一节中有更多关于目标设定的内容。

- 定量和定性记录所有治疗措施和患者的反馈。

- 如果你确定疼痛是由于体态不协调而导致的问题之一，那么最初的治疗目标主要是减轻疼痛。

- 治疗后重新评估体态。

- 根据结果调整治疗措施。

尚未明确矫正体态需要多长时间。治疗和预防脊柱疾病时，除了解决症状外应该还需要 3 至 6 个月的康复进阶治疗，但仍需要进一步研究（Troyanovich et al.，1998）。结缔组织的重塑需要更长的时间，因此每天的拉伸运动对维持改善的活动范围很有必要（Jacobs et al.，2011）；治疗运动员时，体态矫正还需要几年的强化治疗（Bloomfield et al.，1994）。

识别和避免不良习惯

识别和避免不良习惯对于体态矫正十分重要。如果患者继续重复这些加剧异常体态的行为，那么体态矫正的生理学益处只是短暂的。患者在他的工作、休闲或娱乐活动中是否有一些不良习惯使这种体态永久化？在某些情况下，患者知道自身哪些行为会加剧体态的异常。例如，患者意识到穿高跟鞋会缩短小腿肌肉，因为当她穿平底鞋时，她会感受到小腿的肌肉有疼痛或拉伸的感觉。但在许多情况下，患者也可能不知道哪些行为正在加剧他的异常体态。例如，经常用同一只手携带沉重的袋子或者总是用同侧肩背起背包，将会导致该侧肩胛提肌比另一侧收缩更加频繁。

吉蒙德和马斯里（Guimond et al.，2012）随机选择了 100 名参与者，发现一个人的行为与体态之间存在着相关性（见表 2.3），并提示体态会根据潜在的心理和情绪状态而改变。肯德尔和麦克里里（Kendall et al.，1983）根据四种体态将参与者进行分组，他们使用迈尔斯 - 布里格类型指标（Myer-Briggs Type Indhicator，即 MBTI）来确定个性特征，发现体态类型与性格的两个方面——外向型和内向型之间存在相关性。例如，他们发现 96% 具有"完美体态"的参与者是外向型性格，只有 4% 是内向型的，而在患有前凸 - 后凸型参与者中只有 17% 是外向型的，83% 是内向型的。这种观点可能会使人感到不舒服。如果体态异常纯粹是由解剖学引起的，患者或治疗师矫正一个或多个关节的起点，也就是手法矫正，便可限制、消除或预防不良体态。而原因变量很多，这使得矫正体态具有很大的挑战性，将患者性格这个变量引入体态矫正会引发许多问题。例如，当你在矫正一名前凸 - 后凸型患者时，而这位患者就是肯德尔和麦克里里报告中的内向型人格类型，能让患者同意以外向型方式治疗吗？个性类型从内向型转变为外向型，会影响体态吗？

表 2.3　与性格两个方面相关的四种体态

体态	外向型	内向型
正常	96%	4%
后凸 - 前凸	17%	83%
平背	42%	58%
脊柱前凸	26%	74%

体态和情绪之间可能存在一定的联系。想一想当你感到尴尬、害羞、羞耻、不确定或后悔时，你自己的体态是怎样的，你是否会屈曲脊柱、低头、屈肘、将手放到你的嘴巴上或下巴上或者拥抱自己，使自己身体蜷缩起来？当你感到自信、肯定和高兴时，你是否挺起胸膛、抬起头、向后伸展肩部？比较一下，这两种情绪时你的体态是如何变化的。你的感觉改变也会影响肌肉紧张程度和整体体态，所以无论是借助于生理或情感的手段对患者体态矫正都很重要。

帮助患者识别、消除或减少不良习惯

- 在评估的主观阶段询问患者相关问题，将有助于识别那些加剧体态变化的异常因素。体态的改变可能是急性的（例如，在肘部骨折之后上肢体态的改变，或与肌肉突然痉挛有关的颈背部体态的改变），也可能是隐匿的（例如，进行性膝关节炎）。询问患者是否经常维持特定的体态，或定期重复进行相同动作活动。这些因素都有可能造成身体不平衡。

- 鼓励患者积极参与体态矫正。

- 鼓励患者真实反馈。例如，他做了所有的训练和拉伸吗？

- 避免让患者做过多过量负荷的拉伸或运动，而是让他们正确执行一两个即可。

- 向患者解释，在某些情况下，矫正可能需要几周或几个月的时间，这取决于异常体态存在了多久。在某些情况下，也可能很容易矫正，但最重要的是持续矫正。期望渐进的进展会比想要立即取得的成果更为实际。

- 如果你认为患者工作环境的某些方面可能会对他的体态产生影响，那么你可能需要将患者转交给他所在组织的职业卫生部门或者转交给人体工程学家。对骨骼肌肉产生影响的因素中，与工作相关的因素是很复杂的，治疗需要定制个体化方案（Panel on Musculoskeletal Disorders and the Workplace Commission on Behavioral and Social Sciences and Education National Research Council and Institute of Medicine，2001）。与工作有关的体态问题也很复杂，也需要个体化的治疗方案。

- 如果患者仍需坐在电脑前工作，理想情况是治疗师亲自去观察评估他是如何使用计算机的。提供基本的计算机操作建议，并让患者遵循附录中规定的准则：显示屏设备的正确安置，以最大限度地减少坐姿时的压力，可以口头和书面形式向患者提供此建议。更多信息可供你的患者参考，以避免重复进行坏习惯。例如，*Working With Display Screen Equipment*（Health & Safety Executive，2013）、*How to Sit at a Computer*（American Academy of Orthopaedic Surgeons，2007）、*Perfect Posture*（Chartered Society of Physiotherapists，2013）和 *Ergonomics Program: The Computer Workstation*

（National Institutes of Health，2014）。

■　不要让患者长期依赖治疗。希望患者和你一起进行体态矫正，这样他就会意识到不良的体态习惯。许多专业机构像美国脊椎理疗师协会（American Chiropractic Association，2014）都可以提供矫正体态的建议。一般来说，患者可以参照这些建议逐渐改变坐姿、站姿和睡眠体态。

肌肉拉伸技术

肌肉缩短和肌力下降会限制关节的正常运动范围，影响关节复位。关节在这种体态下被限制，全关节活动时难以实现有效的拉伸。那么，应该先拉伸缩短的肌肉，还是强化被拉长的肌肉？无论你先开始拉伸缩短的肌肉，还是强化肌力下降的肌肉，都是希望通过主动肌和拮抗肌交互抑制使主动肌收缩时令拮抗肌放松来缓解体态，顺序并不重要。然而，有一些临床和科学证据表明，在强化肌肉之前，先使缩短的肌肉伸展和正常化，对于治疗更加有效（Chaitow，2001）。

患者或治疗师均可以拉伸缩短的组织。为了促进矫正效果，定期进行干预会比偶尔干预更为有效。因此，患者主动进行拉伸会比被动拉伸更有利于体态的矫正。主动拉伸的优点在于，患者可以每天自我拉伸一次，而在治疗期间的被动拉伸大多只能每周拉伸一次。主动拉伸的缺点是患者可能不能正确地实施拉伸，或者可能渐渐失去拉伸动机。在一些特殊情况下，需要局部拉伸时，就需要治疗师能够识别并定位组织来进行，因为患者可能很难自己确定这些组织。例如，平背（见第 4 章）时，患者脊柱的特定部位存在张力。在胸椎屈曲时，可能是整体上拉伸竖脊肌，而不是拉伸局部竖脊肌。

本书中介绍了如何拉伸特定肌肉，但多数情况下，这些拉伸技术不只拉伸一块肌肉。当患者休息时，软组织也会发生拉伸。因此，特定的体态可能有助于拉长某些缩短的组织。

以下列出了主动拉伸和被动拉伸的指南，包括拉伸的特殊形式，如牵引、软组织放松技术和肌肉能量疗法。表 2.4 中的建议是由美国运动医学学院（American College of Sports Medicine，2011）为健康成年人健身计划使用时所提出的建议。

主动拉伸计划指南

■　禁忌证的筛查。

■　推荐的拉伸方法列举一两个即可，这样简单高效的计划会使患者更容易执行。

■　说明拉伸的理由。

■　演示拉伸方法并观察患者是否能正确进行，随时进行必要的调整。

■　提供每个拉伸动作的图示。例如，通常患者在指导下知道该做什么，但是在后续的自我拉伸中忘记了他们脚下的位置、膝盖是否该弯曲、是否应该通过肢体承受重量。

■　最初，监督拉伸。一旦确定患者能够正确进行这些操作，减少监督的次数。

■　鼓励患者每次持续至少 30 秒。

■　提供安全的建议。

■　不提倡"无痛无益"的观念。

■　重新评估。

■　如果患者指出难以执行或似乎没有效果时，可以随时修改治疗方案。

■　记录你所设定的目标、所提供的服务以及患者下次复查时的任何反馈。例如，他们觉得拉伸很容易还是很困难，他们执行了多少次拉伸，持续了多久。

表 2.4　拉伸建议

指标	建议
频率	每周 2 天或更多天，可有效改善关节运动
强度	拉伸保持在有紧绷感或轻微不适时，最有效
时间	保持 10 至 30 秒；对于较年长的成年人，持续 30 至 60 秒会更有益
类型	每个主要肌肉与肌腱单元都应进行系统拉伸
总量	每种增加灵活性的拉伸时间为 60 秒
模式	每次拉伸重复 2 至 4 次
强化	轻度至中度有氧运动或使用热疗法如热袋或热水浴热身后拉伸效果更好

■　使用拉伸记录表。

■　建立一个图片示例展示库，以增加可以使用的各种拉伸形式。需要更多关于拉伸的信息，请参阅《拉伸治疗操作手册》（Johnson，2014）。

被动拉伸有多种形式。泰迪在 1944 年提倡将患者两侧脚踝绑在一起保持

10 分钟轻微拉伸膝盖外侧软组织以治疗双侧膝外翻。这样虽然有效，但是涉及伦理和安全问题。不过，这个例子说明了用来矫正体态的新颖拉伸方法。传统的被动拉伸应用于肢体或脊柱，并且同时拉伸多块肌肉。牵引是一种较少使用的被动拉伸形式，它包括持续轻柔地拉伸关节，拉伸关节囊、韧带、相关肌肉及其肌腱。牵引可以减少肌肉痉挛和粘连。与一般被动拉伸一样，牵引也是拉伸多块肌肉并影响多个软组织。手法治疗师在局部特定区域拉伸时常使用干拉伸（Dry Stretching）。治疗师用手指或拇指来拉紧松弛的皮肤，这样使皮肤保持在紧张点，可以促进软组织的拉长。软组织放松（STR）是一种固定－拉伸的技术，其中软组织在被固定的同时，其他部分被拉伸。肌肉能量技术（MET）主要是在进行拉伸前，主动收缩肌肉抵抗治疗师施加的阻力。这些仅仅适用于拉长缩短组织。

被动拉伸方法指南

- 禁忌证的筛查。除了一般禁忌证之外，还要注意拉伸不能应用于活动过度的患者或具有半脱位或脱位病史的患者；不能在进行拉伸时广泛地抓捏皮肤，避免造成皮肤损伤。

- 开始前，让患者处于舒适的治疗体位，并向患者说明你要做什么。

- 鼓励患者正常呼吸，而不是拉伸时屏息。

- 鼓励患者如果有不适感或疼痛感及时告知，在患者可忍受的水平内进行拉伸。

- 拉伸四肢时，要能敏感地感觉到自己手部的位置。

- 循序渐进。患者和他的身体组织均需要慢慢放松。经验丰富的治疗师可以感觉到他们的放松。保持拉伸 30 秒以上，然后才能将紧张点拉伸至消失。

- 第一次治疗患者时，要小心谨慎，宁可少做不要多做。有时体态改变是迅速的，但多数会随时间的推进而慢慢改变。即使对关节位置进行很小的变动，也可能对某些患者在身体和感觉上产生重大影响。在某些情况下，患者可能会出现肌肉酸痛，这时需给患者提供相关建议，这种酸痛感通常会在24 小时内消失。

- 肌肉中度紧张需要数周的时间恢复至正常（Kendall et al.，1993）。

　　软组织放松技术　软组织放松技术的拉伸模式是先缩短后拉长肌肉，同时尽量锁定肌肉起点，然后一直拉伸至肌肉止点。锁定软组织以限制软组织活动，然后局部拉伸肌肉。这样能够使施治者更加集中注意力在特定的紧张或粘连部位。更多相关信息，请参阅《体育运动中的软组织放松技术》（Johnson，2009）。

　　简易技术

1. 主动或被动地拉伸缩短的肌肉。
2. 在肌肉起点位置用拇指、拳头、前臂或肘部锁定你要拉伸的组织。避免压入关节或压到深部有淋巴结和血管结构的部位。
3. 继续保持固定组织，主动地或被动地拉伸肌肉。

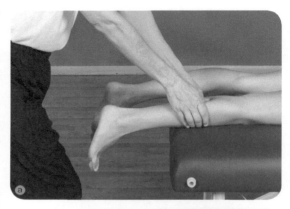

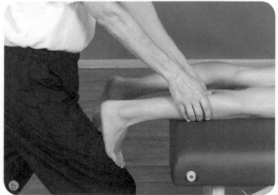

图 2.1　在小腿上应用软组织放松技术：a. 让患者俯卧位躺在治疗床上，放松，你用两拇指锁定已缩短的肌肉；b. 保持足部固定的同时，使用你的大腿轻轻地使患者足踝背屈

　　肌肉能量技术　　肌肉能量技术又被称为 MET。这项技术对于缩短拉长的肌肉特别有效。它主要是患者为抵抗治疗师施加的阻力而主动收缩肌肉。患者积极主动地收缩肌肉可以强化肌肉，降低拮抗肌群的紧张性。目前尚不明确患者应该使用多大力量，但不应超过患者最大力量的 25%。这种技术有很多种变形，通常方法如下。

1. 适当体位，确保治疗师和患者都处于舒适状态。首先被动拉伸患者肌肉，至感到阻力增加的点。这个阻力点就是你拉伸的起始点。告诉患者，当拉伸到这个阻力点时，肌肉会感觉到轻微拉伸。整个过程应该是无痛的。

2. 要求患者使用最大肌肉力量的 25% 来收缩肌肉（即很轻微的力，患者感到轻微收缩的肌肉）。保持正在被拉伸的身体部位处于静止位置，使肌肉进行等长收缩。患者收缩的力量应与你施加的阻力方向相反，而不是一致。患者不能抵抗治疗师施加的阻力，而是治疗师去抵抗患者的收缩力。

3. 约 10 秒后，让患者放松，并在接下来的 3 至 5 秒内，轻轻、被动地拉伸肌肉直到找到新的阻力点。保持在这个位置几秒，再重复两次以上的程序。

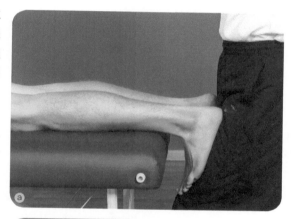
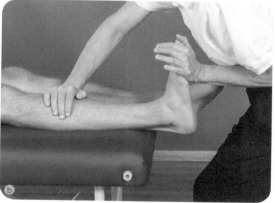

图2.2　在小腿上应用肌肉能量技术：a. 患者俯卧位，对小腿施行肌肉能量技术；b. 患者仰卧位，对小腿施行肌肉能量技术

按摩

如果肌肉张力是决定肌肉长度的因素，那么无论是通过拉伸还是通过按摩，均会使肌肉张力减少从而使肌肉恢复长度。按摩可以减少肌肉张力、增加弹性。按摩深部组织可以改善关节运动范围及拉伸受压组织，可作为扳机点灭活的一种手段。在拉伸之前，某些类型的按摩可使肌肉张力下降，对拉伸会有帮助。拨法（Stripping-type）可能有助于减轻瘢痕组织粘连。轻扣式按摩可以在强化肌力前刺激肌肉。无论使用什么样的按摩方式，当用于体态矫正时，均可以将其视为治疗性按摩，即"训练有素的治疗师为了整体治疗对身体的部分软组织进行控制"（Holey et al.，2003）。

尚未明确体态矫正时促进软组织拉长的按摩持续时间或频率，如表 2.5 所示。一些研究显示在按摩后肌肉长度增加以致关节范围有所改善。但是按摩方法的不同，使得疗效对照和制订按摩方案比较困难。有关按摩深层组织的更多信息，请参阅《体育运动中的深层组织按摩技术（全彩图解版）》（Johnson，2010）。

表 2.5　按摩拉长肌肉的频率和时间表

指标	建议
深度	目前并不清楚按摩拉长肌肉是否有效，可先进行轻压、深压交替应用
技术	目前并不清楚哪种技术（如轻抚法或深压法）对被拉长的肌肉更加有效。但并不是所有的肌肉都可以用同样的技术进行按摩，需要使用不同的技术来治疗不同的患者
持续时间	目前并不清楚按摩持续多长时间才会对特定肌肉的拉长有效
频率	目前并不清楚对拉长肌肉有效的按摩频率
进展	目前不清楚需要使用按摩多少次才会有效。这可能取决于肌肉紧张程度和需要拉长的程度，是否存在任何潜在的病理改变，以及按摩能否与其他技术结合（如拉伸或扳机点灭活）

使用按摩来拉长组织的指南

- 了解患者禁忌证。

- 识别要拉长的组织，并在治疗前进行基础测量。

- 向患者解释你制订的治疗方案。

- 如有需要，治疗前进行热敷以增加组织的延展性。

- 从一般浅层按摩开始，然后逐渐进行更深层的按摩。

- 鼓励患者进行反馈。如果有不适或痛苦，鼓励患者及时告知。只能在患者可忍受的水平内开展治疗。

- 避免对一处进行反复按摩，因为这可能会导致酸痛。尽量对整个肢体及其上方和下方的部位进行来回按摩。例如，当要拉长大腿后群肌肉时，从小腿向臀部按摩；当按摩臀部屈肌时，同时按摩股四头肌和远侧胫骨前肌以及上方的腹部。

- 第一次按摩患者时，要小心谨慎，不要多做。

- 治疗后重新测量肌肉的长度。

- 下一次治疗前进行询问并记录患者任何的不良反应（如瘀伤）。

肌筋膜扳机点灭活技术

扳机点指的是明显的张力增加并伴有疼痛的区域，并提示肌肉的超敏性区域，这代表肌肉功能有障碍，也与不良体态有关（Huguenin，2004）。有扳机点的肌肉会表现出紧张性增加，从而限制肌肉的拉长。因此，扳机点的灭活有助于恢复正常的肌肉功能，并能够解决与肌肉相关的关节问题。进行扳机点灭活有很多有效技术，包括干针刺、注射麻醉药、冰块按摩、冷喷后拉伸、深层按摩、肌筋膜释放、等长收缩后的反射性抑制和激光治疗。为了有效地治疗扳机点，需要多种方法结合（Hertling et al.，2006）。这里描述的是深层组织按摩技术，因为它被认为是治疗扳机点最有效的形式之一（Chaitow，2001），属于按摩治疗师的范围。

目前还不清楚使用扳机点灭活多少次才能使其停止活动，也未明确治疗频率（见表2.6）。因为每个人的疼痛阈值不同，因此并没有一致的施加压力值。然而，过度的施压可能会起反作用，因为有扳机点的肌肉比无扳机点的肌肉更容易受到机械性创伤，如果发生疼痛，则可能导致肌肉痉挛，同时使患者更加紧张。

表 2.6 扳机点灭活的频率和时限

指标	建议
重复	目前并不清楚需要使用扳机点灭活多少次才能有效。在某些情况下肌肉可能会立即做出反应，而在其他情况下，该技术也可能是无效的，并且重复使用也不会使症状减轻
强度	按压时可能会有不适感，但不应引起疼痛
时间	目前并不清楚治疗需要多长时间才能有效。在实践中，会受到分配给治疗阶段的时间的限制，如 1 小时。然而，长时间在一块肌肉上使用扳机点灭活既不必要也不可取。在某些情况下，治疗完成时肌肉可能立即有反应，但有时技术也可能是无效的，因此没必要延长时间实施这项技术
进展	未知。可能需要 10 次治疗，以缓解与扳机点相关的体征和症状。不过，这是根据肌肉的长短以及它在治疗时的变化。其他因素可能会阻碍症状的缓解和肌肉的拉长：如果患者进行了自我治疗且拉伸无效；如果患者正在执行使扳机点永久化的活动。因为扳机点的形成原因并不清楚，食物或药物都可能影响肌肉生理机能（如情绪压力、激素、脱水）

使用按压点释放技术来治疗扳机点

1. 调整患者体态，使患者的肌肉得到延长和放松。

2. 治疗前进行触诊，以识别组织的紧张带，以下是莱维尔及其同事介绍的触诊方法（Lavelle et al.，2007）。

■ 平摸触诊（Flat palpation）是将受影响肌肉的皮肤推到一侧，先沿着一个方向将指尖滑过肌肉，然后以相反方向滑动，就好像拨琴弦一样，用于识别特定的扳机点。

■ 夹起触诊（Pincher palpation），用手指和拇指捏一撮皮肤，然后滑动以便定位紧张带。

■ 深层触诊（Deep palpation）是用来识别较深层的扳机点。在固定一个点上持续施压，直到患者的症状得到缓解为止，提示触发点的存在。

3. 轻轻按压扳机点，逐渐增加压力直到患者的症状有明显缓解。按压通常会引起轻度不适，但不宜过度疼痛。通常认为触诊张力的明显降低与相应肌肉的肌节长度变化是一致的，这可以通过观察运动范围是否增加来检查（Simons，2002）。

4. 在下一个紧张的组织上重复此过程。

5. 治疗后，拉伸肌肉。

这项技术可以视为改良的扳机点按摩技术，涉及使用拇指交替按压，或者轻轻滑动。或者这种技术可以与拉伸部分中介绍的软组织放松技术相结合。不能随机选择一个部位，要选择一个扳机点，并在保持压力的情况下，同时进行轻柔拉伸，从而将两种技术结合起来。患者也可以在扳机点灭活过程中发挥积极作用。由扳机点的缺血压缩和持续拉伸组成的家庭方案对减少扳机点是有效的（Hanten et al., 2000）。建议患者使用网球，例如，轻轻地按压扳机点，避免长时间按压或压入关节和骨头。记住，扳机点是一个症状。如果没有解决因果因素，它们相互关联的不良因素还会持续。治疗的关键在于解决患者的促成和诱发因素（Huguenin, 2004）。

肌力强化

用于体态矫正的肌力强化类型是非常具体的，并不是如人们想象得那样在健身房使用自由重量或多种健身器材进行常规训练。矫正体态时，患者需要专注于特定的肌肉并练习肌肉的收缩。

被称为轻扣式按摩法的按摩技术可以促进肌肉力量的增加。在初始阶段，轻扣式按摩法通过帮助患者将注意力集中在需要激活的肌肉上来强化肌力。轻扣式按摩法指的是对皮肤突然、短暂的叩击，即轻快地拍击，就像敲打技术一样。这种叩击在本质上是有刺激性的，旨在于增加血管舒张、震动组织并刺激皮肤反射。

目前还没有关于使用肌力强化技术进行体态矫正的一般性指南。美国运动医学院（American College of Sports Medicine, 2011）在制订健康成年人健身计划时，对抗阻运动有一些循证建议（见表 2.7）；这些建议可以作为治疗起点。当使用肌肉力量训练来矫正体态时，最可能有效的训练类型是耐力训练（即训练肌肉在长时间内执行相同运动）。对于一般健身，依然推荐每个主要肌肉群的抗阻练习。然而，对于体态训练，重要的是要对特定肌肉进行针对性训练，增加缩短肌肉或过度紧张肌肉的耐力会适得其反。同样，我们不知道在进行体态矫正时如何有效进行肌肉耐力训练。增加每组重复次数或增加频率可能有益。定期进行体态评估是必要的，以监测变化并调整需要训练的肌肉群。

表 2.7　针对抗阻运动的循证建议

指标	建议
频率	每周肌肉训练 2 至 3 天
强度	最大力量（1RM）的 50% 以内（轻度至中等强度），以提高肌肉耐受度
时间	最有效的训练持续时间未知
类型	对于一般健身，应涉及每个肌肉群的抗阻练习
重复	重复 15 至 20 次以提高耐受度
组数	2 组或更少，来改善肌肉耐力
模式	在每组重复之间休息 2 至 3 分钟。在一个单独的肌肉群的两次训练之间休息 48 小时或更长时间
进展	对于一般健身，逐渐进行更大的阻力，或增加每组重复次数，或增加频率

体态矫正的一个问题是，变长的肌肉会一直无力，从而使关节周围的稳定性降低。因此，强化训练（可能涉及负重或关节负荷）需要谨慎执行。肌肉无力是由于肌肉保持在一个拉长体位，肌肉长度超出了静息状态，但仍在正常的肌肉长度范围内。经常出现无力的肌肉有臀中肌、臀小肌、髂腰肌、髋外旋肌、腹肌和斜方肌下束（Kendall et al., 1993）。若肌肉拉长是离心收缩造成的，那么由于纤维结构的损伤，并不能通过纤维重塑或运动训练来减轻肌肉拉长，这也可能是肌球蛋白横桥剪切的结果（Panel on Musculoskeletal Disorders and the Workplace Commission on Behavioral and Social Sciences and Education National Research Council and Institute of Medicine, 2011）。

患者肌力强化教学指南

- 首先解决拮抗肌群的紧张。
- 帮助患者通过触摸来识别需要加强的肌肉。
- 使用轻扣式按摩法，避开骨骼以刺激肌肉。
- 使用可理解的术语来向患者介绍肌肉。例如，要求患者将他们的肩胛骨轻轻后缩，而不是收缩菱形肌。当患者收缩时，治疗师要触摸肌肉，确保是正确地进行锻炼。
- 强化的目的是使肌肉的长度变短，从而使关节保持最佳位置。因此，最终的目的是让患者在运动中建立耐力，直到新的体态变成一种习惯，鼓励患者长时间地练习收缩，患者往往很快就会疲劳。减少使用最大力量的收缩。

相反，建议小力量多次数。

- 告知患者，与大多数强化形式一样，患者最初可能会有一些肌肉酸痛症状，通常会在 24 小时内消失。

- 必要时，使用肌效贴或支具维持对位对线，直到肌力恢复正常。受肌力变弱影响而被拉伸的肌肉应固定在生理静息位上足够长的时间以便恢复（Kendall et al., 1993）。

- 建议患者保持恢复的肌力，避免过度劳累使特定肌肉回到不良的体态或职业习惯位置。

- 参加全身性运动（如游泳）对久坐不动的患者来说是有益的。加剧异常体态的行为除外。例如，颈椎过度前凸的患者应避免蛙泳（见第 3 章）。划船会加剧驼背的体态（见第 4 章），并且不太适于髋关节屈肌缩短的患者（见第 5 章中关于腰椎前凸过度的介绍和第 7 章中关于骨盆前倾的介绍）。

肌效贴

使用肌效贴可以通过缓解过度拉伸组织的拉力并引导软组织进入新位置来矫正体态，或者将肌效贴的张力作为行为提示（Hertling et al., 2006）。患者可能有依赖使用肌效贴的风险，认为肌效贴对于矫正体态很重要。关节的自我矫正比肌效贴的效果会更好，因为自我矫正可以强化关节周围的无力肌肉，而肌效贴仅在短期内有效。肌效贴分为刚性和弹性这两种类型。弹性肌效贴主要应用于体态矫正，因为它不会完全限制运动，并且比刚性肌效贴更舒服。弹性肌效贴是一种新尝试，目前仍缺乏应用于体态矫正的临床证据。然而，肌效贴对于许多患者的体态矫正中显示有效，并且这种方法在临床医生中颇受欢迎。有很多途径可提供更多的信息参考，如泽特尔等人 2011 年的研究。这里提供的是一般指南，一定要遵照制造商的建议使用肌效贴。

肌效贴使用指南

- 将关节主动或被动地固定在一个中立位置。
- 确保该区域不受毛发、油脂和汗水的影响。
- 使用时轻微拉伸肌效贴，肌效贴会产生回缩的力，利用这种拉力拉动皮肤，帮助将关节保持在中立位置。
- 肌效贴可贴在皮肤上至少 3 天，长达 1 周。建议患者在需要去除肌效贴时在潮湿的环境中进行，如可以在淋浴时轻轻顺着毛发生长方向松开肌效贴。

肌筋膜释放技术

筋膜张力增加会限制运动，加重体态异常。当筋膜持续超负荷时，它会收缩，造成更严重的体态不平衡，不仅会限制物理结构，而且还限制损伤时出现的组织记忆和反应（Duncan，2014）。肌筋膜释放是一种独特的筋膜治疗方法，并可通过促进组织处于更为优

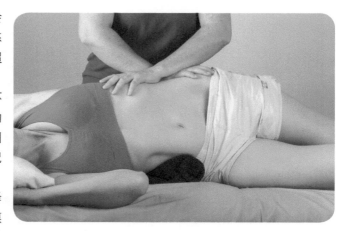

图 2.3　下背部侧面交叉手释放技术

化的静息位置来矫正体态。使用这种技术时，有一部分组织是放松的（位于筋膜之间），以便肌肉更好地重新排列。目前存在许多类型的按摩、推拿以及肌筋膜释放技术。这里描述了一个非常基本的交叉手技术。更多相关详细信息，包括本学科中更多种技术，请参阅卢斯·杜坎（Duncan，2014）发表的 *Myofascial*，本书指导原则也基于此资料。

肌筋膜交叉手释放技术指南

- 双手交叉，轻轻将手掌放在患者的皮肤上，持续施加轻柔的压力。
- 感受掌心下的抵抗力，直到手下感觉筋膜右伸展。
- 此时再次等待并感觉组织障碍点，这时手必须稍微深入一点。
- 实施技术时，要保持手掌的压力，并将手分开以松开软组织。这种技术持续至少 5 分钟，并且可以在一个、两个或三个平面中进行肌筋膜释放。

治疗后的辅导

患者在进行体态矫正治疗时，你的干预治疗间隔时间会增加。当治疗已经达到矫正目的或可能没有进一步改变体态时，你需要确定患者没有再次返回至不良习惯，重新利用前面提到的列表帮助患者识别、消除或减少不良习惯，并在 6 个月内给患者进行一次复查。虽然可能已经帮助患者确定了主要的影响因素，但通常患者新的身体意识会质疑：特殊的办公坐姿、运动或休闲活动是否会对新体态产生不利影响。当患者康复后，希望患者不再需要你来管

理体态。关于患者体态的教育一开始就至关重要。在某些情况下，你可能没有办法进行进一步操作，例如患者有进展性踝关节炎或正等待踝关节置换术。你可能已经告诉患者拉伸下肢肌肉以及如何克服代偿性小腿痉挛，但是不能对踝部体态进行进一步治疗或建议。

在随后的章节中，将根据治疗师可以做什么以及患者可以做什么来列出治疗方案。患者可以通过以下方式参与体态矫正。

- 确定异常体态的主要因素。

- 尽可能地避免或减少这些因素。

- 主动拉伸特定肌肉。

- 强化特定肌肉。

- 使用网球或其他辅具使扳机点灭活以便强化肌肉。

- 与患者讨论其他建议（例如，采取特定的休息体态、避免某些类型的鞋子、改变携带背包的方式，与其他专业人士如运动治疗师或足病医师合作）。

可以专门在治疗后给出关于患者能够做什么的建议。事实上，许多患者可能需要继续进行拉伸或使用扳机点灭活术或强化常规治疗以预防引起特定体态的运动或身体活动的影响。

使医患关系融洽，提高患者参与度

确保患者完成设定的家庭护理计划对于矫正体态很重要。通常，如果患者对整脊师规定的训练计划依从性较高，结果往往更好，能更快达到治疗目标。当依从性较低时，治疗结果可能会恶化或反复（Milroy et al.，2000）。不过，在物理治疗时，患者的依从性通常较差，其原因也广泛多样。不遵守监督行为的原因是患者没有足够时间，缺乏积极反馈和感觉无助（患者认为他所做的不能有效帮助自己）（Sluijs et al.，1993）。建议治疗师不能过度猜测依从性较差的原因，也不能忽略患者在尝试改变习惯时所面临的问题。施朗和同事的发现能否归因于体态矫正的训练方法问题尚不明确。体态矫正患者或许很想坚持自己的家庭锻炼计划，也可能像大多数患者一样，不想进行家庭锻炼计划。此时，融洽的医患关系至关重要。当进行初步体态评估时，治疗师需意识到患者不需要改变的功能（即指出患者的积极特征），这可能有助于建立融洽关系（Earls et al.，2010）。此外，鼓励你的患者记录成功点而不是记录失败点可促进治疗计划的开展。例如，除了承认忘记进行几天拉伸或强化训练之外，要鼓励她谈谈已经有哪些改变：是否更换了办公室椅子？是否记得避免过度伸展膝部？大部分睡觉期间是否采取仰卧位而不是俯卧位？

你可以通过设定以患者为中心的理念来提高患者的参与度。以患者为中心需要理解患者的观点，并可将患者建议纳入治疗计划（Kidd et al.，2011）。如果目标对他们有意义，便会获得更加积极的治疗结果，而且他们的成就感将对他们的生活产生积极的改变。兰德尔和麦克尤恩（Randall et al.，2000）建议根据以下步骤进行目标设定。

1. 确定患者期望的治疗结果。
2. 了解病人的自我护理、工作和休闲活动。
3. 与患者确定与预期结果相关的目标。

医学相关从业人员可以通过向患者提供积极反馈并指导患者进行自我监控和目标设定来维持训练积极性（Woodard et al.，2001）。可能需要除面对面咨询和治疗以外的更多方法来吸引患者。信息技术给患者提供了越来越多的信息交流方式，帮助一部分人坚持治疗方案。在 *Personal Health Information Technology—Paradigm for Providers and Patients to Transform Healthcare Through Patient Engagement* 一书中，萨拉索恩·卡恩（Sarasohn-Kahn，2013）提供了一系列个人健康信息技术的示例，包括网络电话、手机应用程序、电子邮件和社交网络等。随着体态矫正越来越依赖于患者对自己的健康状态负责的态度，治疗师需要考虑如何使用信息技术来帮助患者矫正体态。你是如何让患者更加主动积极地参与到你制订的体态矫正计划中来的呢？

转诊给其他从业人员

有时候治疗师需要将患者转诊给其他从业人员，因为治疗导致异常体态的因素可能超出了他们的专业范围，或者因为患者对治疗没有预期反应。在某些情况下，患者初次求医可能有其他更想解决的问题。例如，如果一个肥胖患者有膝外翻并伴有剧烈疼痛，在咨询时他表示想要减肥，且目前正在努力这样做，那么他的营养师给出的建议和支持比按摩师治疗膝关节周围组织更有意义。同样，一名患有严重膝过伸且疼痛的消瘦患者表示因此不能健康饮食，此时营养师的介入确实能对其有益；但是在这种情况下，对膝关节后部进行贴扎，膝部疼痛可以立即得到缓解，这样可以在去见营养师之前降低患者的步行难度以便逐渐正常生活。这些案例提示，重点不在于患者的身体质量指数，其目的也不是想说明一个肥胖患者在进行治疗前应该接受营养师的治疗，而体重过轻的人不需要接受营养师的建议。更确切地说，若一位患者因肥胖导致异常膝部体态，那么他可能先减肥会受益更多，因为软组织治疗或使用贴扎可能仅仅只能提供非常短暂的缓解，身体的重量会使膝盖再次承受异常负荷。如果一个肥胖患者有膝过伸，那么使用贴扎对暂时矫正体态也是有效的，因为它能部分防止膝盖在承重和行走时的过度伸展。关于何时转诊并没有严格规定，应根据每个案例情况决定。唯一的例外是如果你怀疑患者患有严重的疾病时，如未确诊的癌症，在这种情况下，你应该将患者立即转诊给内科医生。

　　表 2.8 列出了一些卫生相关从业者提供的可能需要转诊的例子，但并不详尽，还有更多的例子可以作为转诊的理由。你选择转诊的治疗师可能取决于你的医疗圈子，或者你根据相关转诊指南有一个明确的推荐途径。如果你是自己从业，则需建立一个相关从业者网络，这样你可以及时向他们转诊患者。

　　和其他治疗专家进行网上交流也很有意义，一般这些治疗师都很愿意给你他的联系方式。即使你有多个联系人可以参考，也很难确定哪一个是最适合患者的。例如，足病医师和牙科医生治疗范围是明显不同的，而两个软组织治疗师之间的技能区别可能就不是那么明显了：手法治疗师通常会以瑞典式按摩开始训练，但通常会扩展他们的技能以胜任一种以上的实践治疗。此外，从业者使用的技能大多会重复。例如，运动按摩可以由运动按摩治疗师或运动治疗师提供，但一些物理治疗师、骨科医师和整脊师也会掌握这个技能。熟悉肌筋膜释放技术的按摩治疗师可能不具备物理治疗师的技能，但是一些物理治疗师已经接受了肌筋膜释放技术训练，并且会对不同病人灵活使用该技术。如果你知道患者热衷于体育锻炼或者有着规律的体育锻炼，那么将患者转交给专家才是明智之举。美国物理治疗协会有一个名为体育物理治疗的特别兴趣小组，成员专门从事运动人群的损伤预防、评估、治疗、康复和运动表现提升，会从各个角度进行体态的全面观察（Sanders et al., 2013）。在英国，这个小组被称为体育运动医学专业特许物理治疗师协会。这种专业干预也可以由运动治疗专家提供，该组织可以就加剧体态不平衡的体育活动提出建议，甚至还可以推荐制订改善体态的运动。专注于你擅长的领域，并与其他学科的从业者合作，这是非常有益的。各个组织都会对他们的职责和能力进行定义，这也可以帮助你确定哪些专业人士对你最有帮助。例如，体育治疗师学会（Society of Sports Therapists, 2013）比较了体育治疗师与物理治疗师的作用，英国物理治疗师和健身行业协会联合工作组（Chartered Society of Physiotherapists and Fitness Industry Association Joint Working Party, 2011）提供了关于转诊到物理治疗师和推荐健身教练之间的准则。目前没有组织提出与体态矫正相关的转诊建议。要记住，转诊专家并不一定是其他专业的。在某些情况下，与同行讨论患者病情也是必要的。无论何时何地，但凡你认为需要转诊，都需要患者签署同意书。

表2.8 相关从业人员及转诊理由

从业人员	转诊理由
足病诊疗师，足病医师	当你观察到患者的足或足趾甲可能会对足部体态产生不利影响时；患者有潜在的病变，如关节炎或糖尿病，糖尿病会影响足部；使用矫形器或者正在矫正的；足部的鸡眼或疼痛的疣子会影响体态
物理治疗师，整脊师，骨科医师	这些专业人员能够诊断、治疗和管理由于肌肉、关节、韧带、肌腱和神经问题引起的疾病。无论你是转诊给按摩师、骨科医师或物理治疗师都取决于个人偏好，或者在某些国家取决于保险公司（保险机构支付治疗费用）。物理治疗师尤其擅长康复，并可能专攻某一领域（如女性健康、老年护理、神经病学），所以转诊前需要判断患者是否属于这一类。如果患者有一个潜在的、控制不良的病症，很可能会影响体态矫正（如多发性硬化症等），此时也需要转诊。因损伤和手术而造成的体态畸形更需要后期康复；更需要采用关节松动治疗的；更需要神经组织松动的
咨询师	患者的异常体态使患者很尴尬或他们很顾虑自己的体态；或者情绪问题妨碍了体态矫正
牙医	头前伸体态的患者颞下颌关节疼痛
医生	疼痛限制了体态矫正，医生能够就疼痛管理提供很好的建议；在英国，如果需要转给另一名专家时，通常要先将患者转交给医生，然后根据医生评估，判断转诊给哪位专家（如物理治疗师或足病医师）是最有利的；当怀疑病情恶化的时候
健身教练，私人教练	患者将受益于一对一的训练且同意量身定制的肌力强化或拉伸计划；患者同意参与减肥计划来帮助矫正体态
按摩治疗师	肌肉过度紧张是由于局部的压迫造成而非特异性的，一般的放松按摩和肌筋膜释放技术都对其有效
运动按摩治疗师	如果你没有其他运动按摩师的专业技能来减少肌肉张力或强化组织，且相信这些技术对患者有益（例如使用肌肉能量技术、软组织放松技术、肌筋膜扳机点灭活技术、深部组织按摩技术）
运动治疗师	体态妨碍了患者从事娱乐或职业体育活动；需要相关生物力学的建议

制订治疗方案

本书中描述的体态问题多种多样，有些体态问题相对更加容易矫正。影响体态矫正的因素包括引起体态的根本原因、持续的促成因素以及患者参与矫正过程的意愿（即愿意遵循你的建议并执行你推荐的训练、拉伸或治疗）。如果患者有意愿去改变体态，治疗结果可能会更加有利，因为内在的动机往往比外在的动机更加有效。治疗的频率最终取决于患者参与体态矫正的内在动机以及对治疗过程的认知能力。

下文介绍的是五位具有相同体态——驼背的患者，用于讲述如何修改和定制治疗计划以适应不同的患者。很多例子可以说明治疗方法的类型。与这些例子相反，体态改变的欲望往往来自于治疗师，因为他已经评估到该体态的矫正将减少现有的症状或减少症状发展的可能性。但是需要尽可能地让患者自己意识到需要矫正体态。有关矫正驼背的技巧，请参阅第 4 章。

驼背的案例分析

患者 1 高 6 英尺 3 英寸（190.5 厘米），身体健康，定期参加划船运动（大学以来一直热衷的运动）。说话时喜欢向前弯腰。患者上背部疼痛，打算进行按摩治疗。他的工作十分忙碌，通过对比近期办公室派对拍摄的照片和几年前的照片时，发现自己已经弯腰驼背，感到很震惊。他很想知道这种体态是否可以治疗，或者现在开始治疗是否太迟。他很乐意接受治疗师提供的任何拉伸或强化计划，正期待接受治疗或建议及检查进展情况。

在初次沟通时，这位患者表示希望矫正驼背体态，并接受治疗师的任何建议，同意让他的同事在他弯腰驼背时提醒他，与运动治疗师讨论有助于改善体态的划船技术，并进一步讨论他能做些什么来矫正目前的脊柱体态。第二次和第三次治疗时，他询问现在做的拉伸是否正确有效，并表示一直在进行规律性练习，也很乐意接受手法治疗。在第一次见面时，他看过你描述的肌肉状态，并理解你目前的治疗理由。总之，这个患者积极参与了体态矫正过程。

患者 2 身体不适，并注意到几年前在呼叫中心开始新工作后，她的体态已经异常且恶化。她承认不够自信，并指出这也是她的体态恶化的原因之一，因为她在和别人说话的时候很难为情，会不自觉地略微弯曲身体。在和她讨论治疗方案时，她表示手法治疗会让她感到非常不舒服，但愿意做一些拉伸。

当第二次看到这位患者时，得知她并没有执行你所要求的拉伸，同时承认没有在白天矫正自己的体态，并表示在与办公室的人交谈时感到太尴尬所以不能站直，回家后又感觉太累而没有做拉伸。进一步询问后，发现这个患者愿意承诺做出行为改变，但是需要更多的指导。你给了她一张一周运动记录表，其中包含要拉伸肌肉的图示，让她在完成拉伸后填写记录。她很喜欢这种方式，并把记录表放在厨房里，每天都会看到它，并用它来监督她的进展。根据她的时间表确定每周见一次。谈到患者自我意识的问题时，询问她跟谁在一起时能够自信地站直进行交流，是家庭成员、朋友、公交车站收票员，还是邮递员？建议她每天与交谈时让她感到舒服的人交谈，并记录下这些情况。

当患者下周再来的时候，她表示自上一次会诊以来，大概有三四次已经有意识地去矫正她的站姿，并且当自信心不足时也尽力做出了努力。你再次对此进行了讨论，决定她需要继续做些什么才能在这个良好基础上保持下去。她已经做了五次拉伸运动，并把这些都记录在她的记录表中，而且提出了几个关于拉伸的问题。

在接下来的几个星期里，这位患者对于拉伸更加自信，每天至少做一次拉伸来改善她的体态，但她仍然不愿接受手法治疗，因此，你同意她的体态改善计划中包括自我拉伸，以及一些强化练习。这时，她仍没有足够的信心去健身房锻炼或找私人教练。不过，她接受了你的建议，要求她的经理对她的工作台进行评估，并了解了她的电脑屏幕高度以及她每天在工作中的坐姿，这种坐姿可能阻碍她矫正驼背。

当你在下周见到她时，患者已经收到了该公司的 DSE（显示屏设备）评估员的评估报告，并且工作台已经实施了调整。显然她的椅子太高了，而她的屏幕又太低了，所以当她工作时不得不弯腰驼背。

几个月后，在多次进行这些训练之后，她在家里进行了一些非常简单的强化练习（并记录在记录表中）。不过她现在开始喜欢参加公共健身房运动。这位患者初次见面时缺乏信心，需要更多的治疗性支持，但最终患者很顺利地完成了计划并减少了治疗频率。

患者 3 患有唐氏综合征，来就诊时带了自己的护工，在会诊期间他表示有意愿改善他的背部外观。他也注意到其护理院的许多居民都是"圆背"，他认为他也有圆背，但他并不喜欢这种体态。他已经在当地一个健康中心参加了一个集体运动课程，每周一次，由专业运动指导员指导进行，他很喜欢这项活动。但你通常向圆背患者提供的拉伸和运动记录表并不适合这位患者，因为字体太小，对他来说看清楚有些困难。你和陪同者可以陪患者一起练习胸部拉伸，站立位一次，仰卧位一次。患者告诉你，他们在运动课上也做了一些拉伸。这时你可以和患者一起咨询运动课教练，看能否对整个运动课的人员考虑增加一些胸部拉伸运动及菱形肌收缩训练。患者还想知道是否有其他方式可以预防圆背。你认为治疗师建议的胸部拉伸技术就很有帮助。护工人员（监督人）允许的情况下，你可以在护工身上向患者展示肌肉能量技术。患者希望进行拉伸，但却发现很难放松，可能是你的指令不够清晰，因为一旦在拉伸位上，患者就会尝试去对你的压力进行抗阻，而不是试图自己施加固定的自我阻力。护工询问你是否能考虑到患者家中并参加患者每月的健康小研讨，每月的健康研讨都有不同的主题演示，希望你可以在体态、按摩和拉伸技术上做出演示。你同意去患者家里，这将是继续治疗的好方法，因为你可以在家中或护理中心对患者进行评估，这比让他来你的诊所更有效。

　　患者 4 是一个马夫，每天工作很长时间，其中包括定期卸载设备和清洁马厩。她表示她的朋友们已经注意到她背部有一个以前从没有的"驼峰"。她最近参加了舞蹈课程，因为她认为这有可能会改善她的体态。她要求你对其体态进行全面检查，以确认驼背是否带来任何严重的后果，并希望得到必要的建议。评估结果显示，胸脊后凸曲度增加并伴随腹肌和臀部屈肌的缩短以及菱形肌张力过高，且肩内收肌（尤其是背阔肌）特别紧。患者表示，她接受这些不平衡的矫正建议，但表示她未必能定期规律性治疗，因为她需要长时间工作且住址离治疗地点太远。另外，在她住的村子里有个按摩师开了个诊所，所以她宁愿去看较近的按摩师而不是去你的办公室。但是，如果有必要，她很乐意三个月内过来进行一次检查。在来检查前的时间内，她将努力执行你所提供的拉伸运动和其他运动，这期间你可以向患者提供必要的建议来矫正她的体态。此外，你还可以让她考虑在将来做一些强化臀部屈肌和肩部内收肌的运动，并向其解释原因。建议她的复查时间是在六周而不是十二周，因为主要是需要检查她是否正确地进行了拉伸。她同意每隔一个月复查一次，三个月后结束治疗，在此期间你需要重新评估她的体态，并提供按摩和被动拉伸的治疗。她注意到自己的体态有明显的改善，但目前还不清楚这种改善是由于你的手法治疗的结果，或是她主动拉伸引起的，抑或是她定期参加舞蹈课程的结果。

　　患者 5 患有帕金森病，并与他的妻子一同来就诊，妻子很担心她丈夫的异常体态和平衡能力。患者愿意练习你所推荐的拉伸运动，但同时他的病情导致他健忘。患者和他的妻子曾经在国外住了多年，每周接受按摩治疗，觉得这样有益于放松。他可以接受体态矫正，但在最初的会诊中，你不能确定他是否有动力去坚持做这些练习，或是否只愿意接受按摩。你向患者解释了在实际治疗中，可能需要物理治疗师和正骨师来辅助治疗，同时他们也可以为维持或改善平衡的具体练习提出建议指导。向患者告知，体态的改变可能与帕金森病有关，驼背可能会随着时间而变得更加严重，但某些训练和拉伸可以减缓这一过程。体态的改善将有助于改善平衡，并可能有助于保持胸腔的隆起和优化脊柱的功能。

　　在随后的治疗中，患者提出在物理治疗师那儿进行平衡训练后感到疲劳。在你的治疗疗程中，患者已经进行了一些主动拉伸和被动拉伸。但患者表示更喜欢接受一般的放松按摩，所以同意从现在开始按摩成为主要治疗方式。尽管如此，你还是要把注意力侧重于降低缩短肌肉的张力，并将此目的纳入一般按摩程序。患者在他妻子的指导下，每天都在家里练习。

　　表 2.9 为颈部旋转患者的案例。这个例子说明如何对身体的一个特定部位进行 5 个疗程的体态矫正。本例中患者的症状可能是由于肌肉的异常收缩导致了这种旋转。不同的治疗师记录信息的方式是不同的。你可能习惯使用加重因素或缓解因素这样的标题来记录主观症状，或将症状记录在身体图表或量表上。本例子中使用了 SOAP 病历。

　　SOAP 病历是记录临床信息的一种手段。

- 主观资料（Subjective）：患者对问题或治疗措施的自我阐述。
- 客观资料（Objective）：你的客观观察和测试结果。
- 评估（Assessment）：你对评估表中各个组成部分的分析。
- 治疗方案（Plan）：如何制订治疗方案以达到目标。

仅提供摘要细节。在这个例子中，有 5 个疗程在 8 周内完成。

表 2.9　SOAP 病历记录的五个疗程

	疗程 1
主观资料	**问题：**自从工作时改变了办公桌位置后，有 4 个月的右侧颈部疼痛病史。疼痛呈酸痛感，最初为间歇性，但现在变成持续性，VAS 疼痛评分为 5 至 6 分，办公桌前坐位 1 小时后颈部灼烧感加重。颈部疼痛发作的间隔时间正在逐渐减少，现在坐了约 40 分钟后，就会出现疼痛。随着时间的推进，疼痛逐渐恶化，一天工作 8 小时后，右臂疼痛发作，洗澡后可缓解，现在颈部疼痛可持续整晚 **治疗至今：**医生诊断为姿势性紧张，并给他开了止痛药，让他回家休息。之前的热敷有缓解，但现在不能缓解。镇痛药能减轻疼痛，但不能解决疼痛。平素身体良好，没有其他问题 **患者期望：**想知道除了服用止痛药之外还有什么其他方法可以缓解颈部疼痛
客观资料	■ 前后观察颈部静态时，发现头颈部向右侧轻微旋转 2 至 5 度 ■ 颈部主动活动范围正常，但是在向左旋转和向左侧屈曲时，颈部右侧会有牵拉感 ■ 右侧斜角肌和斜方肌上束张力亢进，有触痛点 ■ 右侧肩胛提肌缩短 ■ 触诊左侧胸锁乳突肌时有痛感 ■ 肩关节活动范围正常
评估	■ 由于颈部旋转肌肉的不平衡引起右侧颈部疼痛，而且可能会由于工作体态加重 ■ **目标：**通过最初的按摩和每日的拉伸运动，在 7 天内可减轻颈部疼痛的严重程度，从 5 至 6 分持续疼痛可降低到 2 分间歇疼痛 ■ 进行工作台评估，必要时进行调整 ■ **治疗：**解释治疗理由，并与患者达成一致治疗方案 ■ 1 级轻抚按摩斜方肌上束和肩胛提肌进行 5 分钟，然后再用力揉捏 5 分钟。患者表示有压痛。重新测试颈部的活动范围时，患者感觉牵拉感降低。颈部疼痛评分减少到 2 至 3 分。对按摩后出现的疼痛提出建议 ■ 教患者拉伸肩胛提肌、斜方肌上束。对每个指南都给出解释说明 ■ 说明如何使用网球对扳机点进行灭活
治疗方案	■ 要求患者进行工作环境评估 ■ 患者根据指南每天进行拉伸运动，并持续一周 ■ 患者根据指南实施扳机点灭活 ■ 在 1 周内复查
	疗程 2
主观资料	第 1 次会诊，患者颈部按摩后无不良反应，患者感觉颈部疼痛在第一次治疗的晚上减至 2 分。不过，在第二天坐位 40 分钟后，又出现右侧颈部疼痛，10 分钟后疼痛仍然是 5 至 6 分。在白天有时会进行拉伸，并能暂时减轻疼痛，大约减少至 2 分，持续约 10 分钟后疼痛恢复。随着时间的推移，疼痛仍在加剧。继续服用医生开的止痛药。目前不能实施受影响肌肉的扳机点灭活技术。已要求工作台评估，并得到了经理的同意

（续表）

客观资料	体态未改变： ■ 前后观察颈部时，发现头颈部向右侧轻微旋转 ■ 颈部活动范围完整，但是在向左旋转和向左侧屈曲时，颈部右侧有牵拉感 ■ 右侧斜角肌和斜方肌上束张力亢进，有触痛点 ■ 右侧肩胛提肌缩短 ■ 触诊左胸锁乳突肌时有痛感
评估	■ 由于颈部旋转肌肉的不平衡引起右侧颈部疼痛，可能会由于工作体态加重。患者需要额外支持来帮助建立自我保健 ■ 目标：在7天内将5至6分的间歇疼痛降低至2分 ■ 评估工作台，并在必要时进行调整 ■ 治疗：解释治疗理由，并与患者达成一致的治疗方案 ■ 1级轻抚按摩斜方肌上束和肩胛提肌5分钟，然后再用力揉捏5分钟。患者表示有压痛。在右侧肩胛提肌中识别出三个扳机点并进行治疗。患者采取仰卧位被动拉伸肩胛提肌和斜方肌上束。重新测试颈部的活动范围时，患者未出现牵拉感。治疗后，颈部疼痛评分为0分 ■ 讨论自我实施肌筋膜扳机点灭活技术的应用，使患者认同其对减轻疼痛的有效性 ■ 表扬患者定时拉伸 ■ 表扬患者要求评估工作台
治疗方案	■ 患者进行2周的拉伸 ■ 患者每周尝试自己做肌筋膜扳机点灭活3次 ■ 在2周内回访
疗程3	
主观资料	在第2次会诊，颈部按摩后无不良反应。晚上颈部疼痛只有2分，远低于平常。在第二天坐位约40分钟后，又出现右侧颈部疼痛，仍然是5至6分的持续疼痛。大约每天两次进行肌肉拉伸，能暂时减轻疼痛，大约减少至2分，持续约10分钟后疼痛恢复。随着时间的推移，疼痛仍在加剧。已经进行工作台评估，评估人员建议向桌面右侧移动电脑显示器，使其居中。设备管理部门根据建议执行了这一改变。从本周中期开始，颈部疼痛转变为间歇式，拉伸后持续缓解长达30分钟，疼痛降低至1分。周末自己实施肌筋膜扳机点的灭活，在此期间无痛感。停止服用镇痛药。工作日返回工作后，颈部疼痛大大减少，3天内大概只有3至4分的痛感
客观资料	体态未改变： ■ 当前后观察颈部时，发现头颈部向右侧轻微旋转 其他发现： ■ 颈部主动活动范围正常，左右旋转时颈部右侧有轻轻的牵拉感，向左侧屈曲时，患者表示牵拉感比以前少 ■ 右侧斜角肌和斜方肌上束张力亢进 ■ 右侧肩胛提肌缩短 ■ 触诊左侧胸锁乳突肌时有痛感，触痛比前几周少

（续表）

评估	■ 由于颈部旋转肌肉的不平衡引起右侧颈部疼痛，可能会由于工作体态而加重。症状减轻但体态无变化 ■ **目标：** 在 7 天内，将 3 至 4 分的间歇疼痛降低至 0 分 ■ **治疗：** 解释治疗理由，并与患者达成一致的治疗方案 ■ 1 级轻抚按摩斜方肌上束和肩胛提肌 5 分钟，然后再用力揉捏 5 分钟。患者表示有压痛。重新测试颈部的活动范围时，患者感觉牵拉感减少。颈部疼痛降低至 1 分 ■ 观察患者执行肩胛提肌和斜方肌上束拉伸，并确定这些动作是否正确。讨论了如何在一天中做更多的拉伸运动。病人同意在早上、午餐时间和下午进行拉伸 ■ 观察患者如何使用网球让肩胛提肌和斜方肌上束的扳机点灭活，并重申这种技术的治疗理由 ■ 让患者学会在休息位时利用书来支持和前伸头部向左旋转 ■ 表扬患者进行工作台评估，讨论了电脑屏幕居中的重要性。患者说电视位于家中的房间一侧。建议看电视不要把头转向右边。病人同意考虑改变座位或移动电视
治疗方案	■ 患者进行拉伸 1 周 ■ 患者在一周内自行肌筋膜扳机点灭活 3 次 ■ 患者在家看电视时，改变自己或电视的位置以利于正常体态 ■ 在 2 周内回访

疗程 4	
主观资料	在第 3 次会诊时，患者颈部按摩或拉伸后无不良反应，晚上颈部无疼痛。白天没有颈部疼痛，直到最后几个小时里会有轻度疼痛，大约 1 至 2 分。每天练习拉伸 3 次。每周进行自我扳机点灭活 2 次，持续 2 周。感觉颈部拉伸很有效并喜欢颈部拉伸运动。患者已经改变了家中座位，目前看电视是正视而不是侧视
客观资料	体态未改变： ■ 前后观察颈部时，发现头颈部轻微转向右侧 其他发现： ■ 颈部全范围活动时，无症状 ■ 右侧斜角肌和斜方肌上束的张力亢进降低 ■ 两侧肩胛提肌的长度一致 ■ 触诊左胸锁乳突肌时无疼痛
评估	■ 由颈部旋转引起的肌肉不平衡造成，右侧颈部疼痛大大减少，从 5 至 6 分的持续疼痛降低到 1 至 2 分的间歇疼痛。患者生活习惯改变为有助于减少症状的生活习惯。患者对治疗效果感到满意，并理解颈部旋转可能会导致其他症状。患者渴望恢复正常颈部体态 ■ **目标：** 在 7 天内将 1 至 2 分的间歇疼痛降低至 0 分 ■ **治疗：** 解释治疗理由，治疗方案与患者达成一致 ■ 做 3 次右侧斜角肌软组织放松技术，每次持续 5 分钟；右侧斜角肌肌筋膜扳机点灭活技术 3 次；被动拉伸肩胛提肌 ■ 教会患者怎样触诊斜角肌以确定紧张度，并解释这样做的理由，了解使用软组织放松技术拉伸后斜角肌的状态 ■ 讨论在工作中，短时间远离电脑屏幕的重要性

（续表）

治疗方案	■ 患者依照指南，继续拉伸肩胛提肌、斜方肌上束来放松颈部，继续使用肌筋膜扳机点释放技术 ■ 患者对斜角肌进行软组织释放 ■ 患者在日常生活中有规律性短暂休息方式 ■ 在 4 周内回访
疗程 5	
主观资料	第 4 次会诊时，患者颈部按摩或拉伸后无不良反应，工作时颈部无疼痛。患者上午和下午均进行了长时间的练习，并休息。继续在电脑屏幕居中时使用电脑，观看电视时继续保持坐姿。在周一、周三、周五继续进行肌筋膜扳机点灭活，但不再感到触痛。患者尝试释放斜角肌时，表示不喜欢颈部前伸的感觉，所以停止了这个活动。患者无痛，所以不需要进一步治疗
客观资料	■ 颈部体态正常 ■ 颈部活动自如且无痛 ■ 斜方肌上束和肩胛提肌张力下降 ■ 左右肩胛骨长度相等 ■ 胸锁乳突肌无痛
评估	■ 由于颈部旋转肌肉的不平衡引起的右侧颈部疼痛，现在通过自我管理计划和 8 周 4 次的治疗方案已解决。患者已经改变了生活方式，并坚持继续拉伸和使用肌筋膜扳机点灭活
治疗方案	■ 患者无不适症状，满意出院

结束语

本章介绍了进行体态矫正的 5 个步骤。你已经了解了为什么确定造成异常体态的原因和永久性因素对于矫正体态如此重要，以及患者主导的矫正治疗可能比治疗师使用的矫正技术更有效。本章还讨论了拉伸、按摩、强化、肌筋膜扳机点灭活技术和肌效贴的使用原理，并对每种技术提供了使用指南，同时帮助你了解获得良好医患关系和改善参与积极性的重要性。你也通过案例学习到必要时转诊给其他医护人员的有效性。患有相同疾患的 5 位患者的迷你案例分析表明，患者需要采用个体化的治疗方案。治疗方案的案例显示治疗可能在 5 周内取得进展。

第二部分

脊柱矫正

在这部分，你将学习 10 种脊柱不同部位的特定体态，以及它们是如何互相关联的。第 3 章主要是关于颈椎的体态，包括颈椎过度前凸，颈椎侧屈、头前伸和头颈部旋转。第 4 章则是描述有关胸椎的体态，包括驼背、平脊和胸廓旋转。第 5 章是腰椎体态：腰椎前凸过度和腰椎前凸减少。第 6 章描述脊柱侧凸，它影响脊柱的多个部位，并且与其他体态相比，这个体态的矫正更加困难。

颈椎

学习成果

学习本章后，应该做到以下几方面。

- 列举颈椎常见的 4 种异常体态。
- 识别患者每种体态的解剖学特征。
- 在患者身上识别出这些体态。
- 举例说明每种体态的解剖学影响。
- 说出每种颈部体态中缩短肌和拉长肌的名称。
- 举例说明每种体态所适用的矫正措施。
- 说明每种矫正措施的基本原理，以及禁忌证及原因。
- 举例说明各种适用于特定颈椎体态的伸展、锻炼和活动类型，并说明以上方法的禁忌证。

本章描述的 4 种体态分别是颈椎过度前凸、颈椎侧屈、头前伸和头颈部旋转。其他较少见到的体态不再详细描述（如颈椎前凸变直不伴头前伸）。在观察病人时，往往会发现在本章中所呈现的这 4 种体态不是孤立发生的，例如，你可能发现一个患者同时患有颈部侧屈和颈部旋转。

从后面看，颈椎是垂直的。从侧面看，颈椎前凸和后凹形成了颈椎的生理曲度。这种正常的脊柱前凸增强了颈椎对轴向压力的承受能力。头部和头部运动时产生的力约有10磅（约4.5千克），这些力被颈部椎体、椎间盘及相关小关节面所分担。头部的体态极大地影响脊柱的体态，正常颈椎体态的长时间的改变可能会影响到颈椎的承重能力。非直立脊柱体态也容易造成颈部和肩部稳定肌疲劳。头部及颈部体态的改变也可能影响胸椎关节和肩关节的功能。目前的研究表明，在坐姿状态下，头颈部体态与胸腰部体态之间有明确的关系（Caneiro et al.，2010）。这意味着，为了加强治疗效果，除了本章中介绍的颈部体态矫正以外，还需要对胸部和腰部进行治疗。

颈椎过度前凸

颈椎正常前凸的增加表现为对颈部的一种挤压，即将椎骨压缩在一起。患者颈部后面的折痕可以证明存在颈椎过度前凸。

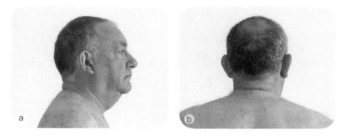

图 3.1 a. 从患者的侧面观察，颈椎标准前凸曲度的增大可能显示为颈部挤压；b. 在某些情况下，患者颈部后方出现一条水平折痕，该患者还存在头部旋转体态

表 3.1 颈椎过度前凸导致的肌肉长度变化

	缩短的肌肉	拉长的肌肉
部位	颈后部	颈前部
浅表肌	斜方肌上束 肩胛提肌	胸锁乳突肌 斜角肌
深层肌	半棘肌 头半棘肌 颈夹肌 头夹肌	头长肌 颈长肌

颈椎过度前凸的后果

这种体态下，颈部后面的软组织压缩变短，而前面的组织被拉长。椎间盘后侧比前侧承受更大的压力，并且造成小关节的移位。前、后纵韧带都会受到影响：后纵韧带被缩短，前纵韧带被拉长。后纵韧带可限制颈部过度屈曲并且保护行经颈椎骨松质内的动脉、静脉以及淋巴管。颈椎屈曲时，后纵韧带张力增加，将营养液泵入骨松质并帮助骨骼抵抗负荷。颈椎前凸姿势使后纵韧带持续受压可能会影响这些骨骼的血管分布吗？前纵韧带通常限制颈部伸展。在头颈部运动时，这些韧带一起施加微小的压力作用于椎骨来稳定头颈部的运动。理论上，拉长这种张拉结构中的一方或缩短另一方，都会对其功能产生不良后果。

同时，颈椎过度前凸会导致颈深屈肌的肌肉力量下降。在颈部疼痛的患者中经常观察到颈椎体态不良，当他们做头颈部屈曲时，常表现为颈浅屈肌的活动增加，而颈深屈肌的活动减少（Falla et al., 2004）。

提示 颈部后面的皮肤和筋膜形成的凸起，有时称为老妇驼背症，常见于颈胸连接处，它可以提示胸骨和膈膜部位的软组织张力情况。膈膜和心包膜附着于胸骨至颈部，它们收缩会拉伸胸锁乳突肌，导致这种不正常的颈部体态。因此，处理胸腹部的张力很有必要。

提示 检查和处理胸腰段的体态也很重要。

治疗师应做到以下几点

■ 鼓励你的患者在坐位和站位时注意脊柱体态。让你的患者了解到，拥有一个舒展的、更标准的颈部体态是一种什么样的感觉。也可以轻轻地被动伸展颈部。有些治疗师会在患者仰卧时，将一只手放在下巴下方，另外一只手放在头部进行手动操作。然而，这种牵引力可能会不舒服，需要谨慎使用，确保不会过度拉伸组织、压缩下颌下腺和拉长头颈部。另一种方式是轻轻地把一只手勾在后枕骨下方，把另一只手放在肩膀，轻轻地拉伸头部，或轻柔地下压肩部，或者两个动作同时进行（见图3.2a）。

另一种方式是利用毛巾，将毛巾置于枕骨下方并轻柔地牵拉毛巾两端（见图3.2b）。这种方法需要练习，因为有时毛巾位置的不同会导致头颈部过度伸长，加剧颈椎前凸。通过实验，你会发现最适于牵拉颈椎至正常颈部体态的毛巾位置。

■ 采取仰卧位或俯卧位并按摩患者缩短的软组织，拉伸颈伸肌。当你由颈后部到头部进行按摩时，提示患者注意颈部拉伸的感觉。将你的手指置于患者颅骨底部，让患者小幅度点头运动，这样有助于拉伸缩短的颈伸肌（见图3.2c）。注意这个点头幅度很小，并不是颈部屈曲。

患者俯卧位时，指导患者做点头动作，拉伸颅底部的肌肉。让患者尽量将下巴内收，这有助于治疗者有效地触及后颈部的肌肉，尤其是适用于颈后有肥厚脂肪的患者。

■ 定位枕骨下肌的扳机点。当按摩并轻柔拉伸颈后软组织时，可以找出扳机点的位置，并通过轻压来进行灭活（见图3.2d）。

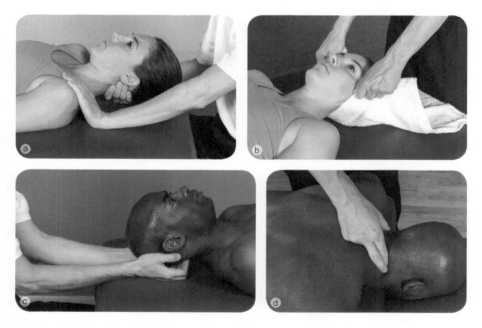

图3.2 颈椎前凸的治疗方法：a. 用手被动拉伸颈后组织；b. 用毛巾被动拉伸颈后组织；c. 按摩颈伸肌；d. 松解扳机点

■ 在颈后部应用肌筋膜释放技术。一种手法是将一只手放在患者枕骨下方（见图3.2a），另一只手的手掌置于胸骨上直到紧张的筋膜松解，你的手以及患者的头部根据需要移动。

■ 指导患者如何拉伸颈部后面的肌肉。

■ 指导患者怎样有效地进行头颈后缩。

- 检查患者颈部屈肌的肌力。如果发现肌力减弱，给予患者适当的增强肌肉力量的建议。颈椎过度前凸患者缩短的颈部屈肌耐力差（Grimmer et al.，1998）；检查方法是患者置于仰卧位，并要求患者在治疗床上抬起头部。大多数人能够抬起头并保持这个姿势，但在颈部屈肌力量差的患者中，这往往很困难。朱尔及其同事提出了多种评估这些肌肉的方法（Jull et al.，2008）。

- 建议患者根据附录中的要求纠正坐位时的脊柱体态，如驾驶时、阅读时、看电视时等。

- 运用第4章和第5章中的知识来解决胸腰段的体态。在瘫坐的坐姿中，即骨盆后旋、胸部放松、向前看时存在颈伸肌的活动增加（Caneiro et al.，2010）。颈伸肌活动增加对患有颈椎前凸症的患者是不利的。

- 在适当的时候将患者转交给物理治疗师、骨科或脊椎治疗师。

患者可以做什么

- 了解所有可能增加颈椎前凸的活动，并尽可能避免这些活动。但并非所有的因素都可以完全避免。例如，颈椎退化是可能的影响因素，却无法避免。大多数人可以在使用电脑或驾驶时矫正不良的颈部体态。

- 无论坐着或站立时，要特别注意颈部体态。治疗颈椎前凸前，让患者想象一个画面，想象自己的体态像是头部有绳子牵着的木偶一样。木偶在绳子放松时，其头部靠在胸骨或肩膀上，在重力的作用下挤进折皱的身体；当木偶头部的绳子被拉紧时，头颈部会被向上牵拉，挺胸并拉伸脊柱，此时，木偶的手臂自然垂下置于身体两侧并下拉肩膀。与此类似，可以鼓励患者让肩膀和手臂放松，增加肩膀和头部之间的距离。

- 可以进行颈部屈曲，拉伸颈后浅层肌肉。有两种方法可以加强这种拉伸。屈曲时，患者将一只手放在头后并轻轻施力。这有助于增加颈部组织的拉伸范围。但要小心，这样会使上颈椎负荷增加，患有骨质疏松症的患者严禁此操作，对患有椎动脉病变的患者来说，同样需要小心。另一种方法是指导患者在颈屈曲的体态下，下压肩部。这可拉伸斜方肌上束和肩胛提肌。或者将头放在折叠的毛巾或书上来拉伸颈部肌肉（见图3.3a）。这种体态下，患者可以在保持头部静止的情况下，通过踝关节或臀部来移动身体，从而拉伸颈部。

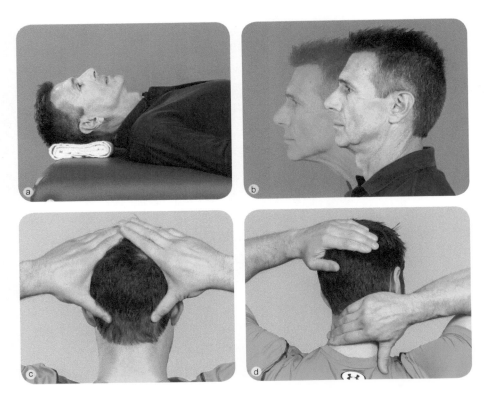

图 3.3 矫正颈椎前凸症的方法：a. 在枕骨下放毛巾；b. 进行头颈伸缩运动；c. 定位并按摩枕骨下肌群；d. 将手指放在颈部和头部的交界处，头颈部旋转时进行一次横向拉伸

■ 患者可以通过头颈来回伸缩来拉伸深部颈伸肌。让患者假设下巴置于一平面上，并让下巴水平滑向自己，这样可以避免头颈部过度拉伸（见图3.3b）。有时候让患者对着镜子做这个双下巴动作。如果发现患者做这项运动有困难，患者置于仰卧位，将你的手指滑动到其脖子和治疗床之间，并让患者用颈部向下压你的手。患者做这个动作时，将你的手缓慢地抽出，并鼓励患者做头颈后缩。注意，在实际操作时，有些病人过度后伸头颈部，而这会产生与治疗相反的结果。在仰卧位，患者由于受到了治疗床的限制，不太会过度后伸。

■ 按摩颈后，指导患者经常尝试按摩颈部后面，这可以帮助患者识别颈后组织的紧张度。将拇指置于自己的枕骨下方时（见图3.3c），你可以摸到颈伸肌，甚至可以感觉到在颈部后缩和前伸时，这些肌肉的舒张和收缩。因此，这个动作可以让患者确定自己是否做了正确的颈部伸缩训练，或者仅作为一种按摩颈部后面的手法。轻轻地用手指尖横向拉伸颈部让头部旋转，来按摩或拉伸肌肉。自我按摩的方法：将右手手指置于颈部左侧，而手掌完全覆盖于颈部，自左向右在颈后施加横向的力，同时将头转向右侧（见图 3.3d）。当你的头部右转时，颈部软组织向左移动，同时手横向地在颈部滑动。你还可以利用治疗球或网球轻轻按摩软组织。

■ 加强颈部屈肌肌力。一种方法是颈部屈肌的等长训练。患者仰卧位，只需让患者将头部从治疗床上抬起即可，类似于检查颈部屈肌肌力。正常呼吸下，患者处于坐位，头部进行屈曲等长收缩运动并坚持 5 秒。患者的肌肉耐受度会增加，例如，患者可以从每天坚持 3 秒到每天 7 秒甚至 12 秒。这是非常有效的，但患有高血压的患者应该避免这种锻炼。

■ 矫正胸腰部体态。矫正胸腰段的不良体态（如瘫坐体态）对于矫正颈部体态有正向作用。

颈椎侧屈

引起颈椎侧屈的原因有多种，可能由长期的职业或日常体态引起的；也有可能是由腿部长度差异或脊柱侧弯引起的，其中脊柱侧弯的患者由于胸椎弯曲和颈椎弯曲的方向相反，造成颈椎侧屈。

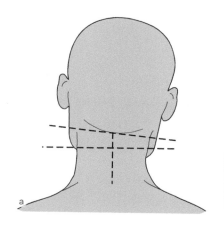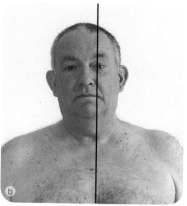

图 3.4　该患者可被观察到颈椎向右侧屈：a. 从后面观察；b. 从前面观察

颈椎侧屈的后果

颈椎侧屈时，头部侧向弯曲一侧的软组织被压缩，同时颈部相对侧的软组织被拉长。相比不弯曲的一侧，椎间盘和小关节在头部弯曲的一侧被过度挤压。随着时间的推移，长时间挤压颈部一侧的小关节对这些关节的功能带来不利影响。双眼不再平行于地平线，因此应该会影响视力。颈部和肩部的软组织受到同样的影响，这样的体态很可能对肩部功能也产生不利的影响。

提示 观察患者颈部弯曲侧的锁骨，通常颈部弯曲的一侧，锁骨被抬起。因此应该治疗该侧锁骨周围的软组织。

治疗师应做到以下几点

■ 腿部长度差异、脊柱侧凸以及胸椎侧凸等会影响治疗效果，因为在这种情况下，你的治疗只能缓解疼痛等症状，但无法矫正这种颈部体态。

■ 告知患者哪些活动会加剧颈椎侧屈的症状。一般这些活动会使一侧肩部升高（颈部弯曲侧），例如单肩负重时、开车时将手臂（颈部弯曲侧）置于车门窗上或使用过短的吊臂三角巾。有些人在思考或工作时习惯把头靠在一边。

表 3.2　颈椎向右侧屈导致相关肌肉的长度变化

	缩短的肌肉	拉长的肌肉
部位	颈部侧屈	颈部侧屈
后侧	右侧肩胛提肌 右侧斜方肌上束	左侧肩胛提肌 左侧斜方肌上束
前侧	右侧斜角肌 右侧胸锁乳突肌	左侧斜角肌 左侧胸锁乳突肌

■ 在拉伸时，帮助患者比较颈部左右两侧的感觉，来分辨哪一侧更为紧张。这有两种简单的方法。一种方法是让患者采取正常的坐姿并放松肩膀，你轻轻地压下患者的一侧肩膀，然后压下另一侧肩膀，让患者比较两侧的感觉。虽然这种压迫的力量很小，但对于患有脊柱侧弯或新发的椎间盘损伤的患者，可能会造成脊柱的单侧负荷加重，应避免。另一种方法是采用相同的动作，但是患者处于仰卧位：治疗师蹲或跪在治疗床上，在患者头部一侧，轻轻地压下一侧肩膀，然后再压下另一侧肩膀（观察抬高的肩胛骨，见图 9.11）。这种体态，只有很少的压力通过脊柱传递，正因为如此，对于大多数患者而言，这种体态是安全的。患者自己保持颈部紧张的体态很有用，因为后期需要利用它来监测患者自己拉伸的情况。

■ 鼓励患者坐着或站着时进行体态矫正，一旦患者意识到自己有颈部侧屈症状时，患者自己就会及时纠正这种体态。

■ 被动拉伸缩短的软组织。你可以利用上述技巧，采用坐姿或仰卧位，来帮助患者比较颈部左右两侧，并保持这种体态持续 12 至 15 秒左右。或者你也可以通过轻柔地拉伸颈部弯曲侧的肩部，注意将你的手放在患者肘关节上方。当在操作时，让患者慢慢地将颈部向远离你的方向屈曲。在图 3.5a 中，患者正在接受治疗并将她的颈部向右屈曲。或者患者在坐位（见图 3.5b）或仰卧位时，你对患者的肩膀或头部或两者同时施加压力。

■ 在缩短侧应用软组织放松技术，这个重点是放在具体的结构上，如前斜角肌、肩胛提肌和斜方肌。例如，用这种方法拉伸斜方肌上束时，轻轻地按压颈部侧面的组织，注意不要用力压在锁骨或肩锁关节上。一些治疗师用手或手臂按压组织，而一些治疗师喜欢轻轻握住柔韧的组织。一旦你确定了部位，让患者将头部屈曲到对面，从而轻柔地拉伸组织（见图 3.5c）。

■ 确定斜角肌紧张的部位后，利用软组织放松技术拉伸组织，患者处于直立位，治疗师用一根或两根手指将组织轻轻地固定在颈部的凹面上，然后让患者向对侧屈曲。有些患者会发现侧弯很困难，但头部旋转可能比较容易。

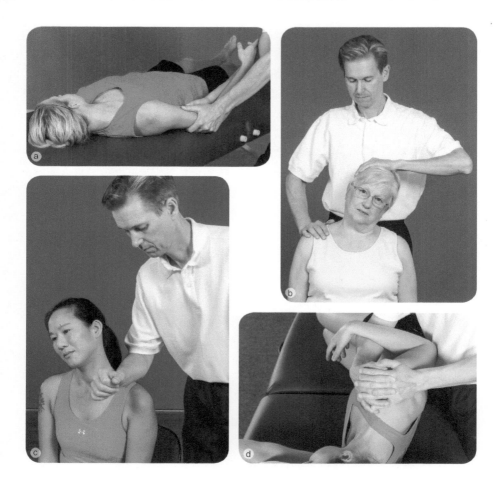

图 3.5 颈椎侧屈治疗技术：a. 在颈部向对侧侧屈的同时被动牵伸盂肱关节；b. 下压肩部的同时在控制下被动的颈部侧屈；c. 缩短肌肉的软组织放松技术；d. 患者侧卧位被动拉伸

- 患者采取仰卧位、俯卧位或侧卧位，按摩颈椎凹面的缩短的软组织。

■ 颈部被动拉伸。患者采取侧卧位并枕在枕头上，患者颈部屈曲侧在上方，治疗师站在或跪在患者身边，双手放在患者肩膀上，并轻轻地按压。尽可能不要将手置于斜方肌上束的组织。患者处于侧卧位，治疗师朝自己的方向按压患者肩膀时，头部由于重力作用不会移动，从而便于拉伸颈部侧面的软组织（见图3.5d）。如果患者希望得到更大的拉伸，可以去除枕头。还要注意，如何让患者改变头部的位置来感受到伸展，例如让患者的头部向远离你的方向运动。

■ 指导患者如何拉伸颈部屈曲侧的肌肉。

■ 在颈部缩短的一侧（即颈部屈曲侧），使用肌筋膜释放技术，纵向拉伸颈部。

■ 检查侧颈部屈肌肌力；如果肌力减弱，建议患者考虑加强肌力锻炼。

■ 适当时，将患者转交给物理治疗师、骨科或脊椎治疗师。

患者可以做什么

■ 明确应该避免的因素，特别是在携带物品或坐位时。

■ 拉伸颈部弯曲侧的缩短肌。患者需要将颈部向对侧屈曲。患者的一只手置于头部施压来增强拉伸，像向下压肩膀一样（见图3.6a）。另外，将双臂放在身后也可以加强拉伸（见图3.6b）。要注意，这时一些患者会感觉颈部前面的张力增加，这是由于轻微拉伸肩部时，会引起颈前组织的张力增加。

■ 如果发现颈部弯曲侧的肌肉较无力，一个简单方法就可以增强肌力，即保持肌肉较无力的一侧向上侧卧，将头部抬离地面，努力将头部保持在中立位。患者每天都可以这样训练，直到患者能够保持这个体态。患者也可以在坐位或站立时用手按压头部来训练（见图3.6c）。

■ 注意睡眠体态。睡眠体态也会造成颈部侧屈。枕头过高会使颈部前面的软组织缩短，而床垫侧的颈部拉伸。枕头过低则对颈部的影响相反。适当高度的枕头能够填补肩膀和头部之间的间隙，同时有助于颈部保持正位，不会拉伸或缩短颈部组织。

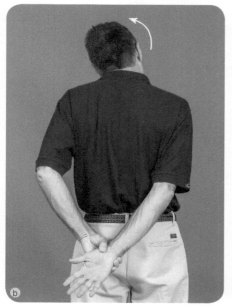

图 3.6 颈椎侧屈的治疗方法：a. 轻轻按压头部或下拉肩膀以加强拉伸效果；b. 将缩短侧的手臂放在身体后面，颈部向另一侧屈曲；c. 等长运动，增强肌力

头前伸

在这种体态下，颈部生理曲度消失，X线检查时，颈椎呈直线状。头前伸并没有明确的定义，但是正如其名所示，在矢状面上，头部不在躯干所在的垂直线上，而是在其前方（见图3.7b）。

为了测量头部、肩部和胸部之间的关系，瑞恩和图米（Raine et al., 1994）提出了一个可视化的头前伸图示。在矢状平面上，假设一条穿过耳屏的水平线（这条线称为法兰克福平面），另一条通过C7椎间盘。然后连接C7和耳屏画出相交线，这条线表示头颈部之间的关系（见图3.7a）。注意，当头相对于身体向前移动时，C7水平线和相交线的夹角会减小（见图3.7b）。

保持眼睛正视前方，若头部在C1向后上方倾斜，就认为颈部的寰枕部位存在过度拉伸。拉伸的夹角称作偏移角（见图3.8）。在观察患者的照片或者患者时，通过这条线可以很好地判断患者是否有头前伸。

在极少数情况下，患者为了缓解疼痛，暂时出现头前伸。这种情况多是由于患者患有颈部椎间孔性滑囊炎，这种炎症可能是由于头颈部长期处于伸展状态所致，如长时间粉刷天花板之类的活动（Waldman，2008）。

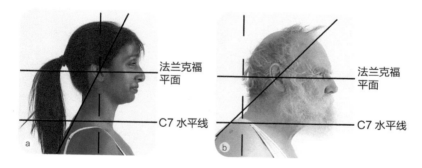

图3.7 a. 正常头部体态；b. 头前伸时，在矢状面上身体和头部不在同一直线上，同时偏移角减小

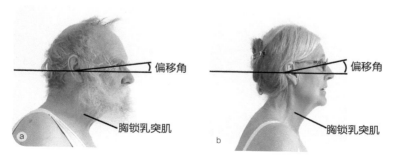

图3.8 头前伸的偏移角，图a中男性患者的偏移角比图b中女性患者的小

头前伸的后果

格里默和特洛特（Grimmer et al.，1998）发现，只有在上颈椎偏移较大的角度时，才会出现颈深部短屈肌的减弱。当头颈部进一步前伸时，可使头部后伸并增加偏移角度。这种体态会拉伸局部的深屈肌，并使得它们肌力下降。

图 3.8b 中的女性患者比图 3.8a 中的男性患者的偏移角度更大，因此这个女性患者的颈部深层屈肌的肌力更低。这可以通过胸锁乳突肌（SCM）的肥大来验证，可以在照片中观察到这个女性患者的右侧胸锁乳突肌肥大。深颈屈肌的减弱是个重要提示，因为这些肌肉有助于维持颈部的稳定性并提供本体感觉。不仅是颈长肌，颈部所含的肌肉对颈部的本体感觉均有重要意义。在说话、咳嗽和吞咽期间，这些肌肉可以稳定颈部。颈长肌减弱的后果，是在说话、咳嗽和吞咽期间屈曲颈部的能力降低，特别是在对抗重力时（如抬起头）降低颈部的稳定性。有推测，这对咀嚼肌也会有一定的影响，并可能导致颞下颌关节出现问题。

头前伸产生的其他后果还有斜角肌出现肥大和痉挛，压迫 C5 至 T1 脊神经根的腹侧神经、锁骨下动脉和静脉，因为这些结构在上斜角肌和中斜角肌之间以及第 1 肋上方。这种压迫引起的疼痛和功能障碍，被称为胸廓出口综合征。颈部屈曲时，两侧的胸锁乳突肌能增强颈椎的稳定性。当有头前伸以及颈长肌的减弱，胸锁乳突肌就不能稳定颈部，反而双侧胸锁乳突肌外展（不是屈曲）导致颈部拉伸和脊柱前凸曲度增加。

患者的头夹肌和斜方肌的张力增强（Noh et al.，2013），可能引起颈部疼痛和肩部疼痛。

最后，由于前伸的头部会影响颈部的肌肉，而这些肌肉有助于提供本体感觉，因此头前伸对平衡可能有负面影响。

提示 这种体态会引起下颌骨的复位和咀嚼肌肌力增强。

提示 压迫到 C1 和 C2 相关的神经（如过度前移）会导致颅面疼痛。

表 3.3　头前伸导致相关肌肉的长度变化

部位	缩短的肌肉	拉长的肌肉
颈前部	头长肌 颈长肌 舌骨上肌群	舌骨下肌群
颈后部	枕下肌	肩胛提肌

这些缩短肌与上部颈椎无关；上部颈椎的偏移引起颈深肌拉长。

治疗师应做到以下几点

■　建议患者进行矫正训练复位头部。观察图 3.9 中头前伸对坐姿的影响，可以看到，三种坐姿头部的重心都在脊柱前方，其中图 3.9c 头部前移程度最大。观察患者日常工作、驾车或惯用坐姿的体态。怎样让患者保持直立坐姿？一个小技巧是在腰部垫一个小垫子。注意，用垫子（或腰部支撑）时，胸部以及头颈部的体态会随着改变。你自己也可以尝试一下。坐下来时，注意颈部的姿势，之后在腰部后面放一个垫子。观察一下你的颈部发生了什么变化。如果你发现患者处于坐位时出现头前伸症状，建议患者在驾车、阅读或看电视时根据附录中的要求矫正体态。

■　按摩缩短的组织，这些组织多为上部颈伸肌。可在仰卧位（见图 3.2c）或俯卧位进行。仰卧位时更有效，因为当你将手从患者颈部的底部按摩到头部时，可以让患者同时进行轻轻的点头运动。将你的指尖置于患者头骨的基底部，这样有助于拉伸颈短伸肌同时活化深部颈屈肌，加强拉伸效果。注意，这种点头运动不同于屈曲颈部。

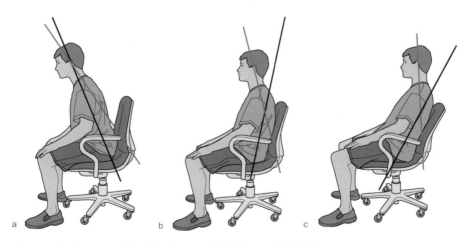

图 3.9　坐姿：a. 强迫直立坐姿；b. 自然坐姿；c. 懒散坐姿

在俯卧位，轻轻拉伸患者头的基底部（见图 3.10a）来拉伸颈部后面的组织，同时鼓励患者内收下颌。治疗颈部后面肥厚的患者时，让患者内收下巴能够很有效地拉伸颈部。

- 治疗时，准确定位并轻柔按压枕骨下肌群和其他肌肉的收缩点（见图 3.2d）。

- 指导患者如何拉伸颈部后面的肌肉。

- 指导患者进行有效的头颈伸缩（见图 3.3b）。

- 检查患者颈部屈肌的肌力。如果发现肌力减弱，给予患者适当的加强肌肉的建议。检查方法是让患者仰卧，然后让他从治疗床上抬起头部。大多数人能够抬起头部并保持，但颈部屈肌疲弱的患者很难做到保持抬头。这就是颅颈弯曲试验，这个实验已经进行了广泛的研究。

- 使用贴扎进行矫正。利用肌贴的张力阻止头前伸，并且这对于能够做颈部伸缩训练的患者也有用（Yoo，2013）。可以使用不同的贴扎方法，如图 3.10b 所示。

- 矫正胸腰段体态，因为胸腰段的不良体态与头前伸有关。

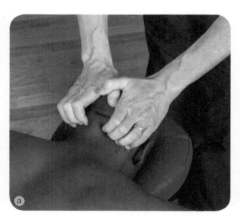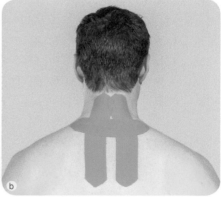

图 3.10 头前伸的治疗：a. 俯卧位按摩颈伸肌；b. 肌效能贴扎

- 检查咀嚼肌，如颞肌，咀嚼肌的张力增加可能引起颌骨和头部疼痛。
- 适当时，将患者转交给物理治疗师、骨科或脊椎治疗师。

患者需要做什么

- 明确并尽量避免能够加剧头前伸的任何因素。在使用电脑、看电视或开车时，要特别注意头颈体态。背过重的双肩包会加剧这种体态（Chansirinukor et al.，2001），所以尽量避免这种情况。

- 坐位或站立时进行颈部体态纠正。一种办法是当头前伸时，颈部后面的肌肉就像缰绳拉起马一样使颈后肌肉张力增加。头部越前伸，颈部后面的肌肉张力越大。一般头前伸体态与驼背有关。避免懒散的体态，并注意肩胛骨和胸部的位置是矫正这种体态的重要因素。从坐直、收紧并压低肩膀做起。有关矫正驼背的更多信息，请参阅第 4 章。

- 将头部放在折叠的毛巾或书上（见图 3.3a），拉伸颈后软组织。这也是在下一点讨论头部缩回的有用体态。

- 患者可以通过学习头颈回缩来拉伸深部颈伸肌，同时加强颈屈肌。古普塔及其同事（Gupta et al.，2013）认为，与传统的等长训练相比，这对矫正头前伸体态更有意义。让患者假设下巴置于一平面上，并让下巴水平滑向自己，避免头颈部过度拉伸（见图 3.3b）。有时让患者对着镜子做双下巴动作也是有用的，这和上面的动作效果是一样的。如果发现患者做上述两种动作均有困难，让患者仰卧，然后将你的手放在患者脖子和治疗床之间，并让患者用颈部下压你的手。若患者能做到这一点，将你的手抽出并鼓励患者做头颈伸缩。注意，在实际操作时，有些病人过度拉伸头颈部，会产生与治疗相反的结果。在仰卧位，患者由于受到了治疗床的限制，不太会过度后伸。

- 加强颈部屈肌肌力。一种方法是颈部等长屈曲训练。让患者仰卧，然后只需让患者将头部从治疗床上抬起就可，类似于检查颈部屈肌肌力，这样做 5 次。这个方法还可以帮助患者逐渐增强肌肉耐力，这通过姿势保持的时间长短来体现。例如，患者的目标是从坚持 3 秒到 7 秒再到 12 秒。尽管目前尚不清楚哪些训练最适合矫正颈部前倾体态，但有证据表明，颈部深部肌（颈长肌和头长肌）以及浅表肌（胸锁乳突肌和斜角肌）的训练能够减轻颈部疼痛（Falla，2004）。如果你认为患者的疼痛是由不良的颈部体态引起的，那么加强颈部锻炼可减轻疼痛。

- 用拇指按摩颈部肌肉（见图 3.3c）。

- 患有颈椎过度前凸的患者首先解决胸腰段体态，因为这可能对矫正颈部体态有正向作用。

头颈部旋转

从后面观察患者头部时，有时可以观察到患者一侧的颌骨比另一侧多。在示例中，患者是头部逆时针旋转（见图 3.11 b）。多种原因能引起头部旋转，也可能是部分胸椎旋转、锁骨的移位和肩胛骨外展的伴随症状。

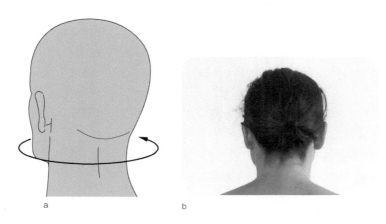

a   b

图 3.11 头部逆时针旋转

提示 例如，头部的逆时针（向左）旋转可能是相对于右锁骨的前旋、左锁骨的后旋、右侧第二和第三肋骨的前旋、左侧第二和第三肋骨的后旋，与这些骨骼和关节相关的软组织也会有相应的改变。这只是一个由多种可能的因素组合的病例，毕竟每个患者都是独一无二的。

治疗师应做到以下几点

■ 要求患者进行头部旋转来区分紧张的组织。让患者尽可能地将头部分别向两侧肩部旋转，并感觉哪一边受限。如果向右转时感觉到颈部左侧受限，那么患者需要练习向右侧拉伸。

头颈部旋转的后果

头颈部旋转发生概率的较小，并且是所有头颈部体态问题中最小的症状。与本书中介绍的其他体态一样，头颈部旋转也伴随着部分肌肉的缩短或拉长，如表3.4所示。经常在头颈部旋转的患者中发现头颈部旋转侧的斜角肌和肩胛提肌的附着处疼痛；对侧胸锁乳突肌张力增加。头颈部旋转时同时会伴有血管结构和分布的相对改变（Wang et al.，2006），但是正如上所述，当旋转程度较小时，并不会有较大的影响。本节提及的颈部体态与颈部肌张力障碍完全不同。颈部肌张力障碍可能引起头部显著的不自主旋转，需要专科治疗。有关更多信息，请参阅国家神经系统疾病研究所的研究（National Institute of Neurological Disorders and Stroke，2014）。

表3.4　头颈部旋转导致相关肌肉的长度变化

部位	缩短的肌肉	拉长的肌肉
向右旋（顺时针转）	左侧胸锁乳突肌 左侧斜角肌 右侧肩胛提肌 左侧头夹肌 左侧颈夹肌	右侧胸锁乳突肌 右侧斜角肌 左侧肩胛提肌 右侧头夹肌 右侧颈夹肌
向左旋（逆时针转）	右侧胸锁乳突肌 右侧肩胛提肌 左侧斜角肌 右侧头夹肌 右侧颈夹肌	左侧胸锁乳突肌 左侧肩胛提肌 右侧斜角肌 左侧头夹肌 左侧颈夹肌

注意，与该体态相关肌肉的缩短或拉长程度均较小。

■ 鼓励患者随时矫正体态，特别是有可能增加头部旋转的任何活动或体态。这种体态的患者经常长时间使用电脑或观看电视，其中显示器或电视屏幕不在患者视线的中心位置，而是位于一边。这些患者也可能是在倒车时永远只看同一方向的司机。

■ 广泛的被动拉伸缩短组织。当颈部旋转到极限时或感到组织紧张时，谨慎拉伸。安全的方法是让患者的头部在毛巾上从左到右轻轻地滚动（见图3.12a）。这种方法的优点是，不太会引起组织的过度拉伸，因为治疗师使用毛巾比用手握住患者头部的方法对患者的影响更小。另外一个优点是，许多患者会更加容易放松头颈部，也许是因为他们可以感觉治疗床在他们的头下，从而有助于伸展。因为这是一种广泛的拉伸而不是具体的拉伸，它只针对局部的紧张。因此，患有梅尼埃病的患者进行这项训练时要谨慎。

■ 以表 3.4 作为训练指导，按摩张力明显增强的部位，记的拉伸颈部后部（见图 3.2d）和前部（见图 3.12b）的回旋肌。

■ 利用软组织放松技术等方法拉伸特定的肌肉。如拉伸斜角肌时，一个或两个手指轻轻地按压在斜角肌上，然后让患者将头慢慢地旋转到对侧（见图 3.12c）。图示的患者是坐位，但在仰卧位该技术同样有效。按压时避免压到有血管的位置，如果按压时感觉到脉搏，则换一部位。注意，如果在让患者转动头部之前，轻轻地用手指牵拉皮肤及皮下组织，那么拉伸的强度就会增加。

■ 指导患者如何适当地拉伸肌肉。鼓励患者进行颈椎旋转活动。

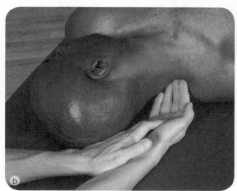
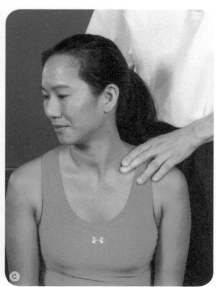

图 3.12 头部旋转的治疗技术：a. 被动伸展；b. 按摩侧前回旋肌；c. 使用特殊的拉伸技术如软组织放松技术等，例如轻轻地固定斜角肌，鼓励患者进行主动拉伸

- 适当时，将患者转交给物理治疗师、骨科或脊椎治疗师。

患者可以做什么

- 明确并尽可能避免有可能加剧颈部旋转的任何因素。例如，保持正中状态、倒车时头部两侧都旋转以及避免趴着睡并且每晚头部转向同一侧。

- 反方向旋转患者头部，拉伸旋转侧颈部。一种方法是鼓励患者每天采取相同的坐姿拉伸并尝试看到肩部以外的范围，观察每天这样做时能看到什么变化。另一种方法是建议患者用一只手轻轻按压头部（见图 3.13a），患有禁忌证的患者除外，如类风湿关节炎或颈椎病。

- 采取放松体态来对抗旋转体态。例如，如果患者是逆时针旋转（向左），则鼓励患者无论是俯卧位还是仰卧位都将头部向右转。如果仰卧休息，使用书或毛巾矫正体态以及拉伸颈部（见图 3.13b）。

- 一旦患者颈部前面的软组织被释放（见图 3.12c），患者需自己学习主动使用这种技术。

图 3.13 头部旋转的治疗技术：a. 轻柔地拉伸缩短组织；b. 在仰卧位，患者枕在一本书上拉伸颈部

结束语

　　在本章中，你学习了 4 种常见的颈部体态：颈椎过度前凸、颈椎侧屈、头前伸和头颈部旋转。每种解剖特征都配有图片示例来说明。本章描述了每种体态的不良后果并列出了缩短肌和拉长肌，供制订治疗计划之用。本章还提供了治疗师的可用方法，以及病人可以做什么来自我矫正这些体态。

第 4 章

胸椎

学习成果

学习本章后，应该做到以下几方面。

- 列出胸椎 3 种常见的体态问题。

- 识别这 3 种体态的解剖学特征。

- 在患者身上识别出这些体态。

- 举例说明上述每种胸椎体态带来的解剖学影响。

- 指出每种胸椎体态中，缩短肌和拉长肌的肌肉名称。

- 举例说明每种胸椎体态所适用的矫正措施。

- 说明每种矫正措施的基本原理，并说明在患者的现有状态下禁止使用的矫正措施并可以解释其禁止使用的原因。

- 举例说明各种适用于特定胸椎体态的伸展、锻炼和活动类型，并说明以上方法的禁忌证。

本章介绍的 3 种胸椎体态问题分别是驼背、平背和胸廓旋转。从后面看，胸椎呈一条直线；从侧面看，胸椎呈上凹下凸状。和颈椎和腰椎一起，正常的脊柱后凸有利于脊柱承压。因为头部的重量落在胸椎的凹陷处，所以在临床上驼背非常常见。相反胸椎变得平直，也就是平背的案例相对较少。平背多发于关节过度柔软的患者，与普通人相比，他们的胸椎关节由于灵活性过高而导致胸椎平直。这 3 种不健康的胸椎体态都可能造成疼痛。另外，驼背是由肩部的异常力学结构和胸椎间盘受力异常而引起的。在第 6 章中会介绍第四种胸椎体态问题——脊柱侧凸。脊柱侧凸是一种比较复杂的病态体态，和身体多个部位变形有关。

驼背

当患者胸椎向后弯曲，程度超过了正常的生理曲度，我们把这个症状定义为驼背。从患者体侧观察，很容易看出驼背的体态特征。该体态常伴有颈胸结合部的脂肪堆积，原因可能是由于身体为调节驼背而做出的反应，以及相关肌肉不平衡的结果。人体衰老是导致驼背的主要原因之一，驼背多发于老年人。五十岁以后，驼背的发病率会急剧上升（O'Gorman et al.，1987）。医学上将胸椎向后弯曲角度大于40度的案例称为驼背。驼背会造成后背疼痛、脊柱活动受限、功能受限、呼吸系统的减弱和骨质疏松性骨折（Greendale et al.，2009）。

研究证实，头部的位置和驼背的发生有很大的关系，头部越向前伸，从第七颈椎到第六胸椎弯曲的角度就越大（Raine et al.，1994）。长时间保持静止体态，如久坐、开车，或工作中需要经常头部前伸的人群，患驼背的概率较大。

提示 许多驼背患者伴有头部前伸，对于这个体态问题，如何解决有关肌肉的不平衡非常重要。有些患者可能还有肱骨内旋、肩胛骨外展，或者肱骨头在关节窝静止位置的改变等症状。关于这些体态的治疗方法，请参阅第9章。

图 4.1 驼背导致的脊柱过度弯曲

驼背的后果

驼背患者的颈前纵韧带收缩，颈后纵韧带拉长，颈椎间盘前部受压。换而言之，身体前部的肌肉和软组织（胸肌和腹肌）收缩变短；身体后部的肌肉和软组织（脊髓伸肌和斜方肌中束、下束）则拉伸变长。驼背可显著增加第五腰椎至第一脊椎椎间盘的负荷，很可能导致腰椎间盘病变，以至于第五腰椎至第一脊椎可能出现滑脱，即便手术治疗也不能达到理想的治疗效果（Harrison et al.，2005）。驼背使胸椎伸肌过度疲劳，导致肌肉疲劳，以及后背疼痛。驼背还会影响肩膀的活动功能。例如，重度驼背的老年患者通常也无法抬高手臂（Crawford et al.，1993）。

表 4.1 驼背导致的肌肉长度变化

缩短的肌肉	拉长的肌肉
胸大肌 胸小肌 腹直肌	斜方肌中束和下束 胸髂肋肌

在决定为驼背患者治疗之前，要谨慎考虑以下患者是否能够接受治疗：

■ 患有或者很可能患有骨质疏松症的患者（如老年患者、厌食症或以前有过厌食症的患者、暴食症患者）。因为治疗驼背时，治疗动作通常包含拉伸脊柱，以及对脊柱施压，很容易对骨骼脆弱的人群造成直接的伤害。

■ 近期做过胸部或腹部手术的患者。因为治疗动作包含拉伸脊柱和身体前部的软组织，很有可能使伤口再次破裂，影响恢复。

■ 由于精神和情绪原因而驼背的患者。（例如，由于害怕、焦虑、害羞、忧郁等负面情绪引起的，有意识或无意识的自我保护而造成含胸驼背。）因为驼背治疗要拉伸脊椎打开胸腔，这些患者的情绪很可能会有较大的波动。

治疗师应做到以下几点

■ 当退行性病变是导致患者驼背的原因时，即使进行治疗，效果也很可能不理想。当坐姿或站姿不当是导致患者驼背的原因时，通常可以完全治愈。

■ 帮助患者查找病因并纠正原有的姿态。很多习惯都是造成驼背的原因，例如种植花草、久坐、开车、划船、玩电脑游戏、画画、做针线活、画插图等需要长时间弓背的活动。

■ 被动拉伸患者收缩变短的肌肉和软组织（例如，拉伸驼背患者的胸肌）。治疗师可以面对患者进行拉伸，或者与患者背靠背地杠杆式拉伸（见图 4.2a）。注意不要过度拉伸患者的脊柱，这个拉伸动作是伸展患者的手臂，而不是对患者的脊柱施压。当然，拉伸脊柱也很重要，但是在拉伸胸肌的同时拉伸脊柱，很容易造成过度拉伸，伤害软组织。为了避免过度拉伸，你可以在患者背后垫一个枕头，这样患者也会感到更舒适。治疗师要注意不要过度拉伸肩部。

■ 如果治疗时让患者采用仰卧体态，最好在患者背后（包括头颈部）竖着放一个支撑物或垫枕。垫枕应放置在背部正中，支撑脊柱，头颈也应靠在垫枕上（见图 4.2b）。患者处于这个体态时，有利于治疗师轻松拉伸患者的肩部，并在患者能够承受的情况下，加强拉伸力度。在选用垫枕时要考虑垫枕的软硬程度，垫枕过硬可能使患者很难保持稳定不动，当治疗师作用于双肩的力度不同时，患者很有可能会滑向一侧。

■ 当患者的肩部患有疾病时，如果进行仰卧式胸部拉伸，有疾病的肩膀

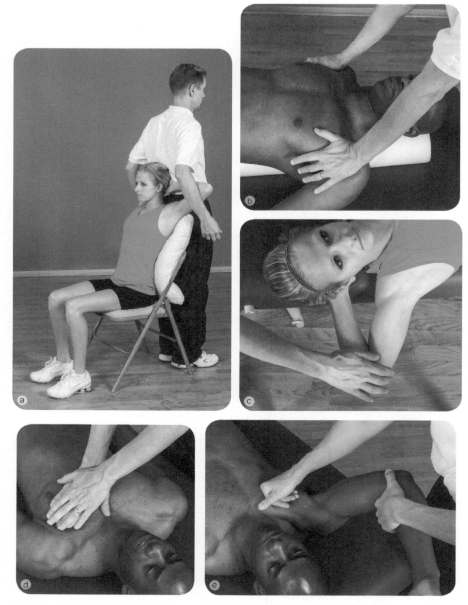

图 4.2　治疗师治疗驼背的技巧：a. 坐姿拉伸胸肌；b. 仰卧拉伸胸肌；c. 单侧拉伸胸肌；d. 按摩胸部软组织；e. 对患者胸肌做软组织放松技术

很可能会感到疼痛，或者根本不能承受拉伸。这时，可以实施单侧的仰卧式胸部拉伸。在做单肩拉伸时，患者应躺在理疗凳的边缘，使拉伸侧的肩膀悬空。在图 4.2c 中，该患者将手放在头部后方。改变胳膊的位置进行拉伸，所拉伸的胸肌部位也不同。

- 尽量用同一个体态拉伸患者的肌肉，治疗师可以使用肌肉能量技术对患者进行治疗。

- 按摩收缩变短的软组织。许多患者在治疗师按摩他们锁骨周围的胸肌时感到舒适放松。按摩时，患者最好处于仰卧体态，这个体态下的按摩效果最好。治疗师可以按摩整块胸肌，但我们建议使用中等力度的手法重点拉伸胸骨到肩膀处的肌肉（见图 4.2d）。

- 治疗师可以使用软组织放松技术来加强对患者胸部软组织的拉伸。托住患者的手臂，使患者大臂垂直于身体，用手指或者拳头压住胸肌中部，然后慢慢推向胸口中部；保持手指或拳头对胸肌的压力，慢慢将患者手臂向外展，进一步拉伸胸肌。在图 4.2e 中，治疗师正使用软组织放松技术拉伸患者的胸肌。在实施这种技术时，患者也可以自己主动外展手臂拉伸胸肌，效果同样很好。患者还可以自己调整外展手臂的角度，来拉伸胸肌的不同部位。

- 用来矫正驼背的其他技术，如矫正过度前倾的头部，其内容将包含在本书第 3 章；矫正肩胛骨突出和肱骨内旋的技术，将包含在本书第 9 章。

- 用贴布固定后背。这是李维斯及其同事在 2005 年提出的一种方法，可以防止患者驼背（见图 4.3）。接下来的内容将详细介绍其用法。

患者可以做什么

- 意识到有可能引起驼背的原因，尽量避免需要长时间弓背的活动，但是因脊柱退化病变引起的驼背无法避免。在日常生活中，患者在看电视、玩电脑、看书时，要特别注意自己的体态，不要弯腰驼背。建议患者根据附录中的指示，来设置电子设备的显示屏幕。

- 经常拉伸收缩变短的肌肉。驼背患者应拉伸胸肌，收缩背部菱形肌是一种简单有效的拉伸胸肌的方法，而且在任何场合都可以实施。

- 有的患者在拉伸胸肌时会感到不适，那么这时候可以把垫枕放在患者后背胸椎位置（见图 4.4b），使双肩悬空，放松肩膀，使肩膀自然下垂，以达到拉伸胸肌的目的。重度驼背的患者完成这个动作可能会有点困难，甚至感到不舒适，因为这个动作需要患者在收紧肩胛骨的同时放松脊柱（脊柱由正常状态到伸展状态）。如果患者无法完成这个练习，那么平躺于硬地板上放松也是可行的矫正方法，除非其驼背已经结构性固化。

李维斯贴布法

1. 治疗师须教会患者如何伸展脊柱，患者应多加练习。

2. 在脊柱处于伸展状态时，在脊柱两侧贴布，从T1到T12位置（见图4.3）。李维斯当时使用的是1.5英寸（约3.8厘米）宽的雷可贴布。

3. 然后患者收紧背部和肩胛骨。治疗师从脊柱中部到肩胛骨T12处贴布。两边都要贴，贴好后呈V形（见图4.3）。

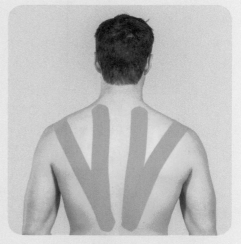

图4.3 贴布法矫正驼背：在脊柱两侧从T1贴到T12，从脊柱中部贴到肩胛骨T12位置，形成V形

李维斯和其同事强调，尽管贴布法的确让脊柱处于伸展位置，肩胛骨回正，但是对有些患者来说，这个方法对他们的肩部有所损伤。李维斯和其同事还提出，依靠外力机械地把身体扳正，并不能从根本上矫正患者的身姿，也不能减轻患处的疼痛。

作为治疗师，你应该鼓励并叮嘱患者积极地增强自身肌肉力量来矫正驼背。因为使用贴布等外力的矫正效果并不能持久。指导患者锻炼薄弱的肌肉，如锻炼菱形肌和斜方肌的中束和下束，来达到矫正肩胛骨的目的。

■ 患者可以用双手在身后握住一条毛巾的方式，来拉伸胸肌和肩关节（见图4.4c）。

■ 当患者有肩部问题，不能实施双肩同时拉伸时，借助墙面或者门框拉伸是进行单侧胸肌拉伸的有效方法。患者可以自己完成拉伸，面向墙壁，伸直手臂，保持单手贴紧墙壁，慢慢转身，拉伸胸肌。拉伸时手可以放在墙上的不同高度，手的位置不同拉伸胸肌的部位也不同。有些患者觉得这种拉伸动作强度太大，那么我们可以建议患者用手握住一根固定竖立的直杆（不是触墙），然后进行拉伸。握杆的拉伸程度，比手掌贴墙的拉伸程度要轻，因为握杆时，手指卷曲相对放松，手腕也相对灵活；而手掌贴墙拉伸时，手腕和手指会因伸直而紧张。

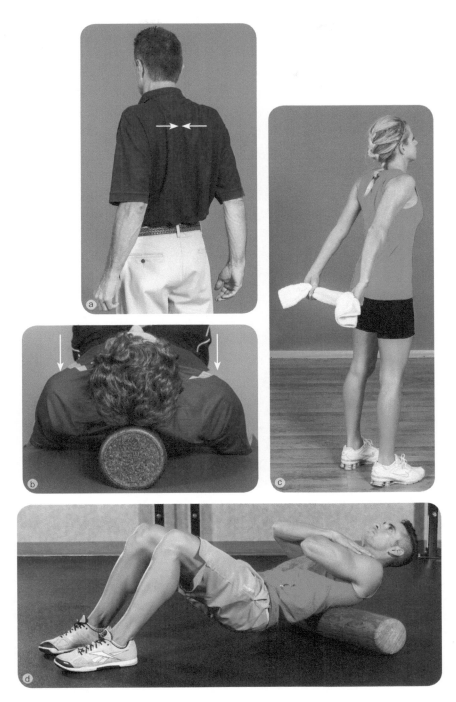

图 4.4 矫正驼背的小技巧：a. 收缩菱形肌以达到拉伸胸肌的效果；b. 平躺于垫枕之上；c. 使用毛巾辅助拉伸；d. 用各种方法伸展胸椎，包括使用圆柱形泡沫条

　　■　增强菱形肌和斜方肌中束和下束可有效矫正肩胛骨，建议进行展肩沉肩训练（下文框中有具体介绍），或者俯卧收缩菱形肌训练。想要提高肌肉耐力的患者可以在收缩肌肉后保持该体态一段时间。俯卧收缩菱形肌训练的方法：患者俯卧于地面，大小臂都贴在地面上，屈起手臂，手肘向外，使大臂垂直于小臂，掌心向上；患者背部发力，慢慢抬起双臂，然后内旋小臂使双手拇指向下；坚持一段时间后慢慢放下双臂，然后重复练习。

　　■　患者可以使用泡沫轴加强伸展脊柱的程度（见图4.4d）。这些泡沫轴是由坚实的泡沫聚苯乙烯制成，使用时需要格外小心。使用泡沫轴放松脊柱的方法很简单，就是用适当的力量在每节椎骨上滚动施压。但是需要注意，不是每个人都能使用这种方法，患有骨质疏松或曾患有脊柱疾病（如椎骨关节脱位、椎间盘突出等）的患者都不能使用；患有关节炎的患者使用时则需谨慎。

　　■　驼背患者应格外注意自己的坐姿，尽量保持身体坐直；弯腰驼背的坐姿显然会加剧驼背症状。许多人喜欢放松的坐姿，因为坐直身体需要腰背及腹部发力，显然弯腰驼背的坐姿更加轻松（Caneiro et al.，2010）。

　　■　如果患者在患有驼背的同时还伴有颈部前凸（头前伸）或者肱骨内旋，这两个症状的治疗方法分别归入本书的第3章和第9章。

　　■　经常练习瑜伽能够有效矫正驼背。驼背患者经常练习瑜伽中的山式站姿后，驼背症状有明显的改善。山式站姿就是一个标准的健康站姿，练习时双腿并拢，双臂紧贴身体，整个身体处于左右对称状态。长时间坚持练习瑜伽的人，身体的对称性要好于一般人（Grabara et al.，2011）。山式站姿之所以对矫正驼背有显著的效果，是因为山式站姿要求训练者运用肌肉的力量努力向上伸展脊柱，这在一定程度上伸展了弯曲的胸椎和腰椎，从而达到矫正驼背的效果。曾有学者做过这样一个实验：让60岁以上患有成人型驼背（胸椎弯曲角度大于40度）的患者，参加为期6个月的瑜伽训练；在这6个月里患者每周三天练习瑜伽，每次练习一个小时，6个月后，参加瑜伽练习的患者和没有参加瑜伽练习的患者进行对比，前者驼背的程度都有所减轻（Greendale et al.，2009）。

展肩沉肩练习

1. 治疗师让患者站着或者坐着，然后用触摸肩胛骨下角的方法来找到患者斜方肌下束的位置。
2. 轻轻敲打患者斜方肌下束，叫患者注意该位置的感受。
3. 让患者轻轻向中间收缩肩胛骨，然后微微下沉肩胛骨。患者俯卧完成这个练习更加困难，因为俯卧时收缩肩胛骨，需要承受重力的影响。

平背

正常人体的腰椎有一定的生理弧度，腰椎变平直，生理弧度消失，医学上把这种症状称为平背。很多平背患者的胸椎也会失去一定程度的生理弧度。平背在照片上很难观察出来，从照片上看，胸椎和腰椎连接处较为平直，或者胸椎处较为平直都有可能是平背（见图 4.5）。

但有些时候，患者的平背是因为他们的背部植入了用来矫正脊柱侧弯的钢骨。现在使用的钢骨比过去使用的"哈式棒"要先进得多。植入钢骨矫正脊柱侧弯的好处，就是用笔直的钢骨矫正侧向弯曲的脊柱，但是这个矫正方法最大的缺点是会让脊柱失去前后弯曲的生理弧度，

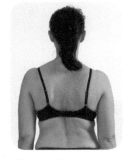

图 4.5 平背

脊柱的力量和灵活性也会变差。现在，钢骨植入矫正技术与 20 世纪 60 年代同样的治疗方法相比，先进之处在于，在植入钢骨后，患者胸椎失去的生理弧度比较少。"哈式棒"现在还用于治疗骨折（Gertzbein et al.，1982）。植入了矫正脊柱侧弯钢骨的患者，脊柱周围的肌肉在一定程度上有所退化，本书中介绍的矫正平背的练习，很可能不能解决他们的平背问题。

平背的后果

患有平背的患者，身体的前纵韧带伸长，后纵韧带松弛，腰椎间盘后倾。椎间盘和纵韧带对保持椎关节的稳定性有不可忽视的作用。患者身体前部的肌肉拉长，后部肌肉缩短，这就是他们患有平背的原因。柔韧性过高的患者也可能出现平背，因为他们的柔韧性太好，韧带过分松弛，无法有效地保持关节的稳定性，从而使脊柱失去了正常的生理弧度。由于柔韧性过高而患平背的患者，通常可以站得很直，但是他们在站直的时候会感到背部疼痛，所以他们会微微放松，弯曲腰部来缓解疼痛。胸椎平直的患者会感到背部疼痛，这是因为胸椎失去生理弧度变直后，椎骨后部相互挤压，压迫软组织而造成疼痛。

提示 在治疗柔韧性过好的平背患者时，要格外小心谨慎，这些患者可能存在局部软组织的过度紧张。脊柱周围的肌肉和韧带是否强壮，对稳定脊柱的效果极为重要，所以在治疗这些患者时，不能一味地放松紧张的韧带和肌肉，更要注意锻炼患者松弛的韧带和肌肉，使它们变得强壮有力。按摩的确是减轻患者局部疼痛的有效方法，但是不能过度放松患者的软组织。这些患者的骨密度过低，所以不能采用对其脊柱进行局部施压的治疗方式。

表 4.2 平背导致相关肌肉的长度变化

缩短的肌肉	拉长的肌肉
髂肋肌	腹肌

治疗师应做到以下几点

以下介绍的技巧能够放松髂肋肌群，减轻患者的疼痛，但是不能治愈胸椎处的平背。

■ 治疗师应拉伸平背患者收缩变短的髂肋肌。患者只需向前俯身就能达到拉伸髂肋肌的效果，大部分患者都能完成这一拉伸。但是想要拉伸效果更好，须着重拉伸部分软组织。治疗师可以使用 S 型拉伸法拉伸患者的软组织：用拇指或指尖从脊柱中间开始，将患者皮肤分别推向脊柱的两侧（见图 4.6a）。

■ 让患者处于坐位，治疗师使用软组织放松技术，对患者髂肋肌进行拉伸放松。用指尖或指节压住髂肋肌，然后让患者慢慢向前低头，以达到拉伸效果（见图 4.6b）。

■ 让患者处于坐位，趴在桌子上。这个体态使髂肋肌已经处于拉伸状态（见图 4.6c）。如果有些患者不想坐位按摩，那么可以让患者侧卧，侧卧时身体也处于放松状态，然后治疗师可以轻轻地横向捶打患者的髂肋肌。

■ 按摩胸椎周围的肌肉，可以放松软组织，减轻患者的疼痛。让患者俯卧于理疗床上，治疗师站在患者身体一侧，用拇指将胸椎同侧的肌肉来回推三四次，再轻轻按压几次。重复几遍后，按摩胸椎另一侧的肌肉（见图 4.6d）。

患者可以做什么

■ 不要站得太直。由于平背引起的后背疼痛，如果患者总是站得很直，会加重疼痛感。患者站立时应稍微放松脊柱。

■ 患者应经常拉伸髂肋肌，瑜伽的猫式动作就能有效拉伸髂肋肌。

■ 睡眠时尽量不要仰卧，侧卧是最好的选择。因为仰卧时，身体受重力影响，脊椎伸展变直，不利于矫正治疗。

■ 患者应进行能够锻炼后背肌肉的运动。我们建议患者参加游泳这一类全身性运动。患者应该发现自己身体哪些部位的肌肉较为薄弱，然后多加练习。如果患者腹肌力量较弱，那就定期锻炼腹肌。锻炼腹肌和背部肌肉并不能矫正平背，但是腹肌和背部肌肉对于保持脊柱的稳定性相当重要，能够减少受伤的概率。平背患者的柔韧性一般都特别好，锻炼时要格外小心，不要受伤。

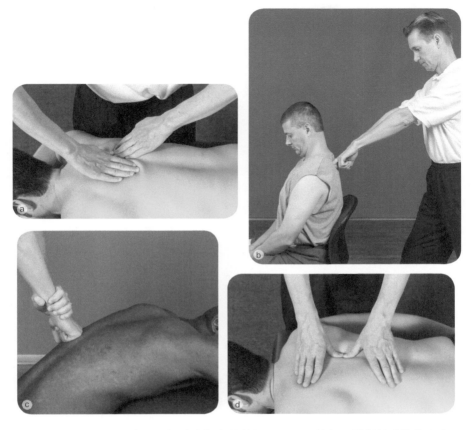

图 4.6 矫正平背的方法: a. 拉伸胸椎旁的软组织; b. 用软组织放松技术拉伸肌肉, 手指按压软组织, 同时要求患者慢慢低下头和脖子, 配合拉伸; c. 坐姿按摩缩短的髂肋肌; d. 双手对患者脊柱进行横向按压, 并按摩脊柱周围的肌肉

胸廓旋转

胸廓旋转的判断方法：站在胸廓旋转患者的前方或后方时，能观察到患者的一侧身体距离你更近。从后方看，有一侧肩胛骨突出，这些症状就是对治疗师的提示，应考虑患者有胸廓旋转。胸廓旋转的症状不仅仅是一侧肩胛骨突出，同侧的肩部也会更偏向后方（见图4.7b）。从前方看，患者另一侧身体的肩部会更偏向前方，锁骨也可能更加突出。严重的胸廓旋转就是脊柱侧凸，本书的第6章将介绍关于脊柱侧凸的内容。本章内容只涉及胸廓旋转，脊柱还没有达到侧弯的程度。患有胸廓旋转的患者，活动时身体一般会习惯性地只转向一侧。例如，高尔夫球手，或划船时一侧的桨手。再者，许多由于工作原因总是转向身体一侧，而很少转向另一侧的人，也很容易出现胸廓旋转问题，如收银员或办公室文员，他们的工作用品都摆放固定的一侧（如电脑和键盘在前面，但笔记本在身体一侧）。

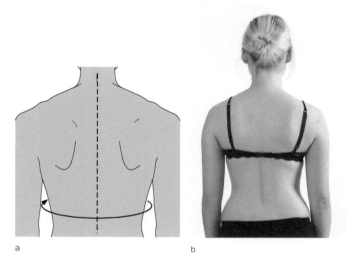

图4.7　胸廓旋转案例：a. 顺时针旋转的胸腔；b. 真人患者的右肩距离观察者更近

提示　胸廓旋转对身体其他部位都有显著的影响，包括颈部、腰椎、肩部、髋部、臀部、膝盖、双脚和脚踝。尝试下半身不动，上半身顺时针转动（向右转），注意观察左肩的变化：顺时针转后，左肩处的肱骨很可能会内旋。即使顺时针侧旋身体的角度不大，如果想保持眼睛看的位置是正前方，你就应该逆时针方向转头部，并且收缩颈部左侧肌肉。

表 4.3　胸廓旋转导致相关的肌肉长度的变化

部位	缩短的肌肉	拉长的肌肉
顺时针侧旋	右侧深层胸椎旋转肌 右侧腹内斜肌 左侧腹外斜肌 左侧腰大肌 左侧竖脊肌腰段 使颈部左旋的肌肉	左侧深层胸椎旋转肌 左侧腹内斜肌 右侧腹外斜肌 右侧腰大肌 右侧竖脊肌腰段 使颈部右旋的肌肉
逆时针侧旋	左侧深层胸椎旋转肌 左侧腹内斜肌 右侧腹外斜肌 右侧腰大肌 右侧腰竖脊肌 使颈部右旋的肌肉	右侧深层胸椎旋转肌 右侧腹内斜肌 左侧腹外斜肌 左侧腰大肌 左侧腰竖脊肌 使颈部左旋的肌肉

治疗师应做到以下几点

■　鉴别胸部不同部位可以有不同程度的旋转，同时深部肌和浅表肌的活动形式也有变化。例如，T5 和 T8 控制多种运动，而 T11 控制旋转和侧向屈曲（Lee et al.，2005）。全面拉伸有助于加强肌力和拉伸缩短组织，但是为了有效矫正体态，物理治疗师或骨科医生需要先进行评估。治疗的重点是恢复正常功能所需的机制（而不是矫正体态），李（Lee，2008）强调了具体评估脊柱的重要性。

■　帮助患者认识和避免可能加剧因素。患者是否长期做旋转脊柱的体态？

■　轻轻地将患者旋转至反方向来拉伸胸部缩短的组织。例如，如果患者顺时针旋转，则按逆时针方向拉伸躯干。不是在稳定骨盆时旋转胸部，而是稳定胸部后并旋转骨盆（见图 4.8a）。这样拉伸时，要小心避免过度拉伸，造成二次伤害。这是全面拉伸，并不止局限于某一部位。

■　实验性治疗方法可能有用。图 4.8b 展示的方法常用来拉伸躯体侧面和腹斜肌，这对于治疗胸廓旋转可能有用。

■　利用一种专门的按摩手法按摩缩短的组织。对于向右旋转（顺时针旋转）的患者，你需要解决胸廓旋转右侧缩短的肌肉，如右腹内斜肌和左腹外斜肌，拉伸深部肌。有时，用拳头或前臂（见图 4.8c）在患者的侧面滑动，并评估这些肌肉，这是有帮助的。之后，用手指集中触摸和按摩局部紧张的区域。

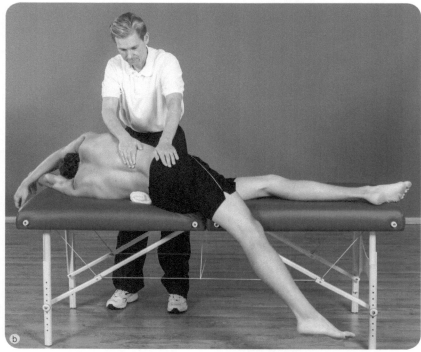

图 4.8 胸廓旋转的治疗技术：a. 轻柔地旋转脊柱；b. 拉伸腰大肌

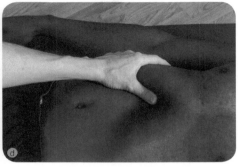

图 4:8（续） c. 侧卧位拉伸；d. 仰卧位拉伸腹斜肌

■ 让患者的身体向一侧倾斜（见图 6.3a），这有助于拉伸，并且利用枕头将躯体轻度旋转。

■ 仰卧位按摩患者侧面时，不要用力按压肋骨。治疗前，先问患者哪一侧更加紧张。其次，注意，按摩这个区域需要患者完全拉伸。要做到这一点，首先轻轻按压软组织，如图 4.8d 所示，患者手臂搁在一边，然后让患者抬起手臂（在你操作的一边），屈曲肩膀直到手臂贴在耳朵旁。这样做会使躯体一侧的整个软组织发生改变以便于拉伸。

■ 记录身体缩短的部位。如果正在治疗胸部右旋转（顺时针旋转），你需要评估左侧的腰椎和腰椎间盘突出，并将颈部向左旋转。

患者可以做什么

■ 明确并限制可能有加剧此体态的因素。例如，正确放置工作台，以避免长时间只旋转到一侧。但运动员只能旋转一侧。例如，高尔夫球手可能无法换至另一侧挥动球杆；标枪运动员习惯用一只手臂；独木舟运动员可能偏爱一边使用桨。在这种情况下，就有必要通过负重训练来解决不平衡的问题，拉伸时注意均衡两边训练（例如，总是屈曲身体一侧，那另一侧也需屈曲相同角度，总是拉伸身体一侧，那么在另一侧也要拉伸同样的时间并且拉伸程度一致，留意拉伸时受到的限制）。

■ 将躯干拉向与其旋转方向相反的方向。仰卧位时，扭转腰部同时保持肩膀贴在地板上（见图 4.9a）。患者很快就可以掌握这种方法，因为旋转会受限。

■ 通过握住椅子（见图 4.9b）来强化坐姿，以增强拉伸。

图 4.9 胸廓旋转的治疗技术：a. 仰卧位拉伸；b. 坐位拉伸，使用椅子便于拉伸。

结束语

　　在本章中，你已经认识了 3 种常见的胸部体态：驼背、平背和胸廓旋转。每种解剖特征都配有图片示例来说明。本章描述了每种体态的不良后果并列出了缩短肌和拉长肌，以帮助你制订治疗方案。本章还提供了治疗师的可用方法，以及病人可以做什么来矫正这些体态。

第 5 章

腰椎

学习成果

学习本章后，应该做到以下几方面。

- 列出 2 种腰椎常见的体态问题。

- 介绍每种体态的解剖学特征。

- 识别患者的腰椎体态。

- 举例说明每种体态的解剖学结果。

- 指出每种腰椎体态中，缩短肌和拉长肌的肌肉名称。

- 举例说明每种腰椎体态所适用的矫正措施及案例。

- 说明每种腰椎体态的矫正方法的基本原理，并说明在患者的现有状态下禁止使用的矫正措施并可以解释其禁止使用的原因。

- 举例说明各种适用于特定腰椎体态的伸展、锻炼和活动类型，并说明以上方法的禁忌证。

从后方看，腰椎垂直。从矢状面观察，腰椎具有向前和向后凸起的生理性弯曲。与颈椎一样的是，这种生理性弯曲能够增加腰椎承重能力。不过，不同于颈椎的是，腰椎不仅需要支撑头部，还必须支撑整个躯干和上半身的重量及重力负荷。

本章介绍的两种体态是腰椎前凸过度（hypodion）和腰椎前凸减少（hyporordosis）。这些体态并没有明确的定义。腰椎曲度为从 L1 上终板线与骶骨的上终板线之间的夹角。年龄、性别、体重指数、职业和体育活动等因素都会影响到这一角度；因此，很难确定是正常值范围。一些学者认为，利用 X 射线照片测量角度时，若腰椎曲度角度小于 23 度即可定义为腰椎前凸，当角度超过 68 度则是腰椎前凸过度（Fernard et al.，1985）。

宾和卡利克曼（Been et al.，2014）提出这个角度约为 58.5 度，并指出尽管椎骨的数目相同，不同的曲线可能会有相同的角度（并不是每一个研究员的椎骨都测量了）。治疗师不会为了体态评估而使用 X 射线技术，因此这些测量仅对于学术研究有用，而在临床环境中不太有意义。在实际操作中，你需要使用倾斜仪来测量腰椎前凸，记录低于 −25 度的表示腰椎前凸过度，而大于 −8 度的表示腰椎前凸消失（Scannell et al.，2003）。由于腰椎棘突的大小、形状和方向的差异以及椎旁肌的紧张度和皮下脂肪的厚度，导致腰椎前凸的测量总是很困难的。

通过你的治疗方法来矫正患者的体态并减轻症状；或者通过采取预防性地改变体态来减少患者症状的严重程度，但不能恢复脊柱的正常状态。

腰椎前凸过度

从侧面观察病人时，可以明显地观察到腰椎前凸过度。在腰椎前凸过度的患者身上，正常的腰椎生理性弯曲增加，造成后背中空而骨盆向前倾斜（见图 5.1）。

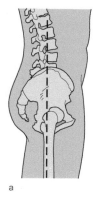
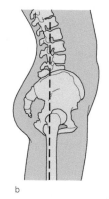

图 5.1　a. 正常腰椎；b. 腰椎前凸增加；c. 腰椎前凸过度

腰椎前凸过度的后果

在这种体态下，腰椎后面的软组织受到压迫；椎间盘后面的压力大于前面，物质交换受到影响（Adams et al., 1985）；小关节持续受压而导致拉伸过度（Scannell et al., 2003）。与颈椎前凸过度一样，后纵韧带缩短而前纵韧带延长，继而影响其稳定能力。许多临床医生认为与腰椎前凸过度有关的因素有：病变区域的骨关节炎、腰椎部分的退行性变化、腰痛和一些患者由下肢影响而引起的症状。目前，虽然腰椎前凸过度是脊柱滑脱的危险因素，但腰椎前凸与骨关节炎之间并无显著相关性。前凸过度的脊柱不能承受较重负荷，患者负荷运动时，可能会受到更大的伤害。在某些运动中过度伸展时，腰椎前凸过度可能是腰痛的危险因素，例如高尔夫球运动（Hashimoto et al., 2013）。当然，正常人在运动时过度伸展无影响，但患有腰椎前凸过度的患者则有影响。

几位学者研究了通过增加盆腔肌肉活动和阴道内压力来矫正骨盆体态，但同许多研究一样，结果尚不确定。卡普森及其同事（Capson et al., 2011）发现，在腰椎前凸过度或者腰椎前凸过平的患者中骨盆肌肉均有畸形，但在腰椎前凸过度会导致这些肌肉伸展，而在腰椎前凸过平则相反。同时，在腰椎前凸过度的患者中发现，患者的尿道和阴道的闭合力较低，他们认为腰椎前凸过度与尿失禁患者有关。但哈尔斯基及其同事做类似研究（Haiski et al., 2014）时并不支持这些观点。

表 5.1　腰椎前凸过度导致相关肌肉的长度变化

缩短的肌肉	拉长的肌肉
竖脊肌腰段肌群 腰大肌	腹肌 腘绳肌 臀大肌

有研究表明，腰椎前凸会随着年龄增长而增加（Tuzun et al., 1999），并且在一些种族中更明显，但这并不是决定性因素。研究人员更倾向于认为腰椎前凸会随体质指数而增加。在怀孕的晚期阶段，孕妇由于胎儿的生长和腹部肌肉的增强时，孕妇的身体重心也会随之改变，腰椎前凸也自然会增加。由于潜在的病理因素的存在，腰椎前凸有可能被过度夸大。例如，脊柱滑脱症由于椎体相对下位椎体向前移位，有时在腰部形成"阶梯状"的外观。在跑步运动员中也曾观察到腰椎前凸增加，但这种体态对于跑步运动员是有益的（Bloomfield et al., 1994）。

提示 腰椎前凸过度时，髋关节间的肌肉不协调会影响到髋关节功能。

提示 腰椎前凸过度的部位可能有筋膜的缩短。腰椎筋膜上下两侧是连贯的，上连上肢，下接下肢。部分的缩短可能会影响腰椎以外的部位的功能。

治疗师应做到以下几点

■ 指导患者识别并避免腰椎前凸过度。例如，有些患者知道他们在站立时就是这种体态。

■ 告诉患者骨盆倾斜是什么感受。骨盆后倾会拉伸腰竖脊肌，但是许多患者很难进行这个训练。示范方法：让患者把一条小毛巾放在腰下部和臀部之间（见图 5.2a），最好将毛巾置于腰上部，大概 T12 至 L1 区域。之后，轻柔地将患者身下的毛巾拉出，需要注意的是，牵拉毛巾时，患者保持放松，但不必抬起臀部。当毛巾被拉出时，它会将骨盆从放松体态轻轻移动到正位或骨盆倾斜的状态。通过这种方式，患者将会了解这个体态的感觉，因此在训练骨盆倾斜前先明确标准。告知患者，在骨盆后倾时，腰椎可能会平坦（可能会触及沙发），同时腹肌收缩。

■ 轻柔的拉伸缩短组织。一种拉伸腰竖脊肌的简单方法是，通过轻柔地将患者的膝盖弯曲朝向胸部，同时患者的臀部也会有弯曲。在髋关节活动范围的末端，你可以轻柔地按压腰部以拉伸腰椎。当患者腹部前凸时，无法完全拉伸腰椎。尽可能地拉伸腰椎直至极限，或者轻柔地摇动腰部直至患者的极限。有些患者在这个运动过程中会出现臀部前方的压迫感，与软组织受压有关。如果患者髋部单侧或双侧患有骨关节炎，请小心处理，由于臀部疾患，不能达到最大拉伸限幅。这个矫正体态不适用于患有骨关节炎或类风湿性膝盖或肿胀膝盖的患者。

■ 另外一个拉伸腰椎的方法是胎儿式（见图 5.2b）。再次强调，应用于患有髋关节或膝关节病变的患者要特别小心，因为这种关节的屈曲程度有限。这个体态时，你可以利用杠杆原理，从头到脚施加压力，但同时你也需要注意自己的体态。

■ 按摩腰椎伸肌。俯卧位时，腰椎前凸可以增加；对于一些病人来说，在治疗期间会有不舒服。为了让病人更好地承受和接受俯卧位时治疗，需要在病人的腹部下面垫一个小的垫子。这种方式，腰椎能恢复正位，并且在垫子下的腰竖脊肌可轻度拉长。

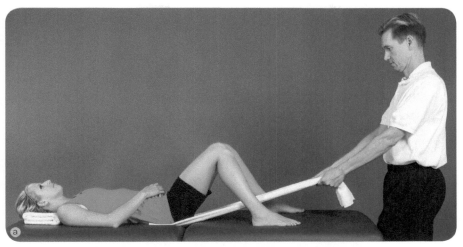

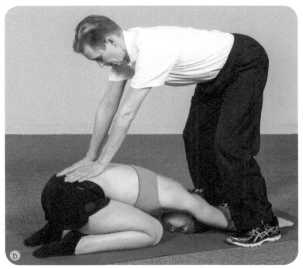

图 5.2 治疗腰椎前凸过度的方法：a. 辅助患者做到骨盆后倾；b. 采用胎儿式，并轻柔地拉伸患者缩短的组织

- 利用绷带限制骨盆前倾。

- 拉伸腰大肌。腰大肌对腰椎曲度的影响一直有争议；一些研究人员认为，腰大肌促使腰椎平坦，而其他人则认为，腰大肌收缩时，会将椎体向前拉，增加腰椎曲度。如果在检查中发现患者的腰大肌缩短，第 7 章的骨盆前倾斜的拉伸对其有用。

- 使用肌筋膜释放技术拉伸腰部，例如在腰椎或腰大肌上使用交叉释放手法（参见图 2.3）。

- 考虑胸部体态的影响。卡内罗及其同事（Caneiro et al., 2010）发现胸腰部体态与头颈部体态之间有一定联系。哈里森及其同事（Harrison et al., 2005）得出结论，胸椎前移会显著增加腰椎的负荷，并且指出，颈椎后凸会加剧 L5 至 S1 区域的腰椎前移。矫正腰部体态前，先评估整个脊柱的功能。

患者可以做什么

- 明确并避免有可能加剧腰椎前凸的任何活动，但并不是所有的因素都可以避免（如怀孕）。患者可以避免过度放松的站立体态，这会使骨盆前倾且伴有腹部前凸，从而增加腰椎曲度；并且尽量避免俯卧位睡觉，这样不仅不能缓解症状，反而会加剧腰椎前凸。这时，臀部肌肉的活动增加，造成腰椎前凸加剧，主要是因为腰大肌可拉动腰椎向前移（许多人这样认为），从而增加脊柱前凸。有推测，穿高跟鞋会增加腰椎前凸的风险，但是目前研究结果有分歧，有些人并没有发现成年人的腰椎前凸过度（Russell et al., 2012），但其他人认为穿高跟鞋会导致腰椎过度前凸患者出现腰痛症状（Silva et al., 2013）。

- 无论躺着、坐着或是站立时，采取腰椎前凸下降（扁平化）的姿势，例如，仰卧位屈曲膝部和臀部、坐位弯曲躯体、站立时屈曲躯体（见图 5.3a 至图 5.3c）。大多数人认为懒散体态会导致脊柱弯曲，但可以改善腰椎前凸，不建议长时间采取这种体态。鼓励患者坐在低脚椅上或地板上，同时屈曲臀部和膝部（不是伸展），以促进腰椎屈曲。仰卧位可能比坐位或站立位更有利于改善腰椎曲度，因为仰卧位时，患者更能放松。

- 积极拉伸腰部。上述的体态有助于拉伸腰伸肌和放松胸腰筋膜。使腰椎前凸减小的一个简单方式是让患者侧卧位，并尽可能屈曲膝部置于胸前，如果患者可以耐受，让他呈仰卧位，并拥抱双膝（见图 5.3d）。这个体态的优点是主要拉伸腰部，而上背部和颈部保持放松。或者，他们也可以采取胎儿式，如图 5.2b 所示。一些脊柱前凸特别明显的患者尝试这种体态可能很不舒适，因此，可以指导病人先尝试放松体态，逐步增强患者对腰椎曲度增加的耐受度。如果病人认为上述体态并不能够足够拉伸躯体，则可以让患者坐在椅子或地板上弯曲膝盖，并将头部放在膝盖之间。这种体态下，脊柱极度弯曲，造成腰椎前面承受相当大的压力，所以这种体态对于有椎间盘问题的人来说都是绝对禁忌。

图 5.3 治疗腰椎前凸过度的方法，包括暂时性减轻脊柱前凸症状的放松体态：a. 背部躺平，而臀部和膝盖弯曲并置于支撑物上；b. 坐位时，向前弯曲；c. 站立时，躯体趴在支撑架上；d. 仰卧时，拥抱膝部；e. 骨盆向后倾斜，拉伸腰部

■ 经过一系列关于体态对腰椎影响的研究，亚当斯等人（Adams et al., 1985）得出结论，不论是负重还是坐位，使腰椎保持平直都是有利的。在站位和仰卧位上训练骨盆后倾，这种训练不仅改变了骨盆体态，同时还锻炼了因腰椎前凸过度而缩短的肌肉。这个体态下，患者必须同时收缩腹肌和臀肌，这对矫正腰椎前凸很有用。一旦患者掌握了这种体态，无论在坐位或站位，患者都可以矫正脊柱前凸。指导患者躺在地板上，弯曲臀部和膝部，并将手放在背后，使手掌贴于地板上。接下来，让患者尝试用背部下压手臂，使其更贴近地板。这样，患者就能保持骨盆后倾。当患者掌握了这一动作，就可以不用将双手置于背后来辅助进行（见图5.3e）。指导患者坐位锻炼，要求他将手放在背后，即椅背和背部之间，并让他用他的手按压椅背，重复这个动作。

■ 肯德尔及其同事（Kendall et al., 1993）主张采取双腿直线运动矫正腰椎前凸过度，同时增强腹肌。不过，他们指出，对于一些有髋部屈肌缩短的患者来说，这可能很困难，但他们仍建议将弯曲髋部这种训练作为学习的起点。

■ 积极伸展腰部，一旦患者掌握了骨盆后倾练习，就能够在仰卧位（见图7.6a）或跪位（见图7.6b）很好地伸展腰大肌。与被动伸展一样，如果患者在任一位置采用骨盆后倾，则腰椎更难再伸展；拉伸更有效，并且不太可能在腰背部引起疼痛。鼓励患者在跪位拉伸腰部，因为弯曲腰部会降低腰大肌紧张度，并降低拉伸的效果。跪位会让髌骨承受很大的压力，所以患有髌骨疾患的患者应该避免这种体态。

■ 最后，病人可以穿紧身胸衣。桥本及其同事（Hashimoto et al., 2013）发现，在高尔夫球手中使用腰部紧身胸衣可减少腰椎过度伸展。研究调查了在这一特定运动人群中，紧身胸衣通过限制脊椎运动而非矫正体态，在预防腰痛方面有一定的价值。由于这种物理固定方式会减少伸展，因此仅作为暂时治疗以缓解由过度伸张引起的腰痛，但单纯用这种装置矫正体态会造成腰部肌肉的功能减退。桥本及其同事还发现，患者穿着紧身胸衣时，他们的髋关节旋转增加而腰部旋转减少。因此，对患有椎间盘突出症的患者使用紧身胸衣有益，但对髋关节炎的患者有害。

腰椎前凸减少

从侧面观察病人时，你可以明显地观察到腰椎前凸减少（腰椎前凸过平）。腰椎前凸减少时，正常的腰椎曲线消失，使低段腰部平坦，骨盆向后倾斜。如前几章所述，这种体态又被称为平背。从正面观察病人时，有时可能会在腹部看到水平折痕，甚至在侧面观，也可以看到这种水平折痕（见图5.4）。

老年人有腰椎前凸减少的倾向；斯巴瑞和他的同事（Sparrey et al.，2014）在他们的观察中发现，手术方法矫正腰椎体态，会造成腰椎灵活性的降低以及并发症的高发生率。寻找非手术治疗的替代方法来矫正腰椎体态，对于患者最为有益。

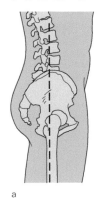

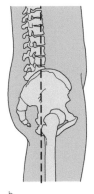

a   b   c

图 5.4   a. 正常腰椎体态；b. 腰椎前凸减少；c. 腰椎前凸过平

腰椎前凸减少的后果

轻度腰椎屈曲减轻了椎间关节的负荷（Adams et al.，1980）和椎间盘后部的压缩，但在腰椎前凸过平时，椎间盘前部的负荷增加，髓核中的静水压轻度增高（Adams et al.，1985）。长期的椎间盘前部受压的危害性取决于患者的椎间盘形态。斯奈尔和麦吉尔（Scannell et al.，2003）指出，腰椎前凸过平的患者患有应激性组织衰竭的风险高于腰椎前凸过度的患者。腰椎前凸过平的患者往往都有腰痛，但尚不清楚腰痛是否先于腰椎前凸过平发生，或者患者为了减轻腰痛而采取的体态。

提示   腰椎前凸减少时，髋部肌肉间的不协调会影响到髋关节功能。

表 5.2　腰椎前凸减少导致相关肌肉的长度变化

缩短的肌肉	拉长的肌肉
下腹肌	竖脊肌腰段
臀大肌	髋屈肌
腘绳肌	

治疗师应做到以下几点

■　通过伸展臀肌（见图 5.5a）和大腿后群肌（见图 5.5b）来拉伸缩短肌。长期以来一直提倡拉伸大腿后群肌来矫正腰椎前凸过平（Kendall et al.，1993）。在一项研究中，李和他的同事（Li et al.，1996）发现拉伸大腿后群肌后，骨盆的形态并没有变化，但有人质疑了该研究中使用的一些方法（Gajdosik，1997）。这说明拉伸大腿后群肌治疗是肌肉拉伸治疗的起点。

■　拉伸和伸展臀肌和大腿后群肌后，进行深部按摩。按摩大腿后群肌时，你可以利用前臂按压（见图 5.5c）。你还可以在外展膝关节前，确定肌肉缩短的部位并按摩。

■　治疗大腿后群肌和臀肌的收缩点。

■　哈里森及其同事（Harrison et al.，2002）的研究发现，使用腰椎牵引器械的患者，腰痛有所减轻。一年半后的跟踪测试显示，48 位研究参与者中有 34 人坚持使用腰椎牵引器械。学者认为，患者的疼痛的减少是由于患者腰椎体态的改变。虽然对研究有用，由于提供这种牵引力的器械很大，在实际中并不适用于患者的每日治疗。

图 5.5　腰椎前凸降低的治疗方法：a. 拉伸臀部

■ 利用绷带固定，促进腰椎伸展。

患者可以做什么

■ 避免长时间腰椎前凸减少的体态，鼓励腰部屈曲的体态。例如，避免蹲坐或坐在低矮的椅子或地板上。

■ 休息时采用脊柱伸展的体态，例如，采用俯卧位睡觉；采用类似狮身人面像的体态休息（见图5.6a），或者休息时在腰部后面垫一个小枕头或枕垫，这些都是有用的（尽管不太显著），哈里森及其同事（Harrison et al.，2002）发现，在被动牵引体态时能够减少腰椎前凸过平。史密斯和梅尔（Smith et al.，1987）发现，每天坚持做狮身人面像体态两分钟，4周后，男性志愿者降低了腰椎的被动伸展，但在女性志愿者中并没有出现这种情况。他们的志愿者都是正常的年轻人，重复这个实验对于腰椎前凸过平的患者也是有意义的。

■ 目前提倡坐姿时使用腰部支撑来减少腰椎前凸过平（Majeske et al.，1984）。市面上有许多便宜的同类产品，它们由软网或泡沫制成，并且可以灵活地连接在椅子的后部，因此，它们可以随着使用者的体态的改变而向上或向下改变。

■ 坐在椅背向前下方倾斜的椅子或坐在有楔形垫的座椅上也会增加腰椎前凸。腰部支撑、椅子倾斜程度或使用楔形垫是否会影响到患有腰椎前凸过平的患者，目前尚不明确，因为这些对于运动功能正常的正常人群，也会改变脊柱体态。不过，这些问题作为实验研究的干预措施很有价值。

■ 积极锻炼脊柱伸展，每天保证尽可能地向后仰。

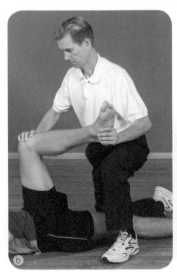

图5.5（续） b. 拉伸大腿后群肌；c. 按摩大腿后群肌

■ 鼓励伸展腰椎的运动，并纳入常规治疗，让患者每周锻炼一次。例如，呼啦圈运动需要脊柱具有一定的灵活性和伸展性，才能保持呼啦圈的不掉落；俯卧位游泳时，可以促进腰部伸展。

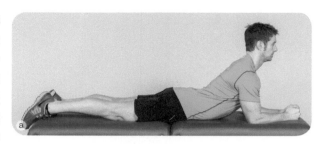

图 5.6 改善腰椎前凸减少的方法：a. 拉伸腰部的体态，例如狮身人面像体态；b. 在俯卧位进行抬腿伸髋部练习

■ 加强肌肉锻炼促进骨盆前倾。尤的一个案例研究（Yoo，2013）中描述了如何对腰部疼痛的患者进行疼痛治疗，并给出了针对竖脊肌、髂腰肌和直肌的两周的日常强化练习计划，并记录了两周后增加的盆腔倾斜角度。肯德尔及其同事（Kendall et al.，1993）指出，在俯卧位进行臀肌伸展锻炼时，由于臀肌的肥大和大腿后群肌的缩短，矫正腰椎前凸过平很困难。肯德尔主张在俯卧位时，举起一条腿使臀部伸展 10 度来增加腰椎前凸（见图 5.6b）。

■ 通过加强臀肌和大腿后群肌的活动来伸展缩短肌。

■ 练习在斜坡上行走。金和尤（Kim et al.，2014）在对八名患有扁平综合征的参与者的研究中发现，在倾斜度设置为 30 度的跑步机上运动后，患者的骨盆前倾倾斜显著增加。虽然本研究没有设定持续时间和强度，但研究说明，每天坚持这项运动对于腰椎前凸过平的患者有一定的效果。

结束语

在本章中，你已经了解了腰椎常见的 2 种体态：腰椎前凸过度和腰椎前凸减少。每种解剖特征都配有图片示例来说明。本章描述了每种体态的不良后果并列出了缩短肌和拉长肌。本章还提供了治疗师的常用方法，以及患者可以做什么来矫正这些体态。

第 6 章

脊柱侧凸

学习成果

学习本章后，你应该做到以下几方面。

- 定义脊柱侧凸。
- 描述不同类型的脊柱侧凸。
- 在患者身上识别出这些体态。
- 举例说明脊柱侧凸导致的后果。
- 说出脊柱侧凸时，缩短肌和拉长肌的肌肉名称。
- 举例说明每种体态所使用的矫正措施及案例。
- 给出这些治疗方案的理论依据，并说明哪些患者禁用某种特殊治疗方案及其原因。
- 举例说明临床上纠正脊柱侧凸所使用的技术，并指出各种技术的优点与缺点。
- 说明针对脊柱侧凸的非手术干预治疗方案，并举例说明治疗师和患者如何使用这些方案。

脊柱侧凸指脊柱发生明显的侧凸。从后方观察，正常情况下脊柱本应是竖直的，但在脊柱侧凸体态中，脊柱可能会呈 "S" 形或 "C" 形，有时甚至会伴有严重的驼背。胸椎旋转导致曲线凸侧的肋骨向后突出，形成肋骨隆起畸形，同时，腰部凹陷侧的皮肤会产生褶皱。一到两节椎骨轻微地偏离垂直位置是正常现象，不构成脊柱侧凸。真正的脊柱侧凸患者，观察其正面和背面，能发现躯干的左右两侧明显不对称。X光片显示患者的柯布角（Cobb angle）大于 10 度时即可被诊断为脊柱侧凸。脊柱侧凸越严重，柯布角的角度越大（见图 6.1）。

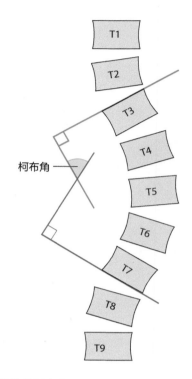

图 6.1　从后侧观察侧凸脊柱的柯布角

　　图 6.2 中，对比患者 a、患者 b 和患者 c 的脊柱，前两者的脊柱轻微偏离垂直位置，而患者 c 的脊柱则是真正的脊柱侧凸案例。患者 a 和患者 b 的脊柱都是左侧凸起，右侧凹陷，但在临床上并不能被诊断为脊柱侧凸；患者 c 的脊柱右侧凸起，左侧凹陷，并伴有显著的驼背，这是真正的脊柱侧凸的常见特征。

脊柱侧凸的类型

　　对脊柱侧凸进行分类的方法有很多种，比如说它是功能性的还是结构性的，先天的还是后天的，还可以通过造成侧凸的原因来分类（如神经肌肉性脊柱侧凸），或通过发病的年龄来分类（如婴幼儿或青少年）。有时，我们根据脊柱侧凸的区域来分类。以下是各种类型的脊柱侧凸。

　　■　**非结构性脊柱侧凸。**也称作功能性脊柱侧凸。在此类脊柱侧凸中，尽管脊柱出现侧向偏移，但没有发生结构性改变，韧带与肌肉也不会受到病

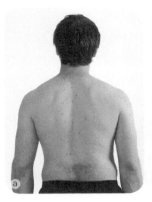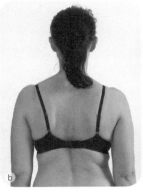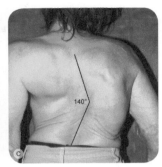

图 6.2　脊柱侧向弯曲的不同体现：患者 a 脊柱向左侧凸起，伴有轻微的躯干左移和左侧肋骨隆起；患者 b 脊柱向左侧凸起，腰部右侧皮肤产生褶皱；患者 c 脊柱向右侧凸起，伴有显著的驼背
照片 c 来自安德烈·戈加拉

理性影响。病因包括腿长不一致，视力或听力受损，炎症和肌肉痉挛。当患者进行亚当测试（Adam test）时，非结构性脊柱侧凸会消失，也可能在没有介入治疗的情况下被患者自行矫正。这种体态可能是暂时性的。非结构性脊柱侧凸（见图 6.2a 和图 6.2b）在临床上往往被忽视，因为与结构性脊柱侧凸（见图 6.2c）相比，症状并不严重。然而，因为肌肉不平衡导致的非临床性脊柱侧凸，有可能随着时间的推移发展为结构性脊柱侧凸（Haves et al., 2006）。

- **暂时型结构性脊柱侧凸。**症状不会持久，可能由多种原因造成，包括肌肉痉挛、疼痛和椎间盘突出。

- **结构性脊柱侧凸。**涉及脊柱结构的改变，保持侧向弯曲与旋转。许多患者都属于结构性脊柱侧凸。当患者进行亚当测试时，结构性脊柱侧凸不会消失，也不会被患者自行矫正。它是由疾病、损伤或先天缺陷造成的。

- **特发性脊柱侧凸。**没有已知病因。约 80% 的结构性脊柱侧凸病例，属于这一范畴。

- **先天性脊柱侧凸。**指生来就有的结构性脊柱侧凸。

- **后天性脊柱侧凸。**属于结构性脊柱侧凸，出生时脊柱正常，通常继发于其他疾病，如脊椎骨折等。

- **神经肌肉型脊柱侧凸。**也属于结构性脊柱侧凸，与脑瘫、肌肉萎缩症、小儿麻痹症等特殊情况有关。

脊柱侧凸的后果

疼痛是这种不良体态的主要症状之一。椎管出口处的脊椎神经被压迫。内脏器官发生移位，理论上会导致内脏功能受损。临床上还出现过肌肉不平衡，肌肉疲劳以及颈椎强直等症状。脊柱侧凸患者还可能因胸腔不对称而发生呼吸浅短。椎间盘和小关节可能发生无症状的退变。此外，脊柱支撑体重的能力降低，这会损害身体的正常功能。由于躯干侧移，人体平衡也可能会出现问题。很多脊柱侧凸患者会担忧自身的形象，自尊心受到伤害（National Scoliosis Foundation，2014）。韦恩斯坦及其同事认为，多年来，相关研究始终保持一种观点：脊柱侧凸会导致重度残疾和心肺功能的退化，且患者死亡率高于一般人群。然而，一项50年追踪调查的结果并不支持脊柱侧凸可能导致肺功能退化和心脏病风险的推测（Weinstein et al.，2003）。

表6.1列出了与S型脊柱侧凸体态（胸部曲线左侧凹陷，颈部和腰部右侧凹陷，见图6.2c）相关的肌肉长度变化。

表6.1　脊柱侧凸导致相关的肌肉的长度变化

	缩短的肌肉	拉长的肌肉
部位	曲线凹陷的一侧	曲线凸起的一侧
颈部	右侧斜角肌 右侧斜方肌上束 右侧肩胛提肌 右侧颈竖脊肌	左侧斜角肌 左侧斜方肌上束 左侧肩胛提肌 左侧颈竖脊肌
胸部	左侧肋间肌 左侧竖脊肌腰段 左侧腹肌	右侧肋间肌 右侧竖脊肌腰段 右侧腹肌
腰部	右侧腰方肌 右侧竖脊肌腰段	左侧腰方肌 左侧竖脊肌腰段

提示　表6.1中的肌肉只是一般性的概括。所有的脊柱侧凸体态都伴随一定程度的脊椎旋转，在许多案例中还伴随显著的驼背，这些体态都决定了究竟哪些肌肉缩短，哪些肌肉拉长。在进行治疗前，你需要做出评估。例如，在图6.2中，患者b和患者c的脊柱分别向左右两侧凸出，但两者右侧的皮肤都有褶皱，表明该区域的软组织缩短。由于脊柱侧凸体态涉及脊椎旋转，因此深层旋转肌肉的长度也会出现不对称。另外，上下肢的不平衡也很常见。很多治疗师只专注于脊柱，但是需要注意，处理身体其他部位缩短的软组织也很重要。

脊柱侧凸

治疗师应做到以下几点

- 参阅第 2 章，从观察和描述体态开始。接待脊柱侧凸患者时，必须格外注意用语，这一点非常重要，他们比其他患者更加关注自身形象。

- 认识到推拿疗法在脊柱侧凸体态矫正中的局限性。本书中其他体态的部分会提供一些有助于矫正的避免因素，而这一部分缺少这些内容，因为 80% 的脊柱侧凸病例尚未发现明确的病因。脊柱侧凸不是由负重、不良的睡姿或站姿、参与运动或腿长的细微差异导致的（Scoliosis Research Society，2015）。因此，应向患者建议，调整到可以减轻疼痛的程度即可，而不必完全纠正脊柱侧凸。

- 首先，应考虑请患者咨询专家（如英国矫形外科协会或美国矫形外科协会）。专业医疗行业针对脊柱侧凸提出了三种主要治疗方案（British Scoliosis Society，2008）：1. 观察（脊柱侧凸的程度较轻），2. 支撑，以预防侧凸加剧发展为重度脊柱侧凸。3. 手术介入，从实质上改变脊柱的不良形态。非手术措施很少能够控制脊

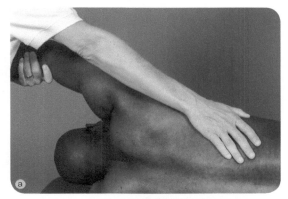

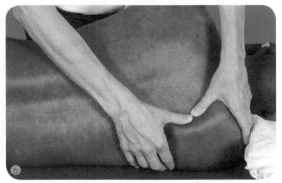

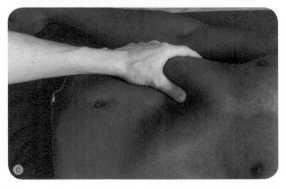

图 6.3 针对由于胸廓向右侧弯曲而导致的肌肉缩短，可能的处理技术：a. 侧卧位拉伸和按摩右侧背阔肌；b. 拉伸右侧菱形肌、髂肋肌；c. 轻柔地按摩腹斜肌

柱侧凸的进一步恶化（Vialle et al., 2013），也没有证据表明理疗、整骨、推拿、反射按摩或针灸可以见效（Scoliosis Association [UK], 2014）。然而，对轻度的青少年特发性脊柱侧凸而言，个性化的体育训练有助于预防或减轻这种不良体态，并能使弯曲的脊柱回到中位线（Negrini et al., 2001）。

■ 当侧凸角度不大时，肌肉锻炼可以有效缓解脊柱弯曲的程度（Curtin et al., 2014）。切记，不论是直接或间接地拉伸已经缩短的肌肉，都可能使脊柱侧凸加剧；因此，治疗处方及实际的训练活动都应该由该领域的专家制订。

■ 按摩并拉伸脊柱曲线凹陷一侧的肌肉。例如，拉伸胸椎曲线凸出一侧的肋间肌和腰椎曲线凹陷一侧的腰方肌，你会发现，胸椎曲线凹陷一侧的肋间肌和腰椎曲线凹陷一侧的腰方肌都会缩短。表 6.1 提到，颈椎和腰椎一侧的肌肉也可能缩短。在各种情况下，拉伸身体前后部已缩短的肌肉都十分重要。

■ 为了患者的舒适，以及更有效地拉伸缩短的肌肉，可以尝试不同的治疗姿势。例如，侧卧位可以更方便地处理背阔肌，按摩肋间肌、菱形肌和髂肋肌（见图 6.3a 和图 6.3b）。如果患者觉得仰卧位更加舒适，记着先放松其腹部的所有紧张肌肉，然后再处理曲线凹陷一侧的肌肉（见图 6.3c）。

患者能做什么

■ 遵从专家给出的建议。作为多年来的热点领域，存在大量关于脊柱侧凸的治疗案例，医学界可以基于案例研究成果预测出最好的治疗结果。然而，用手术纠正脊柱侧凸时，尽管可以改变脊柱的形态，也就是说，纠正了脊柱侧凸体态，但是发生术后并发症的概率很高。例如，通过对 49 篇相关论文的回顾研究，亚德拉和他的同事（Yadla et al., 2010）发现在 2175 名手术治疗的患者中，有 897 名出现并发症。因此，许多脊柱侧凸患者寻求替代疗法。索尔伯格（Solberg, 2008）提到，美国矫形外科协会在 1941 年得出结论，认为体育训练不应用于治疗脊柱侧凸，因为研究表明，体育训练不能阻止病情的发展。然而索尔伯格解释说，当排除方法上的缺陷后进行重复研究，发现体育训练确实对脊柱侧凸有积极的影响。他为此而争辩："运动疗法确实可能显著地改善脊柱侧凸，同时也有效地改善了身体体态和脊柱的一般功能。"

■ 因为脊柱侧凸的类型以及受影响的脊柱部位各有不同，需要请专家（针对个人）制定纠正性训练计划，例如前文所列出的那些组织，最适合为患者的治疗提出建议。图 6.4 呈现了专业人士可能建议的常用训练方式（图中的训练方法适合图 6.2c 所示的胸椎向左侧凹陷的患者）。动作可能不单单由一个肌群完成，锻炼已经缩短的肌肉会加剧脊柱侧凸体态。

■ 及时告知体态纠正疗效的信息，不仅反馈积极的疗效，还要反馈消极的、没有产生任何改变的介入方式及其疗效。纲盖拉（Gogala，2014）的自我报告案例研究即为一个很好的示例。他详述了穿紧身塑形衣、日常拉伸身体一侧和背包导致体态改变的过程。他还发现，在他日常采用的缓解脊柱侧凸的动作中，悬垂拉伸的纠正效果较好。他还提倡尽力使用非惯用手。脊柱侧凸具有个体独特性，需要个性化的治疗方案，这意味着纲盖拉的建议并不适用于所有脊柱侧凸患者。尽管如此，他的案例对这一领域的研究仍然有重要的贡献。

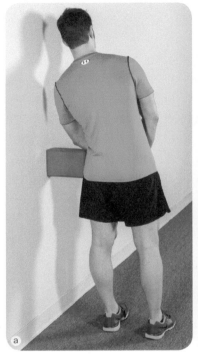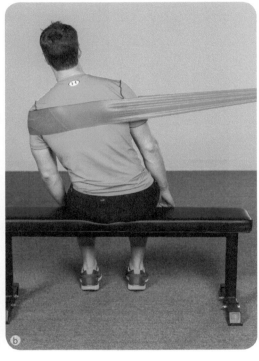

图 6.4 改善脊柱侧凸的常用训练方式：a. 将楔子抵在患者骨盆的左侧，同时让他将肩部和躯干往左移；b. 通过拉伸固定在左肩或者躯干上的弹力带，锻炼相应部位的肌肉

■ 采用可以伸长从而拉伸已缩短组织的休息姿势。采用何种特定的休息姿势取决于个体的体态和缩短的肌肉。例如，当缩短的肌肉是右侧腰方肌和左侧肋间肌时（见图6.2c），面朝右侧卧于卷起的毛巾上并伸展左臂很有助于体态纠正。

■ 参加可以同时锻炼身体左右两侧的日常运动（比如游泳），而不是一侧占优的运动。在曲棍球、网球和赛艇运动员中，脊柱侧凸发病率很高

（Watson，1997），腰椎侧凸已经出现在女性龙舟赛艇运动员中（Pourbehzadi et al.，2012）。过去，不鼓励参与上述体育运动，因为它可能加剧脊柱侧凸。国家脊柱侧凸基金会（the National Scoliosis Foundation，2014）的观点是：虽然很多脊柱侧凸的程度会随着年龄而持续增长，但可能和体育运动没有任何关系，日常的体育锻炼是值得鼓励的。当然，重负荷性运动（如举重）具有潜在的破坏性（Gielen et al.，2008）。

- 矫形器治疗。可以矫正由腿长不一致导致的非结构性脊柱侧凸（Hawes et al.，2006）。

结束语

在本章中，你已经学习了如何定义和描述脊柱侧凸，也看到了几例轻度的非结构性脊柱侧凸和一例严重的结构性脊柱侧凸。我们讨论了脊柱侧凸的后果，在这些体态下哪些肌肉缩短，哪些肌肉拉长。作为一种复杂的三维体态问题，脊柱侧凸矫正需要专家的介入。现在，作为治疗师，你已经掌握了一些可以提供给患者的治疗方案实例，以及一系列可以向患者提出的建议。尽管与第3章、第4章、第5章所涉及的体态问题相比，针对脊柱侧凸，你能提供的治疗方案十分有限，但本章内容可以有助于你更深入地了解，在纠正脊柱侧凸时，你所能使用与不能使用的技术。

骨盆和下肢矫正

　　在第三部分中，你将会学习 4 种涉及骨盆和 10 种涉及下肢的体态问题。第 7 章为骨盆体态问题，包括骨盆前倾、骨盆后倾、骨盆旋转和骨盆侧倾。第 8 章为下肢体态问题，包括髋部内旋、膝关伸、膝关节屈曲、膝内翻（O 形腿）、膝外翻（X 形腿）、胫骨扭转、平跖足、高足弓、足外翻和足内翻。

骨盆

学习成果

阅读本章后，应该做到以下几方面。

- 列举骨盆的 4 种常见体态问题。

- 识别每种骨盆体态的解剖学特征。

- 在患者身上识别出这些体态。

- 举例说明每种骨盆体态造成的解剖学结果。

- 说出每种骨盆体态中缩短的肌肉和拉长的肌肉。

- 举例说明每种骨盆体态所适用的矫正措施。

- 说明每种矫正措施的基本原理，并说明在患者的现有状态下禁止使用的矫正措施并可以解释其原因。

- 举例说明各种适用于特定骨盆体态的拉伸、锻炼和活动类型，并说明以上方法的禁忌证。

本章描述的 4 种骨盆体态问题分别是骨盆前倾、骨盆后倾、骨盆旋转和骨盆侧倾。在本章内容中，我们认为这 4 种骨盆体态是无法多种共存的，但是在临床上，却认为这 4 种骨盆体态经常联合出现（如骨盆前倾和旋转）。

　　骨盆支撑着中轴骨和上肢的重量，并将力量从这些部位传递到下肢，同时也将地面的作用力通过下肢传递到脊柱。力通过骶髂关节（SIJ）时，需要骶髂韧带的支撑来缓冲。脊柱、骨盆和髋关节之间紧密相关：任意一个部位的运动都会影响另外两个部位。由于这一点及其双向的力量传递功能，很多学者认为骨盆的位置是所有体态的基础，骨盆位置的变化会引起身体其他部位的体态变化，因此，骨盆体态的评估和矫正至关重要。

　　图7.1展示了骨盆中立位在冠状面的对称：左右的髂嵴、髂后上棘（PSIS）和坐骨（见图7.1a）分别在同一水平线上。在侧面观中，髂前上棘（ASIS）和耻骨联合基本在同一平面内（见图7.1b）。在横断面上，从前方或后方观察时，骨盆的左右两侧都没有相对明显的凸出（见图7.1c）。

　　骨盆的体态评估基于一个假设，其左右侧可互为镜像对称。然而，布莱和他的同事在2006年比较了一组解剖标本的71个骨盆变量（如骨厚度、骨骼之间的距离和骨骼之间的角度等），结果发现有七个骨盆变量表现出显著的左右不对称。他们指出，骨盆整体呈现一种螺旋形态：上部（髂骨片）顺时针旋转，下部（耻骨联合）逆时针旋转（见图7.2）（他们的研究结果还表明旋转是单向的）。

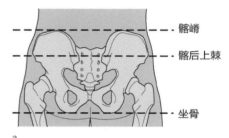

髂嵴

髂后上棘

坐骨

a

　　他们认为，这种不对称性应归因于行走产生的力（即上肢运动导致骨盆顺时针旋转，下肢运动导致骨盆逆时针旋转）。由于行走被认为是一种不对称的活动，所以导致了骨盆的单向旋转：行走时骨盆主导侧的下肢，推动作用大于骨盆非主导侧，因而造成骨盆顺时针旋转。惯用右侧肢体的人——大多数人群——由于右髋主导推动的作用大于左髋，因而导致骨盆的下半部分呈现逆时针旋转。这个信息表明，除非患者非常灵活，否则在横断面上，骨盆总是会存在自然的不对称性，进行体态评估时必须考虑这个因素，而且在进行骨盆体态矫正治疗时也应该注意这个问题。纳特及其团队在2009年针对健康成年人进行

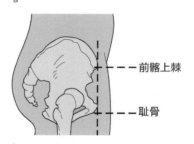

前髂上棘

耻骨

b

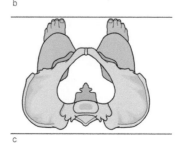

c

图7.1　从三个方向观察骨盆中立位：a. 后方；b. 矢状面；c. 横断面

了一系列针对骨盆不对称的实验，结果证明骨盆不对称并不一定有潜在的病理学风险。与本书中的其他体态一样，你可能会考虑是否有必要尝试矫正骨盆不对称的体态问题，以及与屈伸肌群不平衡相对应的骨盆前倾或后倾。

骨盆前倾

在这种体态问题中，矢状面上的髂前上棘（ASIS）位于耻骨联合的前方（见图7.3b），与之不同的是，在中立位的骨盆体态中，这两个位置的顶点是对齐的（见图7.3a）。

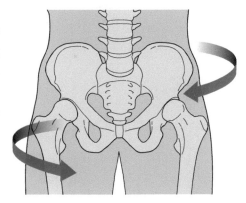

图7.2 布莱和同事发现，骨盆呈螺旋形态。腰椎和髋部骨骼排成了一条直线，而骨盆的上部向一个方向旋转，下部向另一个方向旋转。

请注意，观察这种体态的患者时，内裤的束腰部位有时可作为骨盆位置的参考线索（见图7.3c）。下肢固定时，骨盆前倾会导致髋关节屈曲，并加大相对应的腰椎曲度。

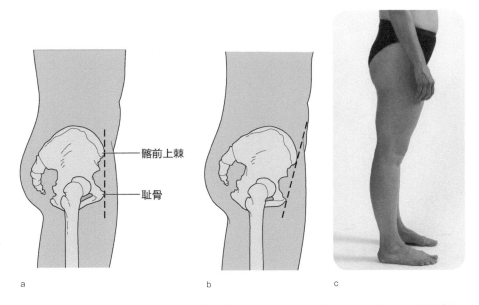

图7.3 不同状态下的骨盆：a. 中立位的骨盆，ASIS和耻骨联合垂直对齐；b. 骨盆前倾，ASIS和耻骨联合不再保持垂直对齐；c. 骨盆前倾患者会呈现内裤束腰部位倾斜的特征

骨盆前倾的后果

骶骨的位置与脊柱的多种弯曲程度有关，骶髂关节耳状关节面的形状也是如此（Kapandji，2008）。与位置更标准的脊柱形状下相关的骶骨位置相比，其曲率会增加（与骨盆前倾相关），骶骨的位置变得更加趋向水平，其本身并无不良后果。但是，现已发现耳状关节面形状的改变与各种和脊柱形状相关的骶骨变化有关，这似乎可以合理地假定，该小关节面的形状和与之相关的特定的脊柱形状相匹配。骨盆（和骶骨）的位置从中立位变为前倾，降低了该关节承受力量的能力会对骶髂关节的功能产生不利影响吗？腰骶点头和抬头运动是一种以髂骨为轴的运动（关于旋转轴位于何处这个问题的答案，仍有争议）。骨盆前倾（见图7.4中的红色箭头），骶骨沿相反方向移动（见图7.4中的蓝色箭头），这种运动被称为抬头运动。如图7.4所示，如果没有骶骨的抬头运动，脊柱可能会移位：在第一骶骨固定的前提下，腰椎（及其上方所有椎骨）将被向前挤压，偏离垂直位置。骶骨的抬头运动非常重要，因为它可以略微减少脊柱恢复到垂直状态的角度。

在骨盆前倾较为显著或者骨盆前倾很久的情况下，骶骨被迫的运动是否是为了使脊柱保持垂直位置？这对骶髂关节有什么影响？虽然骶髂关节运动的范围非常小（1至3毫米）（Brunstromm，2012），但许多

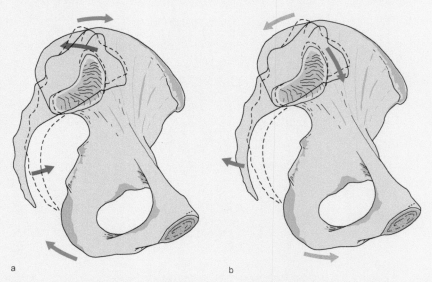

a
b

图7.4 分别在骨盆前倾和骨盆后倾状态下看到的骶骨：a. 抬头运动；b. 点头运动

治疗师却认为背痛与这个关节的运动功能障碍有关。此外，强健的骶韧带可以抑制骶骨的点头和抬头运动。但是，这种运动是否可能造成持续性的骨盆前旋压迫韧带，甚至可能影响与这些韧带相关的肌肉（如股二头肌肌腱和骶结节韧带）呢？

股骨头部在髋臼内的前移运动改变了这些骨骼表面之间的接触，影响还不清楚。此外，髋关节屈曲增加会导致髋部内旋肌的力矩增加，导致外旋肌的力矩减小。这些因素可能影响股骨头在髋臼中的位置，以及承受体重和力量传递时股骨头和髋臼的接触面积。从理论上讲，这可能导致退行性变化，并对髋关节功能造成长期的不利影响。

骨盆前倾伴随屈肌和伸肌的不平衡（见表 7.1），可对髋关节功能带来不利影响。最后，这种体态还造成腰椎曲度增加，影响包括：骨盆前倾时，腰椎后部的软组织被压缩，椎间盘后部的压力大于前部，会影响营养交换（Adams et al., 1985）；小关节面受压增加，有可能发生关节囊紧张（Scannell et al., 2003）。腰椎前纵韧带和后纵韧带之间的不平衡可能会改变其稳定能力；骨盆前倾可能使患者的腰椎关节患上骨性关节炎，出现腰椎部分的退行性变化和腰背痛；还可能引起影响下肢的一些症状。

表 7.1　骨盆前倾时对应的相关肌肉长度变化

部位	缩短的肌肉	拉长的肌肉
躯干	竖脊肌腰段 腰大肌	腹直肌
髋关节	股直肌 髂肌 阔筋膜张肌 缝匠肌	臀大肌 腘绳肌

提示　骨盆前倾会导致腰椎前凸增加，也可能造成胸椎和颈椎曲度增加，这些也应予以解决。

治疗师应做到以下几点

因为这种体态会导致腰椎前凸，所以可选的治疗方案与腰椎前凸是一样的。为避免重复说明，在此列出了与腰椎前凸有关的关键内容，更详细的内容请参阅第 5 章中腰椎前凸的内容，其中有相对应的图表可以参考。

- 请注意，这种体态可能有利于和跑步相关的运动者（Bloomfield et al., 1994），应该考虑矫正骨盆前倾是否有益。

■ 帮助患者识别出其站立时呈现骨盆前倾的时刻，并尽量避免这种体态。例如，久站疲劳时，有些患者会放松为骨盆前倾的体态。

■ 参考图 5.2a 的说明，指导患者做一定程度的骨盆后倾。在正确的引导下，患者可以学会自发地将骨盆后旋到一定程度，从而显著减少腰椎的曲度（Day et al., 1984）。人们认为，适当的骨盆调整对于舞蹈者来说是重要的，例如，通过肌肉的有效募集有助于高效地完成某些特定的动作，如臀部外旋。收紧尾骨（Deckert, 2009）是指导患者进行骨盆后倾的方法之一。

■ 参考图 5.2 提供的建议，被动拉伸腰部伸展肌群。

■ 参考第 5 章提供的建议，按摩腰椎。

■ 用肌效贴将骨盆固定到中立的位置。肌效贴还可以将骨盆固定为后倾的位置，以减轻一组习惯穿高跟鞋的女性的骶髂关节疼痛（Lee et al., 2014）。虽然这项研究是关于减轻疼痛的实验，但在骨盆调整中，肌效贴是一种有效的临时措施，可以帮助患者恢复骨盆中立体态，减轻疼痛。

■ 参考第 5 章提供的建议，被动拉伸腰大肌。

■ 股直肌按摩。目标是利用深层按摩的手法从肌肉远端到近端来拉伸该肌肉。

■ 拉伸股直肌。可以取仰卧（见图 7.5a）或俯卧位（见图 7.5b）。由于腰椎在俯卧位下伸展，如果患者有腰部损伤史，那么在俯卧位下拉伸股直肌可能会导致患者受伤。克服腰椎伸展的一种方法是让患者保持腿部位置不变，完成骨盆后倾的动作，这样可以无须屈曲膝关节而完成伸展运动。这也是使用肌肉能量技术（MET）的良好起始位置。另一种方法是在弯曲膝关节之前，将手放在骨盆上，以防止骨盆和脊柱运动。在膝关节下方放置卷起的毛巾或垫子，伸展臀部，能促进大腿前部的组织尽量拉伸。

■ 针对髂肌运用软组织放松技术（STR）。值得注意的是，在没有其他干预措施的前提下，STR 作用于髂肌时，髋部的主动和被动伸展似乎都有所增加。为了使用这种技术，在髋部被动屈曲时，轻轻地固定髋部前方的组织（见图 7.5c），并在固定下让患者伸展髋部（见图 7.5d）。需要注意的是，按压不要太快太深，同时在整个过程中注意患者的反馈。

■ 使用肌筋膜释放技术，专门用于腰部区域和腰大肌。

患者能做什么

■ 学会在站立时保持更中立的骨盆位置。定期进行骨盆后倾练习，以增加臀肌和腹肌的耐力，这有助于对抗骨盆前倾。关于完成骨盆后倾练习的说明可参考图 5.2a 的建议。

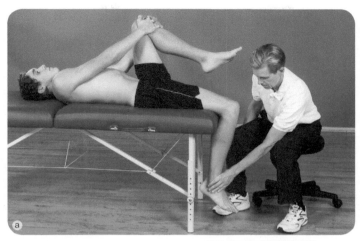

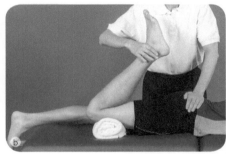
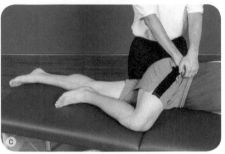

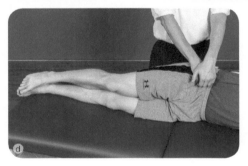

图 7.5 骨盆前倾的物理治疗技术包括拉伸股直肌：a. 仰卧位；b. 俯卧位软组织放松技术；c. 锁定髂肌并维持锁定；d. 拉伸过程中患者伸展髋部

- 加强腹肌、臀肌和腘绳肌。由于这些肌肉作用于骨盆后倾，因此加强和缩短这些肌肉是合理的。骨盆后倾可增强腹部肌肉。

- 拉伸腰椎肌肉。有很多方法可以做到这一点。如图 5.3a 至图 5.3e 所示。

- 使用图 7.6a 和图 7.6b 中的方法，拉伸髋部屈肌。在拉伸位置上完成一次骨盆后倾，增加拉伸程度。在仰卧位拉伸腰肌会使患者脊柱伸展，在拉伸过程中增加而不是减少腰椎前凸角度。 为了克服这个问题，鼓励患者在练习这种拉伸时，向后倾斜骨盆。

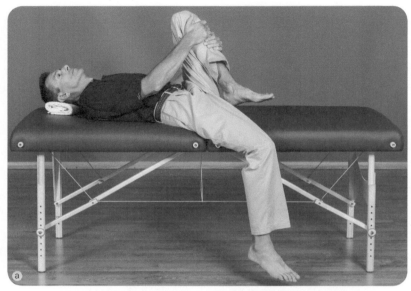

图7.6 骨盆前倾患者的髋屈肌拉伸: a. 仰卧位拉伸, 拉伸侧的腿悬在床或长椅边缘外; b. 单膝跪姿拉伸

骨盆后倾

在这种体态中，髂前上棘在矢状面上位于耻骨联合的后方（见图 7.7b），与之不同的是在骨盆中立位体态中，这些点是垂直对齐的（见图 7.7a）。在下肢固定的情况下，骨盆后倾可导致髋部伸展，以及所对应的腰椎曲度减小。有时由于腹部肌肉紧张，还可观察到腹部横向褶皱增加（见图 7.7c）。

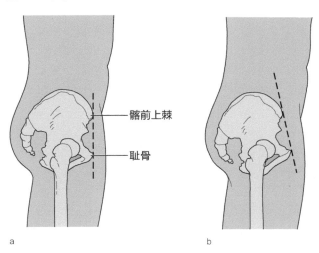

图 7.7 a. 骨盆中立位；b. 骨盆后倾，ASIS 在耻骨联合的后面；c. 骨盆后倾患者

提示 紧张的腹肌可以拉动前侧筋膜，压下肋骨并阻止胸部伸展。

治疗师能做什么

这种体态与腰椎前凸减少的体态相对应，治疗方案相同。在此列出可选方案，并且可以在相应的附图中发现更详细的描述。

■ 被动拉伸臀大肌和腘绳肌，拉长缩短的肌肉（见图 5.5a 和图 5.5b）。腘绳肌和骨盆密切相关。在直腿抬高这类下肢的被动运动中仅需大约 9 度的腿部运动就会立即引起骨盆的运动（Bohannon et al., 1985）。腘绳肌附着在坐骨上，拉扯骨盆，在其收缩时引起骨盆后倾。缩短的腘绳肌可能导致这种体态的保持。当需要完成腰部屈曲的活动（López-Miñarro et al., 2012）时，腘绳肌的静态拉伸可允许骨盆倾斜和腰部屈曲更大的角度（López-Miñarro et al., 2012），但不清楚腘绳肌的静态拉伸是否会最终影响矢状面上的骨盆体态。运动中产生的任何影响都可能是暂时性的。

骨盆后倾的后果

　　与中立位的骨盆相比，骨盆后倾时，骶骨变得更加垂直，尾骨降低接近垂直。除非坐着时骨盆倾斜出现显著的变化，否则骨盆后倾患者在久坐时可能会出现尾骨疼痛。

　　随着骨盆后倾，骶骨被迫进行点头运动（见图7.4b），以使脊柱保持在垂直位置。与骨盆前倾体态的后果相似，骶髂关节（SIJ）的位置改变，其将来自地面和下肢的力传递到脊柱的方式和将来自躯干和上肢的力传递到下肢的方式也会改变，这可能有损该关节的功能。。

　　骨盆后倾体态中，所对应的屈肌和伸肌不平衡（见表7.2），可能对髋关节功能有不利影响。与腰椎前凸减少相似，椎间盘纤维前环应力增加，在低负荷应力下，髓核中的静水压也增加（Adams et al., 1985）。

表7.2　骨盆后倾时对应的相关肌肉长度变化

部位	缩短的肌肉	拉长的肌肉
躯干	下腹肌 臀大肌	竖脊肌腰段 腰大肌
髋关节	腘绳肌	髂肌 股直肌

- 使用深层组织按摩法，伸展拉长臀肌和腘绳肌（见图5.5c）。
- 治疗腘绳肌和臀肌的扳机点。
- 由于没有可辨别的骨性标志点可将肌效贴固定在骨盆的后方，因此肌效贴很难将后倾的骨盆带到更中立的位置。一个可选方案是建议患者完成骨盆前倾动作，从而让骨盆达到中立位置，然后在这个位置上进行腰椎部皮肤的贴扎。这个方法并不能将骨盆固定在前倾或中立的位置，但是可以提醒患者，一旦骨盆后倾牵拉肌效贴时，注意骨盆体态的变化，及时矫正。

患者能做什么

- 避免导致骨盆后倾的体态维持时间太久。例如，避免长时间瘫坐，不要坐在低矮的椅子或地板上。
- 采用促进脊柱伸展的休息体态（见图5.6a）。
- 坐着时使用腰部支撑。
- 坐在前部向下倾斜的椅子上，或坐在楔形垫上来增加骨盆前倾。

- 运动练习，可以调动腰椎，从而引起骨盆运动，将骨盆后倾体态转变到更中立的位置。

- 加强引起骨盆前倾的肌肉：竖脊肌、髂腰肌和股直肌。肯德尔及其同事（Kendall et al., 1993）提出的运动建议参考图5.6b。

- 通过主动拉伸臀肌和腘绳肌来拉长缩短的肌肉。

- 进行骨盆前倾的练习，这些运动正与骨盆后倾相反。

- 进行斜坡上行走训练。

骨盆旋转

　　骨盆旋转发生在横断面垂直轴的周围。无论是从患者的前面还是后面观察，患者骨盆的一侧比另一侧更靠近检查者。垂直轴可以是骨盆的中心（当患者用双脚承重时），但更常见的垂直轴是发生在步行时单腿站立支撑身体时的髋关节（Levangie et al., 2001）。

　　用于描述旋转方向的术语根据轴点的变化而变化。当垂直轴位于骨盆旋转的中心时，可以将其描述为顺时针（左髂骨向前旋转）或逆时针（右髂骨向前旋转）。这个说法来源于垂直轴位于骨盆旋转中心时，骨盆的一侧比另一侧更靠近检查者这个现象，这一现象在图7.8中展现得很明显。例如，从前方观察患者时，发现患者的左髂骨更靠近你（见图7.8a），这表明骨盆顺时针旋转；相应地从后方观察时，该患者的右髂骨更靠近你。相反，从前方观察时，患者的右髂骨更靠近你，这表明骨盆逆时针旋转；相应地从后方观察时，该患者的左髂骨更靠近你（见图7.8c）。

　　当髋关节周围发生旋转时，根据其在横断面中向前还是向后的方向作为参考，可以使用前、后这两个术语，来描述承重腿对侧髂骨的运动。因此，当左腿是轴心点时，患者骨盆描述为右前旋转时，意味着右髂骨向前旋（见

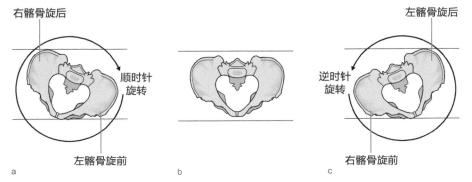

图7.8 双腿站姿，轴点为骨盆中心旋转时的骨盆和处于中立位的骨盆：a. 顺时针旋转；b. 中立位置；c. 逆时针旋转

图 7.9a）；相应地，骨盆右后旋转意味着右髂骨向后旋（见图 7.9c）。上述运动的程度均大于双腿站姿时的状态，图示说明展示得很清楚。当右腿是轴心点时，骨盆左前旋转表示左髂骨向前旋（见图 7.10a），骨盆左后旋转表示左髂骨向后旋（见图 7.10c）。

有趣的是，从后方查看患者时，患者的右髂骨更接近你（或从前方查看患者，左髂骨更接近你）。例如，可能是因为患者围绕左腿旋转，骨盆向后旋转（见图 7.9c）；或者是因为患者围绕右腿旋转，骨盆向前旋转（见图 7.10a）。从图 7.9a 和图 7.10a 可以发现，无论哪个腿固定，骨盆向前旋转都与承重腿的股骨内旋相对应；骨盆向后旋转则与承重腿的股骨外旋相对应（见图 7.9c 和图 7.10c）。股骨长时间内旋可能导致髋内旋肌群缩短，而股骨长时间外旋可能与髋外旋肌群缩短相对应，并可能影响髋关节功能。

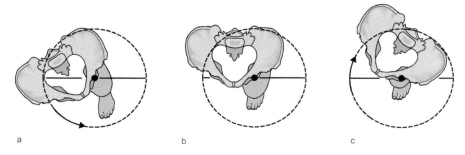

图 7.9　轴心点为左腿旋转时的骨盆和处于中立位的骨盆：a. 右前旋转；b. 中立位；c. 右后旋转

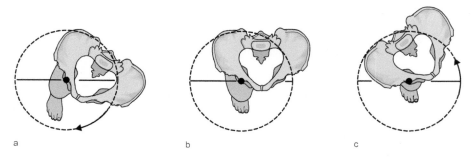

图 7.10　轴心点为右腿时旋转的骨盆和处于中立位的骨盆：a. 左前旋转；b. 中立位；c. 左后旋转

骨盆旋转的后果

作为身体的中心，骨盆的旋转影响下肢和躯干（反之亦然）。为了简单说明，当骨盆旋转发生在中心点时，想一想下肢会发生什么（见图7.8b）。当骨盆处于中立位时，力通过下肢均衡传递，并最终到达双足（见图7.11b）。骨盆顺时针旋转时，右足旋前角度增加，右足前部内翻，足外侧的压力增加；尽管左足内外两侧的压力保持大致相同，但左足旋后角度会增大（见图7.11a）。骨盆逆时针旋转时，左足旋前角度增加，左足前部内翻，足外侧压力增加；右足的压力保持大致相等，但是旋后角度增加（见图7.11c）。足部长期受力不均，可能会对下肢关节产生不利影响。有关足和踝关节体态变化的更多信息，请参阅第8章中关于扁平足、高弓足、足外翻和足内翻的内容。

骨盆旋转时，胫骨也会扭转，尽管程度较轻。你可以自己证实这一点：双足承重均衡的站立姿势下，顺时针旋转骨盆，然后再逆时针旋转；注意自己膝关节和足踝的感觉。有关胫骨扭转的更多信息，请参阅第8章中关于胫骨扭转的内容。

右腿承重，骨盆旋前（即左髂骨旋前）时，腰椎会向左侧产生代偿性旋转；骨盆旋后，腰椎会向右侧旋转。随着骨盆顺时针旋转，躯干和肩膀也会随之运动。你可以再次自己证明这种影响：站立姿势，缓慢地顺时针转动骨盆，观察你的肩膀如何以类似的方式旋转；如果保持面向

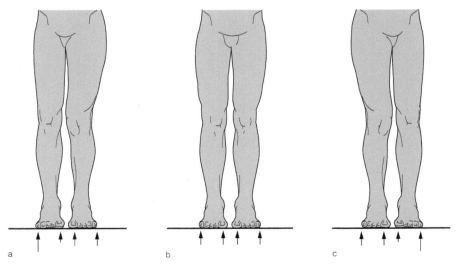

图7.11 骨盆旋转和处于中立位时，双足足底的压力变化：a.顺时针旋转；b.骨盆中立位置（双脚压力相等）；c.逆时针旋转

前方，头颈部则需要逆时针旋转。因此，躯体呈现一种螺旋式运动，依次从骨盆到腰椎、胸椎、肩部、颈部，最后到头部。你现在能够明白为什么一些治疗师认为为了解决身体其他部位的不对称体态需要从骨盆矫正开始了。

　　骨盆旋转所影响的各个身体部位中，与之相关联的所有肌肉同样会受到影响，表 7.3 和表 7.4 列出了部分被影响的肌肉。

表7.3　右腿负重且骨盆前旋时对应的相关肌肉长度变化

部位	缩短的肌肉	拉长的肌肉
躯干 肌肉	右侧腰方肌 右侧竖脊肌腰段 左侧竖脊肌胸段	左侧腰方肌 左侧竖脊肌腰段 右侧竖脊肌胸段
髋部 肌肉	右髋内旋肌：臀中肌的前部，阔筋膜张肌 右髋内收肌 可能与右髋内旋有关的其他肌肉：腘绳肌内侧、臀小肌、耻骨肌	左髋外旋肌：闭孔内肌、闭孔外肌、上孖肌、下孖肌、梨状肌、股四头肌、臀大肌

表7.4　左腿负重且骨盆前旋时对应的相关肌肉的长度

部位	缩短的肌肉	拉长的肌肉
躯干 肌肉	左侧腰方肌 左侧竖脊肌腰段 右侧竖脊肌胸段	右侧腰方肌 右侧竖脊肌腰段 左侧竖脊肌胸段
髋关节 肌肉	左髋内旋肌：臀中肌的前部，阔筋膜张肌 左髋内收肌 可能与左髋内旋有关的其他肌肉：腘绳肌内侧、臀小肌、耻骨肌	右髋外旋肌：闭孔内肌、闭孔外肌、上孖肌、下孖肌、梨状肌、股四头肌、臀大肌

提示　学习了骨盆旋转的后果，了解到骨盆旋转会对整个身体产生螺旋运动的效果。其结果是，整个身体的肌肉都会受到影响，应该对肌肉长度进行单独评估。旋转的程度越大，所影响的肌肉越多，而且被影响的程度也越大。

治疗师应做到以下几点

对于此处描述的治疗技术，表 7.3 和表 7.4 可以帮助你决定是否需要矫正左侧或右侧的肌肉，并评估肌肉的长度。

■ 按摩缩短的组织，尝试延长这些组织。包括这些躯干部位的肌肉（腰方肌、竖脊肌腰段和胸段），以及髋部肌群：臀中肌的前部、阔筋膜张肌和髋内收肌。

■ 可能与髋部内旋相关的其他肌肉，包括腘绳肌内侧、臀小肌和耻骨肌。让患者侧卧，按摩单侧腰方肌和竖脊肌（见图 4.8b）；患者坐姿时，按摩单侧的竖脊肌胸段或腰段（见图 4.6c）。采用坐位治疗的益处是患者治疗时躯干可以屈曲或旋转，这种方式有助于你按摩时拉伸到这些肌肉组织。患者侧卧时，按摩阔筋膜张肌（见图 8.2d）、臀小肌和臀中肌的前部，使用静态按压手法来帮助延长这些相对缩短的肌肉。

■ 患者仰卧（见图 8.2d）或侧卧（见图 4.8b）时，和前文一样被动拉伸缩短的肌肉，例如腰方肌、竖脊肌胸段和腰段，以及髋部肌肉：臀中肌的前部、阔筋膜张肌和髋内收肌。

■ 当你阅读骨盆旋转后果的章节时，如果你对相关部位的肌肉进行了评估，并发现肌肉缩短，你可能希望处理骨盆上部或下部这些肌肉的张力。例如，你可以触诊并按摩斜肌（见图 4.8d）。

■ 向你的患者说明，休息时如何使用骨盆垫作为矫正工具。有些治疗师会让患者在骨盆垫上休息时按摩，这样会使患者更舒适。使用骨盆垫这种方式，可以按摩缩短的肌肉组织，并且能有助于骨盆矫正。

■ 考虑使用 MFR 摆动技术，这项技术有助于骨盆重新调整。

■ 考虑参考患者的步态分析，或咨询足科医师，确定患者的下肢问题。

患者能做什么

■ 识别和避免导致骨盆旋转的因素，尤其是有脊柱旋转的久坐和久站，无论这些因素是固定不变还是重复出现的。

■ 休息时使用骨盆座，也被称为填充垫或骨盆垫，由硬泡沫制成，常用于一种被称为骶骨枕骨技术的脊椎按摩技术。骨盆垫有助于骨盆旋转矫正（参见下一节中骨盆侧倾体态），可通过对骶髂关节进行缓慢的加压或减压，以减轻疼痛。在脊柱治疗中，由于双腿长度差异造成的骨盆旋转和不平衡，可以用特定的方式放置两个骨盆垫来矫正。骨盆垫还可以用于在 X 射线检查时改变骨盆的位置（Klingensmith et al.，2003）。一个骨盆垫可用于抵消骨盆旋转，即骨盆围绕中心脊柱轴旋转。将骨盆垫放在适当的位置，患者在骨盆垫上放松休息时，有助于拉伸其缩短的肌肉组织。或者，患者可以用卷起的小毛巾或硬海绵作为骨盆垫，需遵循以下说明。

- 如果骨盆顺时针旋转（见图7.12a），患者俯卧，将一个骨盆垫置于左侧髂前上棘的下方，阻止其顺时针旋转，并将骨盆重新矫正到更对称的位置（见图7.12b）。如果骨盆逆时针旋转（见图7.12c），则在右侧髂前上棘的下方放置一块，再重新矫正骨盆，使其位置更加接近中立位（见图7.12d）。患者仰卧休息时，你能发现将骨盆垫放置在右髂骨后侧下方是为了将顺时针旋转的骨盆（见图7.12f）矫正到中立位；或者将骨盆垫放置在左髂骨后侧的下方，可以将逆时针旋转的骨盆（见图7.12g）矫正到中立位（见图7.12h）吗？患者在使用骨盆垫时采用仰卧还是俯卧位是个人偏好问题。

- 患者采用仰卧位（见图4.8a）或坐位（见图4.8b），主动拉伸缩短的肌肉，例如腰方肌、竖脊肌胸段和腰段，以及承重腿一侧的髋部内旋肌。

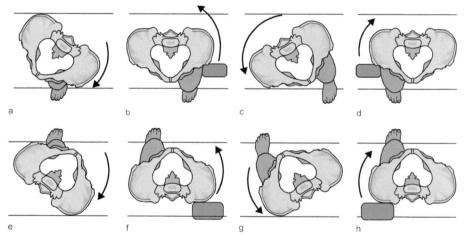

图7.12 在俯卧位下使用骨盆垫矫正骨盆旋转：a.顺时针旋转带动左髂骨向前；b.在左侧髂前上棘下方放置骨盆垫，防止旋转加剧，并将骨盆矫正到中立位置；c.逆时针旋转带动右髂骨向前；d.患者俯卧，在右侧髂前上棘的下方放置一骨盆垫，防止旋转加剧，并矫正骨盆到中立位置。在仰卧位下使用骨盆垫矫正骨盆旋转：e.顺时针旋转，右髂骨后部压力增大；f.在右髂骨后部下方放置骨盆垫，矫正骨盆到中立位置；g.逆时针旋转，左髂骨后部压力增大；h.在左髂骨后部下方放置骨盆垫，矫正骨盆

骨盆侧倾

骨盆侧倾时，额状面上骨盆一侧髋部骨骼（髂骨、坐骨和耻骨）较另一侧高，就好像骨盆一侧被拉紧了。在患者的后方（见图7.13a）或前方（见图7.13c）观察时，这种状态非常明显，骨盆右侧和左侧的解剖学标志也不再是水平的（见图7.13b）。

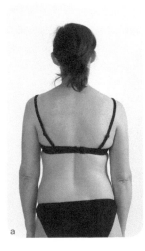
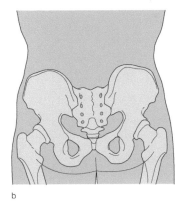

图 7.13　骨盆单侧抬高：a. 右侧抬高；b. 解剖学标志不再水平；c. 左侧抬高

表 7.5　骨盆侧倾中右侧抬高时对应的相关肌肉长度变化

部位	缩短的肌肉	拉长的肌肉
腰椎	右侧腰方肌 右侧竖脊肌 右侧腹外斜肌	左侧腰方肌 左侧竖脊肌 左侧腹外斜肌
髋部	右髋内收肌 左髋外展肌	左髋内收肌 右髋外展肌

提示　在骨盆降低侧，髂胫束和腿的整个侧面拉紧，同侧相应的髋部外展肌缩短。

治疗师应做到以下几点

- 认识到骨盆不对称体态可能是双腿长度差异的结果，治疗干预效果可能受到一定的限制。

- 帮助患者识别可能导致髋部拉紧的因素。这可能是由于工作台座椅表面不平，或不当的升高方式（Klingensmith et al.，2003）。甚至即使是坐在钱包上这么小的事情，也可能导致骨盆不平衡（Viggiani et al.，2014）。

- 通过按摩帮助拉长缩短的肌肉组织。有许多方法可以达到这个目的，例如在患者侧卧按摩腰方肌（见图 4.8b）和髋部内收肌（见图 7.14a）。为了放松和拉长髋部外展肌，静态按压是一种有效方式（见图 7.14b）；这种方式适用于那些对臀部按摩感到不舒适的患者。

骨盆侧倾的后果

对应的髂骨旋转也许是骨盆侧倾这种体态最明显的后果之一。双腿长度差异往往是骨盆侧倾和背痛的常见原因，对此感兴趣的研究人员研究了髂骨旋转这一现象，特别是髂骨旋转伴随背部疼痛这种情况。在本书前面的章节中，假定对称运动造成矢状面上骨盆前倾（见本章开始骨盆前倾内容）或后倾（见本章前面骨盆后倾内容），髋部分别向前或向后移动。然而在相反方向上，髋部单侧移动受限。出现这种旋转时，在腿长的一侧（骨盆抬高侧）髋部向后移动，而在腿短的一侧（骨盆降低侧）髋部向前移动（Cooperstein et al.，2009）。与这种运动方式类似的是魔方玩具的旋转，魔方相对的两侧会同时向相反方向旋转。在前面的内容中我们已经知道，骶骨相对于髂骨的运动，就是所谓的点头和抬头运动（见图7.4）。骨盆旋转也发生在骶髂关节处，描述了髂骨相对于骶骨移动而移动。其中左右髂骨在矢状面上同时沿相反方向移动。双腿长度不同导致骨盆旋转，引发腰骶关节面不对称，第五腰椎楔变，椎骨末端凹陷，以及脊柱侧凸（Klingensmith et al.，2003）。这种旋转与背部疼痛有关，但原因还不清楚。骶髂关节功能障碍也与背痛相关（Cohen，2005）。现已发现骨盆旋转与下颌骨位置相关（Lippold et al.，2007）。这个因素对牙齿咬合不齐的患者矫正牙齿会有影响。

■ 被动拉伸缩短的组织。例如，让患者仰卧（见图4.8a）或侧卧（见图4.8b），指导患者髋部下降，拉伸同侧的腰方肌。如果你在拉伸前向患者演示，并让患者练习髋部下降的话会对患者有所帮助。有多种方法可以拉伸单侧髋部内收肌，包括膝关节屈曲或伸展状态下的拉伸（见图7.14c）。

■ 考虑肌筋膜放松，深层组织按摩，或被动拉伸骨盆下降一侧的髂胫束，以及同侧对应缩短的臀肌。

■ 按照"患者能做什么"部分的内容介绍，指导患者完成主动拉伸和简单的练习。

■ 如果你怀疑双腿长度不同是致病因素，请考虑将患者转诊给足病医师。

患者能做什么

■ 对于这些缩短的腰方肌、脊椎部位主要的侧屈肌和髋关节，确定致病因素（如跷二郎腿、坐着时躯干轻微旋转、向后倾斜、倾向一侧或一侧提重的袋子等）。

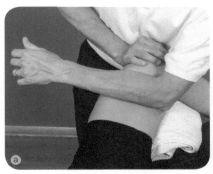
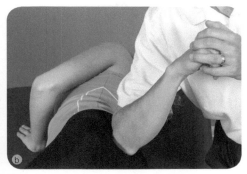

图 7.14 骨盆侧倾的治疗技术：a. 按摩髋部内收肌；b. 静态按压髋部外展肌；c. 膝关节伸展状态下被动拉伸单侧髋部内收肌

■ 患者仰卧，练习髋部下降，即降低通常抬高的一侧髋部（见图 7.15a）。患者可从此练习中受益。例如，建议患者在骨盆抬高一侧，去尝试触摸脚外侧的一个虚拟物体。在图示这个例子中，因患者左髂骨抬高，所以左腿向下伸展。

■ 利用主动伸展，拉长骨盆抬高侧的腰方肌和竖脊肌腰段。有很多方法可以达到这个目的，例如坐位下，简单地抬起手臂（见图 7.15b）就可以提升与腰方肌相连的下部肋骨。有时，患者仰卧，如图 4.8b 和图 4.9 所示练习拉伸时，患者会发现一侧比另一侧容易拉伸，从而意识到其骨盆不对称。

■ 主动拉伸内收肌，延长骨盆抬高侧的内收肌。

■ 对于骨盆降低侧的外展肌，使用网球静态按压肌肉扳机点（见图 7.15c）。注意，对于许多患者来说，使用网球治疗比较难受，有些患者不能忍受这种方式。另一种方案是建议患者简单地把筋膜球或网球贴在墙上，然后采用站立练习。

■ 在骨盆降低侧使用泡沫轴，主动拉伸髂胫束（见图 7.15d），以及对应的同侧臀肌。

■ 确定骨盆旋转的位置，按照骨盆旋转体态部分所介绍的方法，使用骨盆垫（见图 7.12）。

图 7.15 骨盆侧倾患者的矫正技术：a. 降低抬高侧的髋部，拉伸腰方肌；b. 坐位拉伸腰方肌和竖脊肌腰段；c. 使用网球治疗臀肌的扳机点；d. 在臀肌部位使用泡沫轴

结束语

在本章中，你了解了 4 种常见的骨盆不良体态：骨盆前倾、骨盆后倾、骨盆旋转和骨盆侧倾。每种骨盆体态的解剖特征都有对应的图像示例和说明。本章描述了每种体态导致的后果。你也了解了骨盆位置对于下肢和躯干体态的重要影响。对于每种体态的病理学特征，本章均以表格的形式列出了缩短和拉长的肌肉，有助于你制订矫正治疗计划。

第8章

下肢

学习成果

阅读本章后，应该做到以下几方面。

- 描述髋部内旋的体态特征。
- 列举膝关节的 4 种常见体态。
- 描述胫骨扭转的体态特征。
- 列举足和踝关节的 4 种常见体态。
- 识别这些体态的解剖学特征。
- 在患者身上识别出这些体态。
- 举例说明每种体态解剖学后果。
- 说出每种下肢体态中缩短的肌肉和拉长的肌肉。
- 举例说明每种体态所适用的矫正措施及案例。
- 说明每种矫正措施的基本原理，并说明在患者的现有状态下禁止使用的矫正措施，并能解释其禁止使用的原因。
- 举例说明各种适用于特定下肢体态的拉伸、锻炼和活动类型，并说明在患者现有状态下禁止使用的自我矫正措施。

章涵盖的 10 种体态分别是：髋部内旋、膝过伸、膝关节屈曲、膝内翻（O 形腿）、膝外翻（X 形腿）、胫骨扭转、平跖足、高足弓、足外翻和足内翻。

髋部内旋

　　髋部内旋是指髋部围绕股骨长轴向内旋转。这种体态的患者，可能具有典型的足趾向内的特征，其胫骨也向内旋转，或者双足也可能处在中立位。不论双足是处在内旋位还是中立位，髌骨面朝里是识别这种髋部内旋特征的一种方式。但是，这种体态不像其他体态那样在外观上很明显，在单独的体态评估中，股骨向内旋转的程度相对更难确定。因此，在确定患者是否具有髋部外旋程度减少时，肌肉长度测试非常重要，这也是与这种体态相关的一个发现。

　　重要的是需要注意髋部内旋与股骨向内扭转不同。股骨扭转是骨骼自身的旋转，即骨的转动，而髋部内旋是在髋关节骨骼之间发生的旋转。每块骨骼的旋转都会导致股骨髁横断面方向发生变化。因此，观察患者膝关节的前面和后面，有助于识别髋部内旋。随着髋部内旋和股骨向内扭转，股骨外侧髁会比正常方向更朝向前方，内侧则更朝向后方。这名患者（见图 8.1a）左侧股骨的股骨外侧髁朝向前方，从后面无法看到，而股骨内侧髁凸向后方。这表明左髋内旋，或同侧股骨向内扭转。

　　为了帮助你从患者后面识别出髋部内旋，你可以想象双侧腘窝就像是汽车的前灯（见图 8.1b）。跪在患者身后，距离约 2 米外问问自己大灯的光束将落在哪里，光束是直接朝向你（表明胫骨和股骨的对线正常），还是朝向

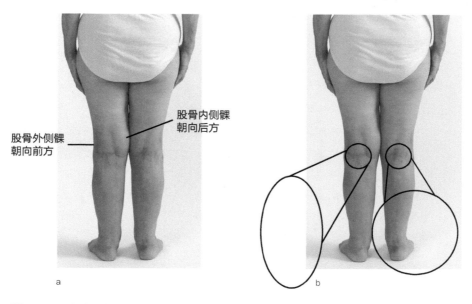

股骨外侧髁
朝向前方

股骨内侧髁
朝向后方

a

b

图 8.1　a. 左髋内旋（股骨向内扭转）的患者；b. 将膝关节腘窝想象为汽车前灯

一侧（表明髋部内旋或股骨扭转）？观察图中患者左右腘窝的方向，它们是不同的，来自左侧腘窝的大灯光束将落到你的左边，而右侧腘窝的大灯光束会落在靠近你的位置。

站立时双足向前的患者可能会被轻率地判断为不存在髋部内旋症状。但请记住，正常站立时，双足会略微外旋6至8度，所以双足向前的患者可能有髋部内旋或胫骨向内扭转，或两者皆有。（本章稍后将说明胫骨扭转的内容。）

髋部内旋可能会令人困惑，因为股骨内旋和股骨向内扭转都会导致整个下肢的扭转。整个下肢内旋，可能是髋关节和膝关节，以及股骨和胫骨等因

髋部内旋的后果

随着髋关节内旋的增加，髋股关节外旋则相应减少。内旋肌缩短，外旋肌拉长。这两个肌群可能都会变弱，因为它们不能在最佳长度或其最佳范围内发挥作用。髋关节外旋的不足与膝关节骨骼肌肉疾病有关，如髌股关节疼痛综合征和青春期女孩前交叉韧带的非接触性损伤（Neumann，2010）。髋关节周围肌群不平衡，会影响关节的功能，最终不仅会影响步态，还会影响功能和体育活动。

股骨扭转可能是髋部内旋的一个影响因素。股骨扭转的程度即由股骨颈纵轴线与股骨髁之间连线之间形成的角度。该角度通常为10至15度，但变化范围很大。扭转角增加即为前倾，髋臼前倾可引起髋关节的代偿性变化，会影响负重、肌肉生物力学和髋关节稳定性，并可能造成膝关节和足的功能障碍（Levangie et al.，2001）。

髋部内旋改变了髋臼内股骨头的正常方向。髋关节的关节面上力的分布长期变化可能导致关节、骨骼、关节软骨和结缔组织的退行性变化。髋部内旋也可能会挤压髋关节前部的结构，引起疼痛。

随着股骨内旋，膝关节的方向会出现异常。这时双足中立位意味着问题的加剧，因为这需要在股骨内旋的同时，胫骨发生外旋。髋关节和膝关节生物力学的改变，也会影响步行和跑动能力，因此可能对参与娱乐和体育活动产生不利影响。由股骨扭转畸形引起的内旋可能会导致膝关节炎：股骨向内扭转会增加外侧关节面的压力，导致膝前痛和髌股关节炎，还有髌骨外侧半脱位的可能。

髋部内旋通常伴有距下关节旋前，这也会引起许多问题（见本章后文的更多信息）。

素综合作用的结果。与本书中描述的许多体态相同，重要的是不能只依赖体态评估，应该采用肌肉长度测试来确定内旋程度。

表 8.1　髋部内旋时对应的相关肌肉长度变化

部位	缩短的肌肉	拉长的肌肉
髋关节	阔筋膜张肌	臀大肌
	臀小肌	臀中肌（后部肌束）
	臀中肌（前部肌束）	梨状肌
	长收肌	股四头肌
	短收肌	闭孔肌
	内收肌	上下孖肌
	耻骨肌	腰大肌
	股薄肌	缝匠肌

提示　请注意，梨状肌、臀小肌后部肌束、臀大肌前部肌束会在髋部逐渐屈曲时出现内旋肌和外旋肌的功能改变。

治疗师应做到以下几点

■　认识到内旋是由骨骼的解剖特征引起的，如股骨扭转。髋部内旋的非手术干预治疗的效果是有限的。

■　被动拉伸内旋肌。髋关节屈曲位下测量的髋关节正常内旋的角度为30 至 40 度，外旋角度为 40 至 60 度（Magee，2002）。通常采用仰卧位（见图 8.2a）和俯卧位（见图 8.2b）评估髋关节旋转程度，这也可用于被动拉伸。以任何体位进行被动拉伸时，都需要像外旋测试一样移动患者的腿。图8.2 中箭头指示移动腿部易于拉伸的方向。在内旋肌缩短的情况下，应该减少腿部外旋的程度，此时可以施加温和的压力来拉伸内旋肌。请注意，有研究（Kouyoumdjian et al.，2012）发现，髋关节运动范围的测量结果有很大的不同，所以应注意不要过度拉伸患者的组织以试图达到标准值。图 8.2c 演示了仰卧位拉伸内旋肌时保持腿部位置的一种有效方式。治疗师需要注意不要用左手翻转患者的足部，并应采用有利于发挥杠杆作用的体位。这种方式可能不适合所有患者，但在地板上使用这种方式，会比在治疗床上更加稳定。

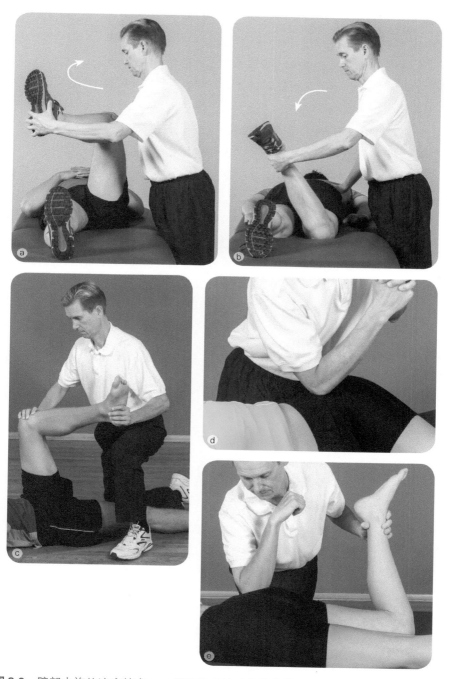

图 8.2 髋部内旋的治疗技术：a. 仰卧位下被动拉伸内旋肌；b. 俯卧位下被动拉伸，需要避免外踝被过度拉伸；c. 仰卧位拉伸；d. 静态按压阔筋膜张肌；e. 臀中肌的软组织放松技术有助于延长这些肌肉

■ 拉伸阔筋膜张肌对于髋部内旋的治疗十分重要（Kendall et al., 1993）。静态按压这个小肌肉群（见图 8.2d）是缓解肌肉紧张的一种有效方式。

■ 使用软组织放松技术拉伸臀中肌。使髋部处于中立位，使用拇指或肘部轻轻锁定肌肉（见图 8.2e）并保持锁定，同时用另一只手移动患者的腿部（如同外旋度测试动作）。

■ 按摩和被动拉伸受影响一侧的内收肌（见图 7.14）。

■ 找到臀肌和内收肌的扳机点并对其进行处理。

■ 使用 MFR 技术纵向拉伸腿部，以便在使用上述技术之前可以放松髋关节和整个下肢的所有肌肉。

■ 考虑将患者转交给健身教练来指导，并监督患者锻炼加强髋部外旋肌。

■ 考虑使用诸如 SERF 皮带的装置（SERF：股骨外旋的稳定性）进行实验。使用这种皮带装置时要小心，因为这个练习不仅改变髋部的对线，而且改变了膝关节、足踝和足的对线，可能会同时带来正面和负面的后果。患者在使用 SERF 皮带锻炼时，应明白其本质是加强髋部外旋肌。

■ 考虑将患者转诊给足病医师，因为矫形器可能有助于髋部旋转的矫正。

患者能做什么

■ 识别并避免导致髋部内旋的体态。如避免足内翻、用脚缠绕椅腿的坐姿（见图 8.3a）；俯卧睡姿和 W 形屈腿坐姿也会造成下肢内旋。许多人认为儿童时期的不良体态会导致髋部内旋的进一步发展。

■ 如图 8.3b 所示，主动拉伸髋部内旋肌。在内旋肌特别紧张的情况下，可能难以将受影响的大腿降低到水平位置。此时可以轻柔地按压膝关节来进一步拉伸肌肉，如拉伸梨状肌和髋部内收肌。

■ 主动拉伸阔筋膜张肌。站立位拉伸常被指定用于患者的阔筋膜张肌和髂胫束。但是这些方式并不一定见效。使用网球自我按压这块小肌肉可能有助于其放松和拉长。

■ 主动拉伸髋部内收肌。由于患者髋部在这个位置上被外展，因此拉伸臀肌时，有些患者可能会有髋部内收肌拉伸的感觉。

■ 采用能加强髋部外旋肌的练习，例如俯卧式髋部伸展和桥式运动。需要注意的是，有许多练习可以加强髋部外旋肌，遵从健身教练或其他有相关专业资质人士的指导将有助于正确地完成练习。患者为单侧内旋时这一点尤其重要。近期有腰椎间盘突出的患者不应进行俯卧式髋部伸展练习。

■ 考虑游泳时使用蛙泳泳姿。因为这种泳姿需要股骨的外旋，能够锻炼外旋肌，并且可能促进内旋肌的拉长。

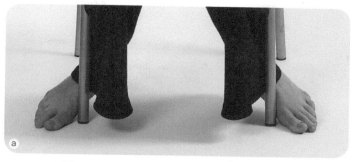

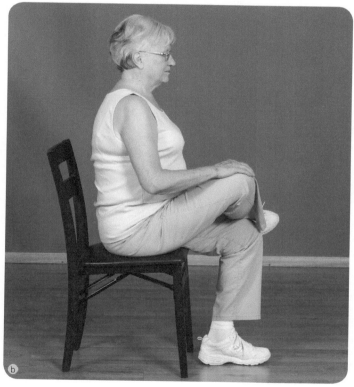

图8.3 髋部内旋的治疗技术包括应避免可能导致内旋的体态: a. 坐姿, 脚缠绕椅子腿; b. 拉伸髋部内旋肌和内收肌

膝过伸

通常被称为"膝关节过度伸展",这种体态指负重的膝(胫股)关节伸展超出中立位置或大于 0 度。从侧面看正常的膝关节体态时,从胫骨到踝外侧,可以画一条假想的垂线,这条垂线从侧面看纵向平分胫骨(见图 8.4a)。而在膝过伸体态中,大部分小腿落在该线的后面,该线不再能平分腿部(见图 8.4b)。从这个患者的体态可以观察到轻度的膝过伸(见图 8.4c),以及另一个常见症状:踝关节处跖屈增大(背屈减少)。

这种体态的最佳识别方法是在矢状面上观察患者。另外,从后方观察患者时,可以看到明显突出的小腿和腘窝区域;从前方观察患者时,可以看到髌骨被压向下方。这种体态与股骨内旋过度、膝外翻或膝内翻、O 形腿和距下关节过度内翻有关;从前方观察患者时,这些特征更为明显。

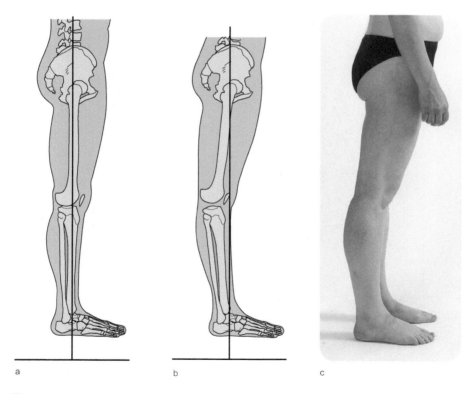

a b c

图 8.4 正常膝和膝过伸体态:a. 正常膝关节对线;b. 膝过伸的膝关节对线;c. 轻度膝过伸

膝过伸的后果

在这种体态中，膝关节后部结构（如腘肌）紧张，前部结构（如髌股关节）受到压迫。因此，膝关节过度伸展的成年人可能有腘窝（Kendall et al.，1993）和髌股关节疼痛。活动度过大患者的膝关节韧带松弛，站立时处于膝过伸体态。膝过度活动的患者最疼痛的关节是膝，髌股关节疼痛综合征是活动过度导致的另一个常见问题（Tinkle，2008）。

此外，胫股关节力学机制的改变，会影响膝关节正常的生物力学。正常负重时，股骨在固定的胫骨上前后滑动，但是在膝关节过度伸展时，股骨向前倾斜，导致股骨和胫骨的前部压缩。负重时，膝关节后部的关节囊和韧带结构有受伤的风险，这反过来可能导致功能性步态缺陷。与膝关节正常的人相比，膝过伸患者的行走速度更慢，膝关节伸肌的力矩值更大（Kerrigan et al.，1996）。

膝过伸也会影响其他关节。髋关节伸展增加和踝背屈减少这两种情况都可能影响步态，并且削弱需依赖下肢灵活性的运动表现。髋关节可能过度前倾。这种体态会导致步态偏差并需要更多的努力来保持前进的动力（Fish et al.，1998）。

这种体态下的股四头肌和比目鱼肌被缩短，膝伸肌被延长。膝屈肌和膝伸肌之间的不平衡会影响膝关节和髋关节的功能及稳定性。拉长的腘肌减弱了大腿旋转和膝关节屈曲的能力，从而影响了膝关节功能。在伸展范围的末端可能会出现本体感觉的不足（Loudon，1998）。患者可能有膝关节不稳的感觉。

已有研究发现，女运动员膝过伸与前交叉韧带损伤之间存在密切的正相关（Loudon，1998）。女运动员的膝过伸体态可能是因过度使用膝关节而受伤造成的（Devan et al.，2004）。对于一些游泳运动员而言，膝关节过度伸展是一种常见体态。据推测，这是由于反复蹬伸引起的十字韧带过度伸长造成的。这种体态使膝关节的前后运动范围更大，但是还不清楚膝过伸是否有利于游泳运动员（Bloomfield et al.，1994）。

表 8.2　膝过伸时对应的相关肌肉长度变化

部位	缩短的肌肉	拉长的肌肉
大腿	股四头肌	半腱肌 半膜肌 股二头肌
小腿	比目鱼肌	腘肌 腓肠肌

治疗师应做到以下几点

■ 指导患者保持良好的体态对线，帮助患者识别站立时出现膝关节过度伸展的情况。

■ 在腘窝处应用贴扎。贴扎的目的不是防止过度伸展，而是提供感觉反馈来帮助患者识别过度伸展的倾向。这种方法特别适用于治疗患有过度运动综合征的舞蹈人士（Knight，2011）。自我体态矫正一定比依靠肌效贴更可取，当患者练习避免膝关节过度伸展时，只能在短期内使用肌效贴。贴扎的方式有很多，如一条宽条（见图8.5a）、两条窄条（见图8.5b）或交叉贴扎（见图8.5c）。无论选择哪种方式，都应该贴在膝关节中间的位置。贴扎时不要让患者站立，而是要求患者俯卧，膝关节位于中立位放松。

■ 被动拉伸股四头肌。有许多方法可以达到这个目的，例如让患者俯卧，保持骨盆稳定以防止前倾和腰椎伸展，否则会降低拉伸效果，而且患者会感到不适。

■ 采用深层组织按摩，放松并拉伸股四头肌。

■ 为患者提供锻炼加强屈膝肌群的练习方法，如果你认为这属于你的专业范围之内。这些练习可以包括定期的腘绳肌练习、定期小腿强化练习，以及你把手放在患者膝关节下部限制膝关节的活动范围，再要求患者完成少量膝关节屈曲的抗阻练习（见图8.5d）。采用这些练习方式时，请注意你自己的体态；可以要求患者站在升高的平台上，

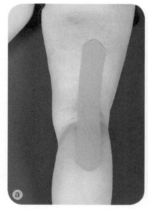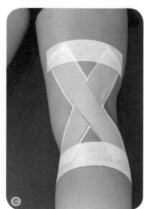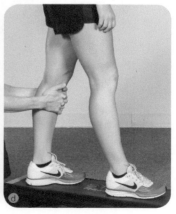

图8.5 膝过伸的治疗技术包括贴扎法：a. 一条肌效贴贴扎法；b. 两条肌效贴贴扎法；c. 交叉贴扎；d. 膝关节力量强化练习

让你不必过多地弯腰。

■ 考虑将患者转诊给物理治疗师，进行本体感觉训练和步态训练。

■ 考虑将患者转诊给足病医师来为患者提供治疗建议，限制造成过度伸展的日常活动。例如，穿高跟鞋走路时会造成膝关节屈曲，这会减缓步态，但有助于防止过度伸展。在足底内侧使用矫形器，可有助于限制与膝过伸体态相关的距下关节旋前。足踝矫形器（AFOs）可在走路时保持足踝稳定，有时有助于矫正膝过伸。虽然这些方式减少了行走所需的动力，但并不会总是减弱膝伸肌群的运动能力（Kerrigan et al.，1996）。

■ 考虑将患者转诊给运动治疗师，训练其运动技能，帮助患者在快速变化的运动过程中掌握正确的屈膝位置。

患者能做什么

■ 在日常活动中注意膝关节的体态。

■ 在静态姿势下练习良好的膝关节对线。例如，要特别注意站姿，避免膝关节固定；坐着时避免将足踝置于脚凳上，因为这样会使膝盖伸展，拉伸膝关节后部组织。

■ 在动态功能性运动中练习正确的膝关节对线，如从坐姿站起和爬楼梯。

■ 改善本体感觉，练习单腿平衡，使膝关节位于正确的位置。

■ 完成练习，改善膝屈肌和伸肌之间的强度比。虽然股四头肌和腘绳肌之间的平衡状态可能对预防膝关节损伤是重要的，但是很难说明这些肌肉群之间的理想强度比，因为强度比不仅取决于运动，而且还取决于其他关节的角度（Alter，2004）。

■ 在运动期间注意保护膝关节，以免膝关节过度伸展，特别要注意那些会冲击膝关节的跳跃运动。

■ 避免会迫使膝关节伸展的运动和拉伸练习。例如，站立时注意避免腘绳肌和小腿拉伸。

■ 讨论哪些体育运动形式最适合具有膝过伸体态的患者。要想预防膝关节过度伸展，需重点控制膝关节运动。膝关节过度伸展可能因快速运动而加剧，因此这种体态可能不适合参加身体接触类和跑动类场地运动，如橄榄球、足球、曲棍球和长曲棍球(Bloomfield et al.，1994)。这种体态也不适合参与跳跃运动，以及涉及下肢负荷过度的体育活动。膝关节过度伸展的患者更适合于参加速度缓慢和易于控制的太极拳等活动，而不是对膝盖冲击较大、频繁改变方向的运动，如持拍类运动。简单的平衡练习对这些患者是有益的，因为他们可以采用并维持中立的膝关节位置。

膝关节屈曲

顾名思义，膝关节屈曲体态就是一个人站立时负重的膝关节屈曲程度大于正常的体态。这种体态比膝过伸少见，常见于老年人以及久坐且膝关节长期保持屈曲姿势的患者。从侧面观察正常的膝关节体态时，从胫骨到脚踝外侧可以画一条假想的垂直线，这条垂直线从侧面看纵向平分胫骨（见图8.6a）。而在膝关节屈曲体态中，膝关节的位置落在这条线之前，该线不再平分腿部（见图8.6b）。在矢状面上观察患者是识别该体态的最佳方法，与图8.6c中的患者相同。注意，这种体态通常伴有明显的踝背屈。

治疗师应做到以下几点

治疗膝关节屈曲的患者时需要特别小心，例如膝关节手术后的患者，使用轮椅或在椅子上长期久坐的患者，可能因疾病、受伤而身体虚弱或正在恢复的患者。对于每种治疗建议，都要考虑患者是否对深层按压有所禁忌（在应用软组织松解或扳机点治疗技术时可能出现）；确保患者在进行任何站立练习时有足够的平衡能力。

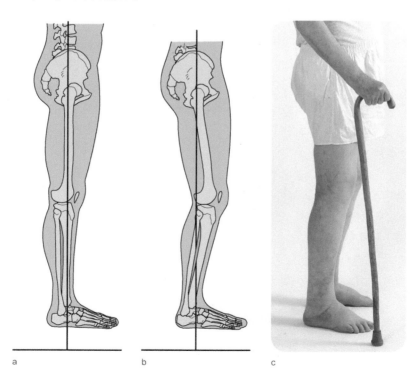

a   b   c

图8.6　正常膝和膝关节屈曲体态：a. 正常的膝关节位置；b. 膝关节屈曲时的膝关节位置；c. 右腿膝关节屈曲

膝关节屈曲的后果

当膝关节伸展时侧副韧带相对紧张，这有助于稳定关节。膝关节屈曲时侧副韧带会放松，这会允许一定程度的轴向旋转。膝关节反复承重，可能会增加膝关节因旋转而受伤的可能性。

膝关节屈曲时站立，需要肌肉持续用力，这会导致肌肉疲劳。股四头肌持续收缩也是一个不利因素。附着在胫骨粗隆上的肌肉会在胫骨上施加拉力，这可能导致压痛或不必要的骨骼病变。由于踝背屈增大，踝关节前部的压力也会增加。

长期的单侧膝关节屈曲与足旋前、对侧大腿内旋、同侧髋关节下降（相对侧髋关节行动不便）、脊柱向受影响侧凸出，以及对侧肩部下降（Kendall et al.，1993）等表现有关。例如，右膝屈曲的患者更可能出现左足旋前、左大腿内旋、右侧髋下降、左侧髋升高和左肩下降。

表8.3　膝关节屈曲时对应的相关肌肉的长度变化

部位	缩短的肌肉	拉长的肌肉
大腿	半腱肌 半膜肌 股二头肌	股四头肌
小腿	腘肌	比目鱼肌

■　认识到对由于张力过高（如与脑中风相关的肢体痉挛）导致的膝关节屈曲患者采用干预治疗技术的效果可能有限。

■　运用肌筋膜放松技术，被动放松膝关节后部组织，对于膝关节屈曲体态而言是一种理想的治疗技术。在这种体态下，膝关节后部组织紧张，由于腘动脉和淋巴结的存在，必须避免按压膝关节后部。可使用双手交叉技术，一只手放在膝关节上方，另一只手放在比较低的位置，进行放松拉伸，效果较好。

■　被动拉伸缩短的肌肉，这种体态下主要是指腘绳肌和比目鱼肌。有很多方法可以达到这个目的，包括在现有活动范围内保持简单的拉伸动作（见图8.7）。这种简单的仰卧位腘绳肌拉伸的优点之一，是可以在膝关节屈曲的情况下完成，而且不需要患者伸展膝关节，被动屈曲髋关节达到活动范围的极限。股四头肌收缩将有助于放松腘绳肌，增加膝关节伸展程度，而髋关节无须进一步屈曲。

■　应用按摩技术来放松并拉伸腘绳肌和比目鱼肌，包括深层组织按摩或软组织放松技术，缓解特定组织上的张力。软组织放松技术在此效果很好，因为它可用于膝关节屈曲体态的矫正，拉伸局部组织，让患者感到舒适。

图 8.7　膝关节屈曲的治疗技术，包括被动拉伸屈膝肌

■　找到膝关节后部组织中的任何扳机点，使用局部静态按压技术，注意不要直接按压腘窝部位。

■　膝关节屈曲可能继发于髋关节屈曲（骨盆前倾）。如果评估证实有骨盆前倾和髋屈肌缩短，请参考使用第 7 章中提出的治疗方法。

■　采用本书其他部分提出的治疗方法，治疗与膝关节屈曲相关的其他关节的体态改变，如足旋前、髋部内旋、髋部障碍和脊柱凸起的改变。

患者能做什么

■　休息时采用可以拉伸膝关节后部组织的体位。例如使用脚凳休息，通过重力拉伸膝关节后部组织（见图 8.8a）。患者还可以俯卧在床或沙发上，双脚悬空，从而给踝关节增加轻微的负重。俯卧时膝关节前部靠在床或沙发的边缘，小心膝关节受伤。这种体位不适合髌股关节有问题的患者，因其可能加重髌骨的压力。

■　站立时使用弹力带练习膝关节伸展。需注意的是弹力带不要太窄，否则可能会压迫膝关节后部引起疼痛。以这种方式主动收缩膝伸肌，可以促进相对侧肌群放松，如膝屈肌。

■　坐位练习膝关节伸展(见图 8.8b)。对于有疼痛或平衡问题的患者来说，这是一个很好的开端，以前的练习方法可能难度较高。尝试将膝关节的后部压在床、地板或治疗椅上，简单舒适地休息。有些人在脚踝下方放置一个垫枕或小卷毛巾，作为杠杆使用。

- 主动拉伸比目鱼肌。

- 避免长时间久坐，除非腿外展和膝关节伸展。如果工作时主要是坐姿，需要每小时休息一下，站立一段时间以伸展股后肌群。

- 主动采用软组织放松技术，可用于缓解大腿后部组织中特定区域的张力。这是一种患者可自行矫正膝关节屈曲体态的有效技术。

- 暂时避免屈膝的运动，如骑自行车。

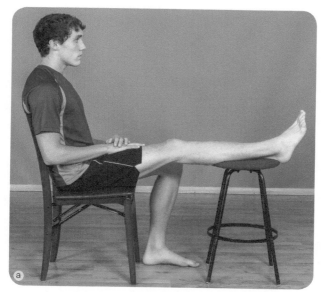

图8.8 患者自己矫正膝关节屈曲体态的方法，包括借助重力拉伸膝关节后部组织：a. 坐姿单侧拉伸；b. 坐姿双侧拉伸

膝内翻

　　在正常的膝关节体态下，股骨解剖轴线与胫骨解剖轴线之间形成的角度约为 195 度（Levangie et al., 2001）。膝内翻通常又称为"O 形腿"，膝关节内翻使胫股关节的内角小于 180 度。患者站立时，通过观察股骨内侧髁之间的距离与踝关节内侧的距离可以确定这种体态的严重程度（见图 8.9b）。畸形内翻也可发生在单侧。虽然图 8.9c 中的患者脚踝没有接触，但仍然可以看到患者有轻微的膝内翻和轻微的右侧胫骨屈曲。O 形腿体态由股骨外旋和足旋后导致（Kendall et al., 1993），同时伴有髋关节内旋和膝关节过度伸展。

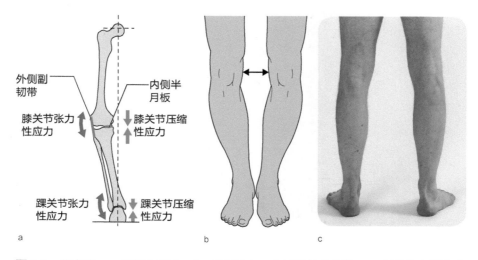

图 8.9　膝内翻：a. 间隙与应力，b. 患者站立，内侧踝关节接触，c. 轻度膝内翻和右侧胫骨屈曲

膝内翻的后果

　　在膝内翻体态中，膝关节外侧和踝关节内侧的张力性应力增加，膝关节内侧和踝关节外侧的压缩性应力增加（见图 8.9a）。

　　理解这些力的一种方法是，想象关节一侧发生的间隙运动（见图 8.9a）。间隙意味着侧副韧带被拉紧而减弱，关节稳定性减弱，增加了侧副韧带损伤的可能性。内侧半月板被压缩，也可能受伤。

　　膝关节的垂直力学轴线，意味着在双膝正常负重期间，压力通过膝关节中心传递，并平均分散到关节的内侧和外侧。关节位置不对称，将压力转移到膝关节内侧，影响平衡和步态，并可能导致患者的膝关节出现病变。例如，一些研究发现，膝关节对线不良与骨关节炎的高发生率相关（McWilliams et al., 2010）。关节病变是否发展到严重的骨关节炎，取决于其现有的薄弱环节，例如，患有轻度骨关节炎的关节对线不良导致的生物力学效应可能小于受损严重的关节（Cerejo et al., 2002）。如果你将图 8.9a 的力学轴线想象为弓弦，就可以明白这种体态如何得名以及它在膝内翻体态中的恶化趋势。

从表 8.4 可以看出，在膝内翻体态中，某些肌肉拉长，某些肌肉缩短。单独查看大腿臀肌，与正常体态相比，可以看到髂胫束被拉紧拉长，股二头肌也是如此，而股薄肌和半腱肌缩短。这些变化可能对日常活动影响不大，但不利于患者参与体育运动。

另外，股四头肌不仅缩短，而且膝内翻还影响股四头肌牵拉髌骨的方向，使髌骨具有被拉向内侧的倾向。髌骨牵拉方向的改变对于膝关节的整体稳定性非常重要，它可能会破坏髌骨的正常滑动机制，从而导致膝关节不够稳定。在极端情况下，膝内翻体态会导致髌股关节的退行性变化。

关节位置异常，也可能在膝关节屈曲及伸展运动期间影响股骨在胫骨上的正常滑动和滚动。负重时腿部可能内旋，相反，足部内侧可能升高，除非发生代偿性的距下关节旋前。其他代偿性运动包括踝外翻和跗骨关节旋前来作为足部恢复与地面接触的手段。这种体态在老年人中非常多见，特别影响平衡能力，如跌倒。膝内翻畸形已被证实会增加中外侧方向的摆动，并增加跌倒的风险（Samaei et al., 2012）。

表 8.4　膝内翻时对应的相关肌肉的长度

部位	缩短的肌肉	拉长的肌肉
大腿	髋内旋肌 股薄肌 半腱肌和半膜肌	髋外旋肌 股二头肌
小腿	无	腓骨肌 腘肌 胫骨后肌 趾长屈肌

提示 髂胫束可能会拉长。

治疗师应做到以下几点

- 认识到如果骨骼发生变化，如股骨、胫骨或两者发生弯曲，那么除了手术之外，干预方法的疗效有限。

- 如果 O 形腿只是体态，很少或几乎没有解剖学特征的变化，可以鼓励患者识别并避免那些加剧这种体态的时刻（例如将重量转移到受影响侧的腿，造成膝关节外弓的时刻）。

- 考虑将患者转诊给能提供专家建议的足病医师。例如，可用楔形鞋垫将负荷从膝关节的内侧转移到外侧，而且可以改变胫股的角度。前足外侧和后足楔形鞋垫有助于促进足旋前（Gross，1995）。

- 考虑将患者转给专业教练来协助患者锻炼，以加强髋部外旋肌。

- 虽然有争议，但还是有证据表明贴扎可能有助于锻炼臀肌。这里所示的贴扎方式是基于蓝金顿等人（Langendoen et al.，2011）推荐的方法。应用两条肌效贴，从大腿前部向后贴，以模拟臀部肌束的方向（见图 8.10a）。

- 膝关节外侧贴扎。这是一种用于解决膝关节疼痛的临时性措施。它可以用于向患者提供感官反馈，但是对结构性改变的膝内翻作用很小。侧副韧带扭伤时，也可使用贴扎，目的是防止膝关节外侧间隙加大。在这种情况下，可以在膝关节上方和下方分别固定一条水平贴布，然后在水平贴布之间用另外两条更长的贴布贴成十字形，十字的中心落在侧副韧带上（见图 8.10b）。有些治疗师是在患者站立时贴扎，但是患者侧卧、让受影响的膝关节位于最上方时进行贴扎可能更有帮助。因为以这种体位贴扎，重力作用有助于减少贴扎前膝关节外侧的间隙。

- 考虑发挥肌筋膜放松技术的作用，如膝关节内侧双手交叉技术。

- 被动拉伸髋部内旋肌，应用建议可参考第 7 章关于髋关节内旋的内容。

- 以表 8.4 的内容为指导，被动拉伸你识别的其他紧张性肌肉，可能包括股四头肌和内收肌（见图 8.10c）。

- 按摩并拉伸缩短的肌肉。请注意，在仰卧位时按摩内收肌，患者可能会感到不舒服，有时会造成膝关节外侧紧张，因此侧卧位可能更为可取（见图 8.10d）。

- 考虑将患者转交给物理治疗师或运动治疗师进行专业的平衡训练。

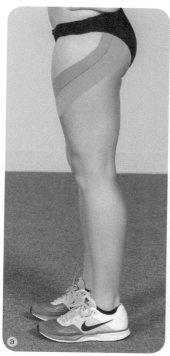

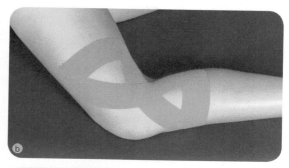

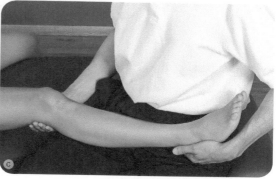

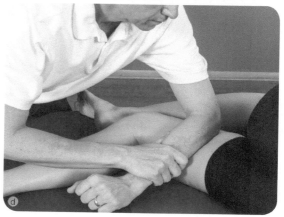

图 8.10 膝内翻体态的治疗技术：a. 臀肌贴扎，以促进髋部外旋；b. 侧副韧带扭伤时贴扎；c. 拉伸内收肌；d. 按摩内收肌

患者能做什么

- 识别那些加剧膝内翻体态的懒散的站姿，这种情况有时出现在疲劳的时候，患者会习惯性地将重量转移到一条腿上。

- 主动拉伸髋部内旋肌。这种方法的难度在于这些肌肉（见图 8.3b）的拉伸方式会增大膝关节外侧的间隙，因此需要小心谨慎地进行。

- 锻炼加强髋部外旋肌，如俯卧位髋关节伸展和桥式运动。

■ 拉伸髋部内收肌，注意不要造成膝关节外侧紧张。

■ 参加体育活动时，可以考虑佩戴膝关节护具。这样可以减轻负重引起的疼痛，并可能减少受伤的概率。

■ 如果可能，避免参加高强度或负荷过大的运动，因为这些运动会增加膝关节的压力，进一步压缩和拉紧膝关节结构。

■ 在肌肉拉长的位置，加强胫骨后肌和趾长屈肌肌力。一种方法是使用足够宽的弹力带，并用足趾（而不是踝）去拉伸它（见图 8.11）。

■ 考虑使用足病医师所推荐的矫形器来矫正足内翻。

■ 对于 O 形腿的体态矫正，肯德尔及其同事（Kendall et al., 1993）所提倡的一种方法是：双足分开约 5 厘米站立，膝关节放松，然后收紧臀肌，以体验足弓拱起。将部分重量转移到双脚外侧，进一步收紧臀部，尝试双腿稍微外旋，并使髌骨朝向前方。

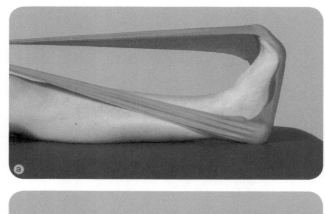

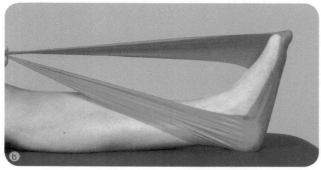

图 8.11 膝内翻体态的患者使用的技术，包括加强锻炼拉长胫骨后肌和趾长屈肌，方法是沿着足部下侧放置弹力带，并用足趾拉伸

膝外翻

股骨的解剖轴线与膝关节内侧胫骨的解剖轴线之间，形成的正常角度约为 195 度（Levangie et al.，2001）。膝外翻通常被称为"X 形腿"，即膝关节对线不良，造成内侧胫股角度大于 195 度（见图 8.12a）。患者站立时，股骨内侧髁互相接触，通过观察其踝关节内侧之间的距离可以确定这种体态的严重程度（见图 8.12b）。膝外翻畸形也可发生在单侧（见图 8.12c）。

膝外翻角度的大小通常与双腿长度不一致有关，常发生于腿较长的一侧，而且同时伴有同侧骨盆扭转和髌骨扭转（Cooperstein et al.，2009）。

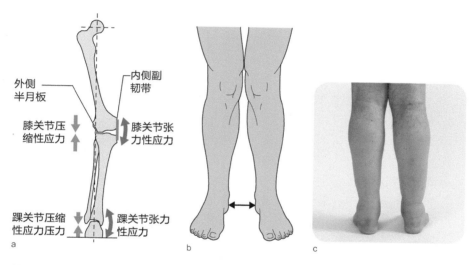

外侧半月板
内侧副韧带
膝关节压缩性应力
膝关节张力性应力
踝关节压缩性应力压力
踝关节张力性应力

a

b

c

图 8.12 a. 显示了膝外翻的张力性应力和压缩性应力，注意膝关节间隙、内侧副韧带的张力增加，外侧半月板压缩，患者站立时，股骨内侧髁互相接触；b. 观察踝关节内侧间距以评估外翻畸形的程度；c. 右侧膝关节单侧膝外翻

提示 髂胫束可能缩短。在这种体态下，足外侧抬高。足外翻的同时，腓骨肌缩短，但是有时足的位置为了代偿膝外翻而发生改变，所以可以发现距下关节过度旋后。在这种体态中，膝关节外侧结构压力过大可能会导致胫腓关节的不适。

膝外翻的后果

在膝外翻体态中，膝关节和踝关节内侧的张力性应力增大，膝关节和踝关节外侧的压缩性应力增大（见图 8.12a）。

在这种体态中，关节内侧有间隙，内侧副韧带（见图 8.12a）张力增加而变弱导致膝关节的稳定性降低，增加了内侧副韧带损伤的可能性。外侧半月板也可能因压缩而受伤。

当双腿正常负重时，压力通过膝关节中心的力学轴传递，平均分散到膝关节的内侧和外侧。而在膝外翻体态中，压力向膝关节外侧转移，这可能影响步态和平衡性。关节力学机制的改变可能导致膝关节病变。膝关节对线不良可能与骨性关节炎有关。

股薄肌、半腱肌和缝匠肌都被拉长拉紧。阔筋膜张肌、髂胫束以及腿部外侧组织都被压缩（见表 8.5）。

在膝关节完成正常的屈曲和伸展运动时，关节位置异常可能会影响股骨在胫骨上的正常滑动和滚动。髌骨有侧向拉动的倾向，这可能会破坏骨骼的正常滑动机制。这些膝关节力学机制的改变，综合在一起可能会损害膝关节的功能。在极端情况下，膝外翻体态可能导致髌股关节的退行性变化。本体感觉也会改变，影响平衡能力。

膝外翻与其他关节体态的变化有关，包括对侧腰椎旋转、髋关节过度内收和内旋、胫骨外侧扭转、距骨内翻、距下关节或跗骨间关节旋后，以及扁平足（Riegger-Krugh et al., 1996）。

表 8.5 膝外翻时对应的相关肌肉长度变化

部位	缩短的肌肉	拉长的肌肉
大腿	股二头肌 阔筋膜张肌 髋内收肌 股薄肌	半膜肌和半腱肌 缝匠肌
小腿	腓骨肌	

治疗师应做到以下几点

■ 考虑将患者转交给足病医师，请其提供专家建议。例如，倾斜的鞋垫可用于将负荷从膝关节的外侧转移到内侧，并且可以改变胫股角度。使用内侧楔形鞋垫可以减少膝关节骨关节炎患者的疼痛，改善关节功能（Rodrigues et al.，2008）。

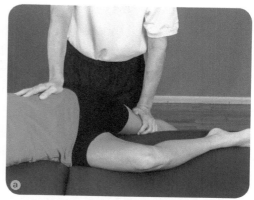

■ 使用拉伸（见图 8.13a）和按摩技术，被动拉伸髂胫束。

■ 使用肌筋膜释放技术或使用软组织放松技术来放松髂胫束（见图 8.13b）。

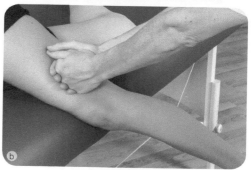

■ 找到阔筋膜张肌上的扳机点，采用静态按压来促进组织放松和延长（见图 8.2d）。

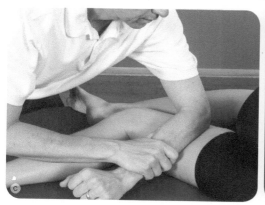

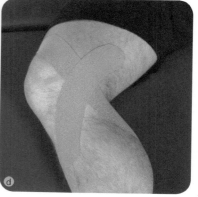

图 8.13 膝外翻的治疗技术：a. 髂胫束拉伸；b. 髂胫束软组织放松技术；c. 按摩股薄肌；d. 膝关节内侧贴扎

■ 按摩缩短的股薄肌。如果你选择让患者侧卧休息时进行治疗，受影响侧的肢体在下、膝关节由床支撑时，会更易触及内收肌（见图 8.13c），按摩股薄肌，而且不会有加大膝关节间隙的风险。

■ 可进行膝关节内侧贴扎，但是需要注意的是这个方法通常是克服疼痛的临时性措施，不能长期矫正膝外翻。贴扎的一种方式，是针对内侧副韧带损伤，尝试将肌效贴呈十字交叉的中心定位在内侧副韧带上（见图 8.13d）。注意受影响侧的肢体应在下。这样的方式可使内侧副韧带的位置达到最高，而膝关节由床支撑，你可以在使用肌效贴的同时轻柔地按压，让膝关节达到一个更中立的位置，这样做对患者来说会更加舒适。

■ 利用被动拉伸和按摩来帮助延长腿部缩短的组织，如腓骨肌。

患者能做什么

■ 识别和避免懒散的站姿，因为这可能加剧膝外翻。这种情况有时会发生在疲劳时，或将重量转移到一条腿上时。坐下时，避免用脚绕着椅腿（见图 8.3a），因为这会压迫膝关节和踝关节的内侧。

■ 主动拉伸髋部内收肌和外展肌。阔筋膜张肌和髂胫束可能会缩短，但髋部会内收，因此你需要评估髋部肌肉的状况，并指导患者有哪些肌肉因缩短而更需要拉伸。膝关节屈曲位拉伸内收肌，可能比伸展位拉伸更可取，因为伸展位拉伸可能加剧膝外翻体态。可以使用网球拉伸和灭活阔筋膜张肌扳机点，但在实践过程中，当膝关节没有损伤时，许多患者很难找到这个扳机点的位置（见图 7.15c）。一个解决方案是在患者试图使用球或穿戴膝关节护具之前在膝关节进行贴扎。

■ 使用泡沫轴来解决髂胫束的张力（见图 7.15d）。骨质疏松症患者不能使用泡沫轴，因为它会对大腿外侧施加相当大的压力。尽管有报告认为这种方式有益于跑步者和定期运动的人士，但是许多患者使用这种方法时会有困难，所以要非常小心，不要在膝关节上使用泡沫轴。

■ 如果可能，避免参加高强度的运动，因为这类运动会增加膝关节的应力，进一步压缩和拉紧其结构。

■ 膝关节护具是一种可选方案。但是要注意，护具可以减轻负重时的疼痛，但不能矫正骨骼结构。

■ 如有足病医师推荐，矫形器是矫正足旋前的一种可选方案。

胫骨扭转

真正意义上的胫骨扭转，是指胫骨自身绕其纵向轴线扭转。在患者正常站立时可以看到，相对于胫骨的近端，胫骨的远端发生横向扭转，并导致脚尖向外的体态。由于已有研究在测量胫骨时选用了不同的近端点和远端点，因此胫骨扭转的程度并没有规范的标准。一种测量方法是对胫骨的近端（见图 8.14a）和远端（见图 8.14b）进行 MRI 或 CT 扫描，分别在关节表面的下方和上方画出每次扫描的平分线。胫股角即为平分线形成的角度（见图 8.14c）。

特纳等人（Turner et al.，1981）对 1909 年至 1975 年的九项研究进行了综述，报告了胫骨扭转的测量范围为 14 至 23 度，但也注意到了这些研究使用了不同的测量装置，很难对比其结果。在最近的一项研究中，斯特雷克及其同事（Strecker et al.，1997）记录了 504 例正常的胫骨扭转角度为 34.9±15.9 度。勒旺吉和诺金（Levangie et al.，2001）提出正常人群的胫骨扭转程度应为 20 至 30 度。

对治疗前的胫骨扭转进行评估难度较大。这不仅因为不同研究所认为的胫骨扭转程度有差异，而且同一患者的左胫骨和右胫骨的扭转程度（Strecker et al.，1997；Gandhi et al.，2014），以及不同种族人群之间的胫骨扭转程度都有差异。例如，毛拉吉及其同事（Mullaji et al.，2008）研究了 100 名无关节炎的印度成年人，记录的胫骨扭转角度仅为 21.6±7.6 度。毛拉吉和同事则认为，不同人群的胫骨扭转差异，可能是由于特定的文化形成了不同的

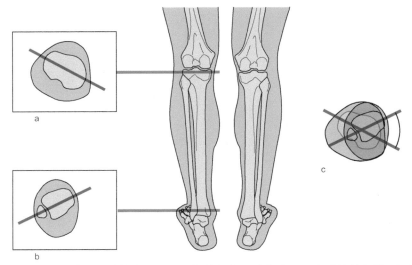

图 8.14 以左腿为例，计算真正的胫骨扭转角的一种方法：a. 胫骨近端扫描，远端到关节面（注意在此截面处没有腓骨）；b. 胫骨远端扫描，刚好在关节面上方，腓骨可以视为较小的骨骼，因为它出现在这个水平横截面上；c. 胫骨扭转角

坐姿造成的。例如，日本人习惯膝关节屈曲坐在地板上，足向内旋，臀部坐在脚上，在胫骨上施加了内部压力。而印度人的坐姿常常是交叉双腿（瑜伽中的莲花坐姿），加剧了胫骨外旋。

在临床上，胫骨扭转倾向于指腿的扭转（即在膝关节处胫骨与股骨之间的转动，以及在踝关节处胫骨和距骨之间的运动）。无论是否为单纯的扭转（不考虑关节，骨骼内部自身的扭转），还是临床意义上的扭转（由于下肢关节位置或真实的扭转造成的围绕腿部的纵向旋转），仅凭体态评估都很难确定。一个好的起始点是，从前方观察患者，并注意胫骨结节的位置。它们是向前或对称，还是一面向内（胫骨向内扭转）或向外（胫骨向外扭转）？观察足的位置，胫骨向内扭转伴有足趾向内的体态，胫骨向外扭转则伴有脚趾向外的体态。

但是，有的患者的胫骨外观正常，事实上却已经扭转。如图 8.15 所示，粗略地看，患者的腿似乎正常，左右胫骨结节面向前方。但仔细观察其右膝会发现并没有朝向前方，这表明有股骨内旋。随着股骨内旋，患者的足趾本应向内，但是却依然向前。这是由于为了使足朝向前方，胫骨不得不向外扭转。测试外旋的一种方法是，要求患者站立，如果可以的话，膝朝向前方。当胫骨向外扭转的患者需要将

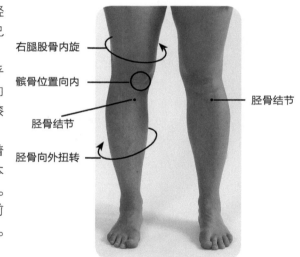

右腿股骨内旋

髌骨位置向内

胫骨结节

胫骨结节

胫骨向外扭转

图 8.15 患者右腿胫骨向外扭转，但粗略地看上去似乎正常

膝朝向前方时，外侧胫骨扭转会更加明显，因为脚的位置已表现出明显的足趾向外的特征。

有研究发现，同一个人左腿和右腿的扭转是不同的，与左腿相比，右腿外旋程度更大（Clementz, 1988; Mullaji et al., 2008）。具体原因尚不清楚。

胫骨扭转的后果

在行走的过程中，骨盆围绕承重的髋关节旋转，骨盆随摆动腿一侧向前移动。下肢各个部位的旋转方向与骨盆相同。旋转的幅度由近端向远端增加，胫骨围绕其长轴旋转，幅度是骨盆旋转的三倍（Inman，1966）。因此，这种旋转是正常步态的一部分。而过度的内旋或外旋对生物力学有不利的影响，并且可能增加步行时的能量消耗。

一些肌肉有能力影响不相邻的关节，虽然其运作机制尚不清楚，但可能是由于肌肉之间通过筋膜系统相互关联、同时运作导致的。臀肌和比目鱼肌都可以影响髋关节和膝关节。胫骨扭转过度会减弱这些肌肉的能力，从而在步态上减少髋关节和膝关节的伸展（Hicks et al.，2007）。

某些运动可能会加重这种体态。例如高尔夫球手的体态发展使其身体的各个部位与旋转相关，包括下肢关节及其相关联的软组织。高尔夫所固有的这种绕轴旋转运动，使双腿静止不动时增大了胫骨扭转的可能性。例如，开始向右挥杆时，上身按顺时针方向向右旋转，引发左髋内旋；而右腿因在地面上固定不动，需要向内扭转。

胫骨的扭转改变了半月板相对股骨的位置以及髌骨牵拉的方向，最终影响力量通过膝关节传递。这可能是为什么胫骨扭转与早发性关节炎、髌股关节炎、膝外翻和膝内翻有关的原因。膝关节对线不良可能会增加膝关节损伤的风险。

临床上的胫骨扭转，还会影响足和踝关节（见表8.6）。胫骨向外扭转与足趾向外的位置相关，并且会加剧足旋后、足跟内翻，以及内侧纵弓升高。胫骨向内扭转与足趾向内的位置相关，可能导致行走或绊倒时的笨拙感。这些变化会加大足旋前的程度，造成足跟外翻和内侧纵弓下降。这些变化还可能会导致疼痛，降低平衡能力，并影响步态。足部和踝关节位置异常很可能影响人们在体育运动中的表现，在某些情况下可能导致早期的关节退化，特别是涉及重复性高强度的运动或职业。特纳和斯迈利（Turner et al.，1981）在一项针对836例患者的研究中发现，胫骨向外扭转与那些患有伸肌组织病变的患者相关，尤其是髌股关节不稳定和胫骨粗隆炎（Osgood-Schlatter disease）。不清楚这些情况是否会导致胫骨向外扭转的进一步发展，或者是否是已有的胫骨扭转进一步发展而导致患者后续患有髌股关节不稳和胫骨粗隆炎。相反，双足内翻的患者（与胫骨向内扭转有关），适于参加距离为15至20米的跑步类运动，因为这种体态有助于短距离的快速跑动。从理论上讲，胫骨扭转使腘绳肌缩短，限制了步伐加大，但是移动时却能更多地接触地面；这种情况可能会改善动态平衡性（Bloomfield et al.，1994）。

因为胫骨扭转会影响骨盆、髋、足和踝关节运动并受到其影响，这可能导致整个下肢肌肉的不平衡，而且会表现出高度的个性化特征。表8.6 中列出的变化仅供参考。由于胫骨扭转引起的旋转运动程度小，这种体态下肌肉长度的变化很小，而对关节位置、韧带和关节结构的影响比较显著。许多结构可能有助于检查膝关节旋转，包括交叉韧带、侧副韧带、后内侧囊、后外侧囊、腘肌肌腱以及所对应的股骨髁方向上扭曲的半月板（Levangie et al.，2001）。当涉及关节的扭转程度增加（而不是胫骨自身的扭转）时，这些结构将受到影响。表 8.7 中列出的肌肉，其变化程度可能很小，并且仅表明可能发生的一些变化，例如，当胫骨向内或向外旋转时，腘绳肌的远端会被重新定位。

表 8.6　胫骨扭转与足位置之间的变化关系

	胫骨向外扭转	胫骨向内扭转
足的位置	足趾向外（外八字）	足趾向内（内八字）
足的变化	足旋后幅度增加	足旋前幅度增加
	足跟内翻	足跟外翻
	内侧纵弓高度增加	内侧纵弓高度减少

表 8.7　胫骨扭转时对应的相关肌肉长度

扭转方向	缩短的肌肉	拉长的肌肉
胫骨向外扭转	股二头肌 髂胫束 缝匠肌 与足旋前有关的肌肉和韧带	半腱肌和半膜肌 腘肌 与足旋前有关的肌肉和韧带
胫骨向内扭转	半腱肌和半膜肌 腘肌 与足旋后有关的肌肉和韧带	股二头肌 缝匠肌 髂胫束 与足旋后有关的肌肉和韧带

治疗师应做到以下几点

通过促进髋、膝、踝和足位于正确的关节位置，手动疗法可用于治疗临床上的胫骨扭转，而不能用于矫正真正的胫骨扭转。本节重点介绍临床上胫骨扭转的矫正。

■ 如果你所观察到的体态不对称是真正的胫骨扭转导致的结果，那么非手术干预的方法可能是无效的。

■ 帮助患者识别并避免可能加重胫骨扭转体态的时刻。

■ 参考足病医师提出的合理建议，确定矫形器是否有益于患者。

■ 采用贴扎法，使胫骨回到更中立的位置，但要认识到这只是一个临时性的措施。如图 8.16 所示，从膝前方开始贴扎，螺旋向上，斜着穿过膝后方，贴到大腿。

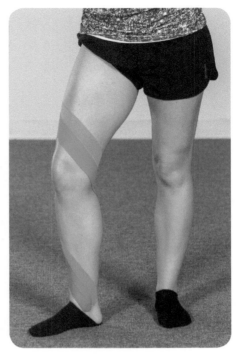

图 8.16 胫骨贴扎是一种临时性措施，可以缓解胫骨向内扭转的症状

■ 对于你在髋、踝和足部发现的任何肌肉不平衡状况进行矫正，为患者提供必要的拉伸或练习以帮助其矫正这些不平衡。足部矫正可能特别有益。

患者能做什么

■ 避免造成胫骨扭转的体态。例如，俯卧睡姿可能造成胫骨向内扭转，如同日式坐姿坐在足上的后果，因此胫骨向内扭转的患者应避免这些姿势。但是，这些姿势可使胫骨向外扭转的患者向内扭转。相反，W 形屈膝坐姿会导致胫骨向外扭转，这又是否有助于胫骨向内扭转的患者促进其向外扭转呢？

■ 从理论上讲，从事高旋转性体育运动（如高尔夫、射击、标枪）的患者可以受益于让身体两侧均衡运动。但是实际上这种可能性不大，因为人们倾向于使用身体的一侧，并展示出多年实践练习所培养的特定的单侧优势技能。所以，试图在身体的非优势侧复制运动技能以达到相同的结果是不切实际的。

■ 佩戴由专家推荐使用的护具或矫形器。

■ 矫正髋、踝、足部发现的肌肉不平衡，足部体态的矫正可能非常有效。

平跖足

　　又称为平足，指足底失去了正常的纵向足弓，足底外观平整（见图8.17c）。当承重和不承重均表现出此特征时，被称为*刚性平足*。当站立时足弓缺失，而非站立时足弓恢复，被称为*柔性平足*。这种体态使得距骨滑动超过跟骨内侧，并与地面接触，称之为平跖足。从足迹的形状（见图8.17d）可以反映出这个特征，足迹显示大部分鞋底与地面接触，表面积大于正常值。足外观扁平，使这种体态的患者非常容易识别（见图8.17e）。

　　平跖足即舟状骨（见图8.17c）位于法斯线的下方，这条线从内踝顶部延伸至第一跖骨基底部（正常足，见图8.17a）。

　　除了平足，从后面观察患者时，还可能注意到其脚趾外展，以及跟骨旋前导致脚踝（足外翻体态）向内倾斜。后足外翻4至6度时，是轻度平足，中度平足为6至10度，重度平足为10至15度（Magee，2002）。有关跟骨旋前的更多信息，请参阅本书中足外翻体态的内容。

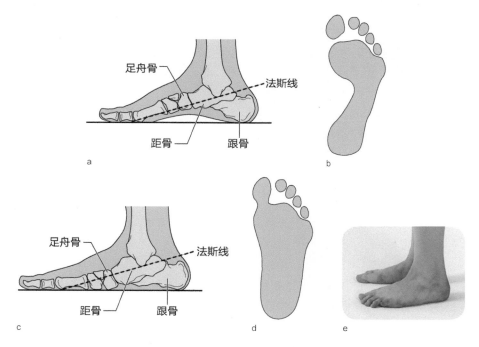

图8.17　a. 正常足骨骼；b. 正常足足迹；c. 平跖足骨骼；d. 平跖足足迹；e. 平跖足

提示　除了肌肉拉长，韧带和足底筋膜也会过度伸展。

平跖足的后果

足底足弓有弹簧机制，在步行过程中有助于吸收和分散力量。足弓缺失意味着减震效果降低，这可能造成足、踝和腿部骨骼因压力而受伤。在某些情况下，这种体态可能会损害平衡性和稳定性。但是，以军事人员为研究对象的研究结果并不支持平足患者会发生伤害性事故的说法。

在步行周期的站立中期，足部通过距骨轻微旋前，并在蹬离期时轻微旋后。胫骨会对足的旋前旋后运动做出反应。距骨位置不正确或不能发挥最佳功能，都会阻碍胫骨发挥其正常功能，并影响下肢的整体动力链。平跖足患者的步态无力且不协调，且膝关节过度屈曲，足跟过多承重导致对肌肉活动的需求增加（Whitman，2010）。平跖足患者行走时，足部肌肉的张力增加，这也解释了为什么平跖足患者长时间行走时会出现足部疼痛（Fan et al.，2011）。

灵活性平跖足患者更易发生槌状趾和重叠趾（Hagedorn et al.，2013），可能会导致不适，很难适合某些类型的鞋子。

重度平跖足患者有疼痛症状。除了足跟、足弓、踝和足外侧疼痛之外，还可能有胫骨、腰背、髋关节或膝关节疼痛（American College of Foot and Ankle Surgeons，2014a）。胫骨后肌腱可能有疼痛和肿胀，不仅表现在运动中（如跑步时）而且表现在步行或站立时（American Academy of Orthopedic Surgeons，2014）。

平跖足患者的足底筋膜、足底固有肌和韧带会被拉伸并弱化。过度活动综合征患者的足部韧带非常松弛，足、踝、腿部以及弱化的组织都会有疼痛症状（Tinkle，2008）。

成年获得性平跖足患者胫骨后肌腱的样本中，证实了存在分解和减弱肌腱的酶（Corps et al.，2012）。胫骨后肌腱的功能障碍，导致了胫骨和距骨内旋，以及内侧纵弓平坦化。随着时间的推移，将进一步导致踝关节畸形，并且因跟骨撞击腓骨而疼痛（Myerson，1996）。

表 8.8 平跖足导致相关肌肉的长度变化

	缩短的肌肉	拉长的肌肉
深层肌	无	足底固有肌 胫骨后肌肌腱 足底长肌
浅表肌	腓骨肌	无

治疗师应做到以下几点

■ 若平跖足是由结构异常导致的刚性平足，则手动疗法几乎无效。治疗灵活性平足的关键在于足部负重时防止过度旋前，这可以通过控制跟骨外翻达到这一目的（Levangie et al.，2001）。请参阅本书中足外翻的内容。

■ 将患者转交给足病医师，请其提供矫形器的使用建议。有可靠证据表明，矫形器可以改善行走功能和能量消耗，但很少有证据表明能缓解疼痛、减少后足外翻、改变负荷和冲击力，以及减少后足内外翻运动（Banwell et al.，2014）。

■ 请注意，足部骨骼位置的变化不仅影响下肢，而且还影响整个身体的动力链。患者在进行足部治疗时，可能会体验到其他部位的症状缓解或加重。

■ 足部体操较为人所知，足部灵巧性练习有助于强化足部固有肌。但是，没有证据表明其比一般性练习更有效（Hartman et al.，2009）。

■ 指导患者练习，以加强跖屈肌，如抬起脚趾。

■ 参考本书相关章节的内容，通过下肢来解决已变化的体态。

患者能做什么

■ 治疗由于足部肌肉的错误姿势活动引起的平跖足，可在足部平踏在地板上时进行腿部的外旋活动（Perkins，1947）。为了向患者更清楚地解释这一点，你可以自己练习，看看是否能感受到足弓上升。你应该赤脚站立，通过收缩臀部肌肉，有意识地抬起内侧足弓。

■ 练习用脚趾拾取铅笔或揉毛巾，以加强锻炼足部固有肌。

■ 有些患者觉得尝试足部体操很有趣。足部体操常用于治疗灵活性平足，但其有效性的证据不足。足部体操中的各种练习包括用脚和脚趾打绳结，用脚趾拾取衣服，将衣服挂在绳上或杯子的边缘，与伙伴一起来回传递棍子或铅笔，以及用一只脚的脚趾拿一个纸杯，另一只脚的脚趾捡起小物体并将它们放进杯子；或者用脚趾拿起小套环，将它们套在杆上。

■ 正常地踮起脚尖，练习平衡性。

■ 在各种表面上，如土、沙子或草地上赤脚走路（注意安全）。

■ 美国足部和踝关节外科医师学院（American College of Foot and Ankle Surgeons，2014b）建议减少行走和站立的时间，控制患者的体重。这些建议可能旨在减轻与这种体态有关的疼痛，而不是矫正体态。

■ 如果平足是胫骨后肌功能障碍的结果，应该穿平底系带的鞋子，以便容纳足病医师推荐的矫形器（Kohls-Gatzoulis et al.，2004）。

高足弓

　　高足弓与正常足（见图8.18a）相比，跟骨通常旋后，足弓高于正常足（见图8.18c）。通常有后足内翻，第一跖骨跖屈，前足内收和爪形趾表现（Burns et al.，2007）。高足弓患者的足迹与正常足迹（见图8.18b）相比，与地面的接触面积减少（见图8.18d）。这种体态应观察脚趾、前足外展和足弓升高这些特征。从后方可以观察到跟骨旋后（内翻）。

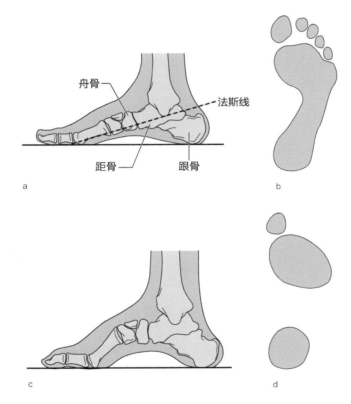

舟骨　　　　法斯线　　距骨　　跟骨

a　　　　　　b　　　　　　c　　　　　　d

图8.18　a. 正常足骨骼；b. 正常足足迹；c. 高足弓骨骼；d. 高足弓足迹

提示　随着纵弓拱起，足弓的两端更加靠近，足底筋膜缩短。

高足弓的后果

　　姆趾压力增加；高足弓患者有槌状趾或爪形趾；足弓、足两侧及后跟有老茧；站立或行走时会疼痛；由于足跟内翻（旋后），脚踝扭伤的可能性增加（American College of Foot and Ankle Surgeons，2014a）。

　　高足弓患者很难有合适的鞋袜，会降低行走时的耐力（Burns et al.，2007）。高足弓的跑步者足外侧损伤、踝关节损伤和骨骼损伤的可能性更高（Williams et al.，2001）。

　　由于跖弓缺损，跖骨头部下方的老茧会引起疼痛，也可能导致跗骨区有骨关节炎病变（Magee，2002）。

　　踝下和跗骨关节的侧面被固定在反转位置，这会阻碍减震功能，而后足旋后可能造成腿部旋转性压力（Levangie et al.，2001）。与平跖足相同的是，足部功能的改变会影响整个下肢的动力链。

表 8.9　高足弓导致相关肌肉的长度变化

	缩短的肌肉	拉长的肌肉
深层肌	与爪形趾相关的趾伸肌	无
浅表肌	足固有肌	无

治疗师应做到以下几点

　　■　若高足弓是神经系统疾病的结果，则手法疗法无效。有些研究表明，除了矫形器，没有证据证明任何高足弓治疗方法的有效性（Burns et al.，2007）。

　　■　考虑将患者转交给足病医师。矫形器、鞋形的调整和支具均可能有所帮助（American College of Foot and Ankle Surgeons，2014a）。定制的矫形器已被证明具有显著的疗效（Burns et al.，2007）。

　　■　注意足部骨骼位置的变化不仅影响下肢，而且还影响整个身体的动力链。患者可能会因为治疗足部，而导致其他部位的症状得以缓解或加重。

　　■　拉伸腓肠肌是一种有效的矫正高足弓的非手术疗法（Manoli et al.，2005）。

　　■　参考本书相关章节的内容，通过下肢来处理改变了的体态。

　　■　拉伸和按摩足底筋膜（见图 8.19a），足趾被动背屈（见图 8.19b）可以有效缓解疼痛，但是几乎没有证据显示其会影响高足弓体态。

　　■　参考足内翻的内容进行跟骨旋后的矫正。

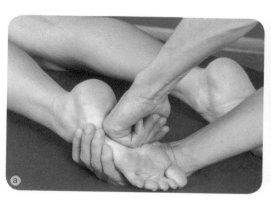
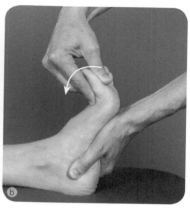

图 8.19　高足弓的治疗技术：a. 按摩拉伸足底表层的软组织；b. 足趾被动背屈，理论上有助于拉长这些组织，但其效果未经证实

患者能做什么

■　如果足病医师推荐，可考虑佩戴矫形器或支架，或调整鞋形（American College of Foot and Ankle Surgeons，2014a）。

■　理论上，足趾主动伸展（见图8.20a和图8.20b），或利用球（见图8.20c）来拉伸足底筋膜，都有助于拉长软组织，但这些练习的有效性未经证实。

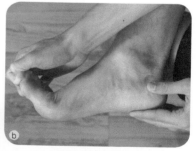
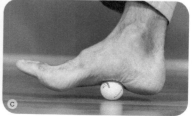
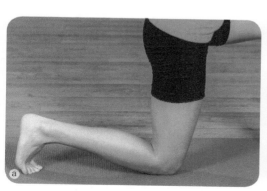

图 8.20　高足弓的患者自我拉伸技术：a. 足趾主动伸展以拉伸足底表层的软组织；b. 牵拉；c. 利用球在足底滚动，有助于拉长这些组织，但是这种练习的有效性未经证实

足外翻

　　Pes 是用来描述获得性异常的足部的术语，足外翻是指关节远端骨骼在一个平面上远离中线（Ritchie et al., 1964）。在足外翻（足旋前）体态中，跟骨位置远离中线，又被称为外展（见图 8.21b）。足外翻体态的另一种说法是跟骨外翻，伴有足旋前和内侧纵弓的高度下降。

　　这种体态很容易识别，因为在正常的足部体态中，外踝的位置稍低于内踝，而在足外翻体态中，外踝的位置非常低。患者足跟内侧看起来承重更多（鞋底上的磨损可证明这个特征），足跟外侧压力较小。评估患者时，想象一条线通过胫骨、踝骨和跟骨，这条线在正常的足部体态中是垂直的，但是在足外翻体态中是偏斜的，并在踝关节的外侧形成一个钝角。

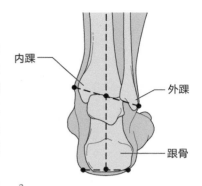

内踝　　外踝　　跟骨

a

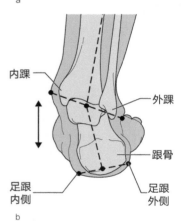

内踝　　外踝　　跟骨
足跟内侧　　足跟外侧

b

图 8.21 a. 正常的足部体态；b. 足外翻体态，注意压缩性和拉伸性应力

足外翻的后果

　　在足外翻体态中，踝关节内侧的拉伸性应力增加，外侧的压缩性应力增加（见图 8.21b）。足部解剖学特点不能成为踝关节扭伤的危险因素（Beynnon et al., 2002）（尽管许多研究测试了参与者赤脚站立时的体态，而不是动态站立时的体态）。但是理论上，脚踝内侧增加的拉伸性应力可能拉长并削弱内侧副韧带（三角）韧带，使患者出现踝关节内侧副韧带扭伤的倾向。

　　胫骨和腓骨之间的韧带影响上、下胫腓关节的功能（Levangie et al., 2001）。因此，外踝的压力不仅影响远端胫腓关节，而且影响胫腓关节近端的正常功能。

　　足外翻增加了踇外翻和趾重叠的可能性（Hagedorn et al., 2013），以及跖骨痛、指间神经炎和足底筋膜炎（Fowler，2004）的发生率。

表 8.10 说明了与这种体态有关的肌肉长度变化。这些变化解释了为什么足外翻比足内翻需要更多的肌肉工作来维持站立的稳定性（Magee，2002），以及为什么胫骨前肌和胫骨后肌可能出现筋膜炎或肌腱炎（Fowler，2004）。由于足外翻患者行走时对肌腱的要求较高，因此更容易发生肌腱炎或肌腱变性（American College of Foot and Ankle Surgeons，2014b）。踝部肌肉对于体态控制和行走时的平衡性都很重要（Sorensen et al.，2002）。表 8.10 中列出的肌肉全部跨越踝关节，因此其长度或健康状况的改变都可能影响平衡性。对于老年人来说，这点特别重要。

福勒（Fowler，2004）认为，足过度外翻与足跟滑囊炎有关，可能导致膝关节内侧损伤、髌股关节综合征、髂胫束综合征、胫骨疲劳性骨膜炎、转子滑囊炎、骨盆前移、腰椎综合征，以及骶尾功能障碍。

与对照组相比，膝关节内侧隔膜存在骨关节炎的患者更容易发生足外翻的情况（Levinger et al.，2010），且在步行中后足外翻程度增加（Levinger et al.，2012）。足外翻是否是膝关节内侧间隔骨关节炎发展的结果，或足外翻是否导致膝关节病变都还不清楚。但膝关节病变患者通常存在距小腿关节内外侧疼痛（Gross，1995）。

足踝关节的合理运动对于保持正常的步态至关重要，过度外翻会导致足部不能有效吸收负重的力（Donatelli，1987）。在这种体态下，足跟会外展（外翻）。在闭链（负重）中，这会迫使距骨内收和跖屈。胫骨随距骨运动，因此也被迫轻微内旋。此外，可能也有股骨内旋，以及骨盆旋转（Riegger-Krugh et al.，1996）。足外翻可能与膝外翻（也叫knock-knee）体态有关。足外侧升高（如足外翻体态），会导致显著的骨盆倾斜和旋转（Betsch et al.，2011）。

根据与这种体态相关的下肢其他关节的变化，很容易得出为什么足外翻体态会增加受伤的风险。但是，根据对下肢静态生物力学位置的测量结果，尚未发现其与业余运动员受伤有关（Lun et al.，2004）。

表 8.10　足外翻导致相关肌肉的长度变化

部位	缩短的肌肉	拉长的肌肉
踝和腿部	腓骨肌 腓肠肌 比目鱼肌	胫骨后肌 踇趾内收肌 踇趾长屈肌 趾长屈肌
大腿	与髋关节和膝关节变化有关：股二头肌、髋内收肌、阔筋膜张肌	与髋关节和膝关节变化有关：臀大肌、臀中肌

提示 腿部外侧肌肉缩短，髂胫束也会被拉紧。

治疗师应做到以下几点

■ 将患者转交给足病医师。在步态周期的站立期中，使用矫形器控制外翻程度，对缓解疼痛和下肢功能障碍具有显著的效果（Donatelli，1987）。

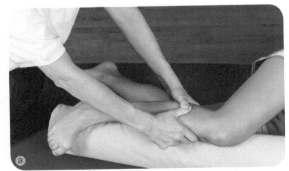

■ 肌效贴是一种治疗足外翻的常见干预措施。但是，卢克苏亚雷斯及其同事的一项实验（Luque-Suarez et al.，2014）表明，使用肌效贴并不能有助于矫正过度足外翻。而另一项研究发现，在步行和慢跑期间，肌效贴能有效矫正足外翻（Vicenzino et al.，2005）。

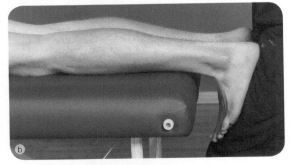

■ 被动拉伸和按摩缩短的肌肉。例如，患者侧卧，对外展肌使用软组织放松技术（见图8.22a），或患者俯卧伸展小腿（见图8.22b），注意让踝关节保持中立位置。虽然这些做法有困难，但是可以尝试应用深层组织按摩，来拉长相应的组织（见图8.22c）。

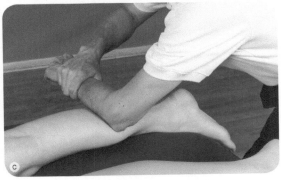

图8.22 足外翻的治疗技术：a. 腓骨肌的软组织放松技术；b. 拉伸；c. 按摩小腿

■ 对所发现的大腿部位缩短的肌肉进行处理。

■ 使用肌筋膜释放技术来放松整个下肢外侧。

■ 帮助患者加强练习足内翻肌。

■ 确定臀肌肌力是否下降，可将患者转介给专业训练人士，帮助患者加强锻炼。

患者能做什么

- 认识到自我治疗足外翻的效果有限。

- 考虑佩戴足病医师推荐的矫形器。

- 在坐着的时候，避免用脚绕着椅腿，使足部外翻（见图 8.3a）。

- 拉伸缩短的肌肉，如腓骨肌（见图 8.23a）、腓肠肌（见图 8.23b）和比目鱼肌（见图 8.23c）。不建议使用泡沫轴放松腓骨肌，因为腓骨头部容易因压缩而损伤腓神经。

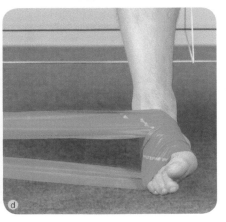

图 8.23 足外翻的患者使用技术包括拉伸缩短的肌肉：a. 腓骨肌；b. 腓肠肌；c. 比目鱼肌；d. 加强踝关节内翻练习

- 拉伸髋部和大腿肌肉，如腘绳肌和内收肌。

■ 拉伸紧绷的髂胫束。一种方法是使用泡沫轴，但是要非常小心，对于骨质疏松症患者来说，在膝关节上禁止使用泡沫轴。对所发现的触发点实施自我治疗。

■ 锻炼加强有助于足内翻的肌肉（见图8.23d）。

■ 锻炼加强臀部肌肉力量，如臀肌。

足内翻

Pes是用来描述获得性异常的足部的术语，足内翻指关节远端的骨骼在一个平面上靠近中线（Ritchie et al., 1964）。在足内翻体态（足旋后）中，跟骨向中线移动靠近，又称为内收（见图8.24b）。描述足内翻体态的另一个说法是足跟内翻。足部旋后，内侧纵弓升高。

在正常的足部体态下，外踝的位置稍低于内踝（见图8.24a），而在足内翻体态中，外踝位置较高，与内踝几乎平行（见图8.24b）。患者足跟外侧承重更多，可通过鞋底上的磨损证明这个特征，足跟内侧压力较小（见图8.24b）。 在评估患者时，通过胫骨、距骨和跟骨的这条线，在正常的足部体态中是垂直的，但在足内翻体态中是偏斜的，并在内踝形成一个钝角。

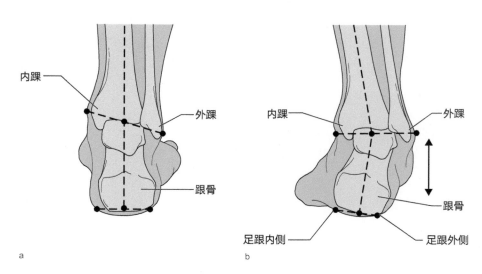

a

b

图8.24 a. 正常的足部体态；b. 足内翻体态，注意压缩性和拉伸性压力

提示　足底筋膜缩短。

足内翻的后果

内踝压缩性压力增加，外踝拉伸性压力增加（见图 8.24）。通常认为，足内翻患者易出现踝关节扭伤，这可能是由于拉伸性压力增加，导致踝关节外副韧带弱化造成的。有研究回顾了足型和下肢损伤之间的关系，结果显示，足的解剖学特征似乎不是踝关节扭伤的危险因素（Beynnon et al.，2002）。但是，许多研究测试的是参与者赤脚站立的情况，而不是动态行走的状态。

内踝的拉伸性压力增加，可能影响胫腓关节远端的正常功能。因为胫腓关节的远端和上端相互关联，胫骨和腓骨之间的韧带会影响两个关节的功能（Levangie et al.，2001）。

表 8.11 说明了与该体态有关的肌肉长度变化。踝部梭形肌对于体态控制和行走时的平衡性尤为重要（Sorensen et al.，2002）。表 8.11 中列出的肌肉全部跨越踝关节，因此，肌肉长度或健康状况的改变可能会影响平衡性。对于老年人来说，这一点特别重要。此外，在这种体态下，脚趾会抬离地面，大脚趾代偿性屈曲以重新接触地面。脚趾功能正常，不仅仅有助于平衡，也有助于在站立和行走时更均匀地分布体重（Hughes et al.，1990）。

在第 1 章中已了解到，在这种体态下足跟会内收（内翻）。在闭链（承重）中，这会迫使距骨外展和背屈。胫骨跟随距骨运动，被迫外旋。这种体态也与股骨外旋和骨盆旋转有关（Riegger-Krugh et al.，1996）。这些后果也包含在胫骨扭转的内容中。

足底筋膜炎、足跟骨刺、跟腱炎、跖骨痛和跟骨滑囊炎，都是患者足部过度内翻导致的结果（Donatelli，1987）。

与足外翻相同，足内翻有关的下肢关节改变可能增加受伤的风险。下肢静态生物力学位置测量虽然没有发现其与业余运动员受伤有关（Lun et al.，2004）。但是，贝农及其同事（Beynnon et al.，2002）回顾了有关外踝扭伤预测因素的研究，结果显示，后足内翻加剧（如同足跟内转），是导致军事受训者下肢过度使用型损伤的危险因素。

表 8.11 足内翻导致相关肌肉的长度变化

部位	缩短的肌肉	拉长的肌肉
足	踇趾长屈肌 趾长屈肌 胫骨前肌	腓骨肌 趾长伸肌 踇趾长伸肌

治疗师应做到以下几点

■ 将患者转交给足病医师。例如，在步态周期的站立期使用矫形器，控制内翻程度，可有效缓解疼痛和下肢功能障碍（Donatelli，1987）。足外侧可以用矫形器抬高，但是不清楚是否有助于改变足和踝的体态。使用侧面楔形矫形器，能够减轻膝关节内侧间隔骨关节炎患者的症状（Malvankar et al.，2012），也可能会改变下肢体态。这种体态矫正的难度之一在于，用于矫正足内翻的矫形器可能会加重膝外翻体态。

■ 按摩和拉伸缩短的组织。注意在这种情况下，对足底内侧缘和踝内侧缘的软组织不要施加太大的压力。患者侧卧是一种有效的治疗姿势，可以按摩腿部内侧（见图 8.25 a），使用毛巾（见图 8.25 b）或治疗师的大腿（见图 8.25 c），以便按摩和拉伸踝内侧软组织。

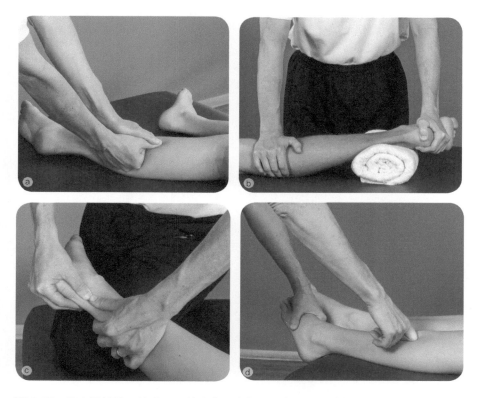

图 8.25 足内翻的矫正技术：a. 按摩小腿内侧；b. 将踝关节内侧置于毛巾上；c. 将踝关节内侧置于治疗师的大腿上；d. 按摩胫骨前肌

■ 按摩胫骨前肌（见图 8.25d）。

■ 使用肌筋膜放松技术帮助放松整个下肢内侧。

- 帮助患者加强足外翻肌。

患者能做什么

- 在足外侧下方放置一个折叠的小毛巾（见图 8.26a），拉伸足内侧和足内翻肌。

- 主动拉伸蹞趾长屈肌（见图 8.20b）。

- 加强锻炼足外翻肌。一种方法是用弹力带套住脚，用足外翻肌来拉伸弹力带以锻炼肌力（见图 8.26b）。

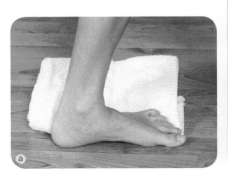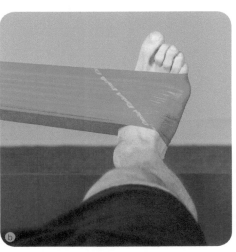

图 8.26 足内翻患者自我矫正技术：a. 站立在毛巾上拉伸足内翻肌；b. 踝关节套上弹力带，使足部外展，以锻炼外翻肌肌力

结束语

在本章中，你了解了下肢的 10 种不良体态：髋部内旋、膝过伸、膝关节屈曲、膝内翻（O 形腿）、膝外翻（X 形腿）、胫骨扭转、平跖足、高弓足、足外翻和足内翻。每种体态的解剖特征均配有相应的图片示例和说明。本章还介绍了每种体态的后果及其病理学特征，并以表格的形式列出了缩短和拉长的肌肉，有助于制订治疗计划。你已了解到，下肢各部位的变化可以影响身体上下两个部分；因此，参考本书其他章节的内容和方法，会对下肢体态矫正的效果有帮助。

肩部和上肢矫正

第四部分涵盖 6 种影响肩与上肢的体态。第 9 章肩部体态包括肩胛骨前伸、肱骨内旋、翼状肩胛骨和高低肩。第 10 章介绍了如何治疗肘部屈曲和肘部过伸。

肩部

本章涵盖的 4 种体态包括肩胛骨前伸、肱骨内旋、翼状肩胛骨和高低肩。这些体态可能与本书其他部分内容中描述的体态有关：如肩胛骨前伸、肱骨内旋与驼背有关（见第 4 章）；高低肩常伴有颈椎侧屈（见第 3 章）。

肩胛骨前伸

前伸是指肩胛骨围绕胸腔的运动。当患者表现出肩胛骨前伸时，肩胛骨相对脊柱外展，休息位时比正常位置更靠前（见图 9.1）。

评估肩胛骨位置的常见方法，是测量肩胛骨内侧缘与身体中线之间的距离（见图 9.1）。当肩胛骨前伸时，此距离增加。很难准确描述肩胛骨如何靠前才被称为"前伸"。正常体态下，肩胛骨内侧缘距离身体中线约 2 英寸（约 5 厘米）（Brunstromm，2012），可能因为 Hoppenfeld（Hoppenfeld，1976）给出了这个数字；但是 Sobush 及其同事的一项研究（Sobush et al.，1996）发现，肩胛骨位置距离脊柱大于 3.25 英寸（约 8.3 厘米）。与许多研究一样，不同的方法得出不同的结果。Sobush 及其同事的研究对象是健康的年轻女性，这是一个非常特殊的群体，而其他研究中测量的对象是老年人或其他不同的人群，或者是尸体而不是活体。我们甚至不能确定，"正常"体态下两侧肩胛骨是否应该与脊柱大致等距，因为个体间有所不同。肯德尔及其同事（Kendall et al.，1993）的研究认为，患者优势侧的肩胛骨位置偏低。而索布什及其同事的研究认为，与非优势侧相比，优势侧的肩胛骨距离脊柱中线更远（更前伸或外展）。

评估肩胛骨前伸的另一个困难是，肩胛骨可以旋转，这种运动被定义为"旋转翼"（Magee，2002），其中肩胛下角的移动比上角会更远离身体中线。这种运动的另一个术语是上旋（见图 9.2）。因此，肩胛骨上旋可能表现出一定程度的前伸。运动员的肩部可能表现出明显的不对称特征。

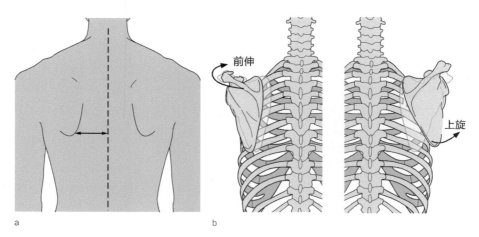

a   b

图 9.1   a. 正常的肩胛骨位置；b. 肩胛骨前伸的位置   **图 9.2**   旋转翼（肩胛骨上旋）

肩胛骨前伸的后果

在这种体态下，胸前和肩部的软组织缩短，而上背部和肩后的软组织拉长。稳定肩胛骨的肌肉有斜方肌、前锯肌、菱形肌和肩胛提肌。肩胛骨静息位置的变化会影响这些肌肉的长度，长期的变化会拉长这些肌肉，削弱肌力及肩部功能。当神经肌肉控制能力改变时，会导致异常的运动模式，可能会有损运动表现能力。肱骨内旋与外旋之间的长度与张力关系的变化，可能是肩胛骨前伸的原因之一，也与肩部过度使用型损伤有明显的关系。但是，一项研究发现，肩部过度劳损的患者与健康人相比，静息时肩胛骨位置没有显著的差异（Greenfield et al., 1995）。

肩胛骨前伸与肩峰下空间狭窄有关，空间狭窄可增加盂肱前韧带张力，使上肢上抬过程中避免撞击的肩弓空间减少，减少等张外展和上抬肌力。肩胛骨前伸对功能康复是有害的：如果肩胛骨位置异常，会损害肩关节旋转肌力的恢复（Smith et al., 2006），还会影响肱骨的位置。肱骨附着在肩胛骨的盂窝内，肩胛骨前伸时肱骨会随之前移和内旋。因此，肱骨内旋肌较外旋肌来说会缩短，这会有损肩部功能。肩部内旋将在下一节中讨论。

肩部位置异常经常与颈椎和胸椎位置异常有关，特别是驼背和头前伸。这些内容分别在第 4 章和第 3 章中有所说明。但是，卡勒姆等人（Culham et al., 1993）的研究发现，驼背加剧时，肩胛骨前伸并没有明显的差异。需要更多的研究来确认这些体态之间的关系。

表 9.1　肩胛骨前伸导致相关肌肉的长度变化

部位	缩短的肌肉	拉长的肌肉
肩胛骨	胸小肌 前锯肌 斜方肌上束 肩胛下肌	斜方肌的中束和下束 大小菱形肌
肱骨	胸大肌 三角肌前束 大圆肌 背阔肌	三角肌后束 小圆肌 冈下肌

注意：冈下肌被列为肱骨肌肉是因为在这种体态下，随着肱骨内旋加剧，冈下肌拉长，但不影响肩胛骨

在评估患者体态时，需将重点放在不对称性上，而不必过分在意肩胛骨前伸的实际距离，因为可能存在其他的更广泛的变化将肌肉长度测试作为体态评估重要的辅助手段。在表 9.1 中，你可以看到哪些肌肉缩短或拉长。评估肩胛骨前伸，不仅可以通过从后面，而且还可以从侧面和前面观察患者来确认。在矢状面上，肩胛骨前伸可以描述为肩峰的位置比正常状态更靠前。与正常体态相比，前方观察可以看出肩部前突更加明显，关节前方有更大的凹陷。

在治疗前请注意，对于以下患者，试图矫正肩胛骨前伸体态时，需要小心：

■ 患有肩部病变的患者。有时体态矫正作为手段治疗诸如肩峰下撞击综合征等情况时，认为可以帮助肱骨和肩胛骨恢复正常姿势以减轻症状。但是，此时需要非常小心以避免加重已有病情，因此建议一次只应用一种治疗技术，并且在进行全面治疗之前，及时获得患者的反馈。

■ 患有骨质疏松症，或具有骨质疏松症风险的患者（如老年患者、厌食症或以前有厌食症的患者、贪食症患者）。这是由于进行被动伸展以帮助拉长前胸和肩部软组织时会在椎骨上施加压力，可能会导致骨骼疏松的患者损伤。

■ 最近做过胸部或腹部手术的患者。肩部被动伸展和外展时有助于拉长前胸和肩部肌肉，但可能会影响伤口愈合。

■ 此类体态具有保护作用的患者，情绪敏感（如恐惧、焦虑、害羞、抑郁）的患者可能有意或无意识地使用一些特定的保护体态。这里使用的体态矫正技术开始前需使身体前部全部暴露，可能会导致一些患者情绪不稳定。

治疗师应做到以下几点

■ 如果肩胛骨前伸是脊柱后凸的退行性变化而导致的，而不是由内陷体位导致的不良体态时，干预效果可能会受到一定的限制。

■ 帮助你的患者识别致病因素，并纠正其不良体态。任何导致肩部屈曲伴随胸部屈曲的活动都可能导致这种体态，如长时间驾车、园艺工作中弯腰、坐在桌边、玩电脑游戏，以及完成要求细致的工作，如绘画、绣花或制图。

■ 相对较好的治疗开端是，让患者侧卧，抓住肩胛骨向各个方向运动，评估其活动受限程度（见图 9.3a）。

■ 被动拉伸缩短的组织。普遍认为胸肌缩短是肩胛骨前伸的重要因素，这些肌肉的测试也证明有缩短。早期有一项研究，100 具尸体标本（Fitz，1906）解剖结果显示，是前锯肌而非胸肌影响肩胛骨的运动。迪维塔及其同事（Diveta et al.，1990）发现，站立位患者肩胛骨位置与胸肌肌力之间

没有明显关系。有许多方法被动
拉伸胸肌，例如让患者采取坐姿
（见图4.2a）或仰卧位，可将
垫枕沿着脊柱纵向放置以支撑
头部（见图4.2b）。如果垫枕
太硬，患者会向一侧倾斜滚动，
不能舒适地躺在上面保持休息
姿势，除非双肩同时施加相同力
量的压力。患者取坐姿，进行
胸部伸展时，注意不要过度拉
伸患者的脊柱。试图拉伸患者
的手臂，而不是将其背部拱起，
也不要过度拉伸肩部。患者取坐
姿拉伸胸肌时，一种更舒适的
方法是将枕头放在患者的背后，
这是有效运用肌肉能量技术的
一种姿势。前锯肌很难实施被动
拉伸，因为当手指钩入肩胛骨
内侧缘时通常也会拉伸菱形肌，
其结果会适得其反。表9.1中列
出了肩胛下肌、大圆肌、三角
肌前束，因为随着肩胛骨前伸
加剧肱骨内旋，这些肌肉都可
能导致内旋。有关肱骨内旋的
更多治疗信息，请参阅下一节。

■ 按摩缩短的组织。患者
仰卧，治疗师位于能够对胸肌实
施最大杠杆作用的位置（见图
4.2d），按摩胸肌的锁骨部位。
如果能够进行整个胸部的按摩，
则可以采用低于正常中等的按摩
力度，从胸骨到肩部进行拉伸。
按摩前锯肌的最佳体位是让患者
侧卧（见图9.3b），这也是应用
肌筋膜释放技术的最佳位置。

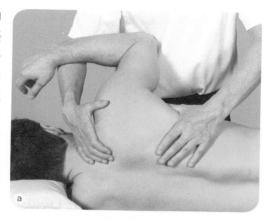

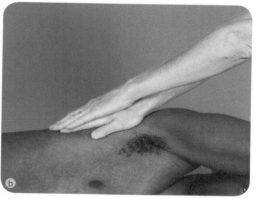

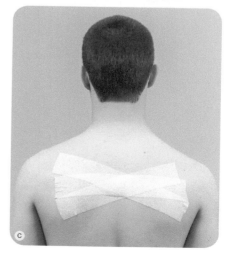

图9.3 肩胛骨前伸体态的治疗技术：
a. 被动的肩胛松动；b. 按摩前锯肌；
c. 肌效贴

- 为了增强胸部组织的伸展，可以使用软组织放松技术。握住患者的手臂，使肩部弯曲约 90 度，用手指轻轻地锁住胸部组织，或者先将组织轻轻地推开。维持住压力，慢慢地带动患者的手臂，被动拉伸组织（见图 4.2e）。

- 按照第 2 章中介绍的常规肌效贴的方法要求，在患者的上背部进行贴扎。为了达到长期效果，鼓励患者加强肌力训练来促进体态矫正，不能过分依赖肌效贴，肌效贴只能取得短期效果。图 9.3c 中的贴布图示是基于刘易斯及其同事（Lewis et al., 2005）的研究，是关于驼背的章节中所介绍的贴扎方法的替代模式。请注意，无足够证据显示肌贴的有效性，目前也没有指南说明哪类患者可以从中受益。肌效贴可能针对某种特定的运动或某个特定群体，例如，有一项研究发现，在矫正小提琴演奏者的肩胛骨前伸时，肌效贴会影响专业小提琴演奏者的舒适度和专注度，且不能增强肩胛骨肌肉的稳定性（Ackermann et al., 2002）。

- 指导患者训练，如飞镖练习和俯卧式菱形肌收缩活动，有助于强化斜方肌中束和下束肌力，从而回缩肩胛骨（见第 4 章）。迪维塔（Diveta et al., 1990）发现，肩胛骨的位置与斜方肌中束肌力之间没有关系。但是，格林菲尔德及其同事（Greenfield et al., 1995）的研究发现，患者上肢外展时菱形肌和斜方肌中束产生的力更小。因此说明，导致肩胛骨过度前伸的肌无力状态可能在站立位手臂静息位时不能被准确评估。肩部等长旋转能力取决于肩胛骨的位置（Smith et al., 2006），因此，在情况允许下可使用手法治疗使肩胛骨回到正常位置。

- 将患者转交给能够实施关节松动的专业人士。肩关节囊后部的紧张程度与肩胛骨前伸体态有关，可使用关节松动拉伸关节囊。

- 与肩胛骨前伸体态有关（本例中为头前伸、驼背和肱骨内旋）的上半身体态变化的处理，可参考本书相关章节内容中提出的建议。请注意，古勒姆等人（Culham et al., 1993）发现，驼背加剧时，肩胛骨和脊柱的距离并没有显著变化，这一结果已被普遍接受。

患者能做什么

- 识别可能导致肩胛骨前伸的持续性因素，并尽可能避免。但并不是所有致病因素都可以避免（例如，由于椎骨退行性变化而导致的驼背体态）。导致肩部屈曲，并伴有下陷动作的活动，都可能造成肩胛骨前伸体态，包括长时间双臂外展驾车、园艺活动时弯腰驼背、坐在桌边、玩电脑游戏。

- 利用飞镖练习和俯卧式菱形肌收缩活动，加强斜方肌中束、下束和菱形肌，有助于收缩肩胛骨（见图4.4a）。目的是保持每种运动姿势的正常位置。

- 使用俯卧式菱形肌收缩法，让患者手臂外展90度，然后慢慢抬高并使前臂旋后使拇指朝上。

- 另一个练习，让患者靠墙站立，尝试将肩胛骨靠在墙上，同时慢慢外展双臂，然后再降低双臂。

- 将患者转交给从事体育训练的专业人士，进行斜方肌中束和下束的肌力训练，包括这里概述的所有肌肉。例如，赛艇运动中单侧桨手，手臂外展达到90度且外旋斜方肌下束活动范围最大（Escamilla et al.，2009）。体育训练的专业人士会为患者设计一个个性化训练计划来锻炼这些无力的肌肉。训练开始为站立位手臂低于肩胛水平的低负荷激活练习，以帮助患者学习如何锻炼肩胛骨回缩（Kibler et al.，2013）。如果肩胛骨肌肌力不平衡，患者必须学会如何在不激活上束的情况下激活斜方肌的中束和下束。有研究调查了12种用于肩带康复的训练，其中侧卧肩部外旋、侧卧肩部前屈、俯卧水平外展外旋和俯卧伸展练习，能够在最少激活斜方肌上束情况下促进斜方肌中束和下束的运动（Cools et al.，2007）。但是，作者也承认，功能性活动的效果优于上述静态练习，但是需要注意，这些练习很难改编为类似于日常活动或具有特定体育功能的活动。

- 积极拉伸缩短的肌肉，在这种情况下指胸肌和前锯肌，以及拉伸已发现缩短的肩部内旋肌、肩胛下肌、大圆肌和三角肌前束。菱形肌收缩是一种可以有效拉伸前胸壁软组织的简单方法，几乎可以在任何地方实施（见图4.4a）。站立时积极拉伸胸肌，可以使用毛巾（见图4.4c），或借助墙壁支撑，或在靠垫上仰卧休息（见图4.4b）。

- 当使用墙壁或门框使胸部拉伸时，可以鼓励患者尝试将手臂外展或抬高到不同的程度，然后将身体转离墙壁。手臂定位位置不同，胸部拉伸的区域也不同，患者采用这种方式，可以帮助其识别肌肉紧张的区域。

- 使用泡沫轴促进脊柱伸展（见图4.4d）。使用时需要非常小心，因为这些泡沫轴是由坚硬的聚苯乙烯泡沫塑料制成，会对椎骨施加相当大的压力，因此不适用于骨质疏松症或胸椎病变史（如椎关节脱位或椎间盘突出）的患者。患有炎症疾病如类风湿性关节炎的患者，也应谨慎使用。

■ 可考虑短期内使用肩部支具。支具可以使患者保持正常的肩胛骨位置，但是只能在短期内使用。主动肌力锻炼更有助于恢复正常的肩胛骨位置，而非依靠机械性辅助方式来保持。但是它们对肌肉活动的影响结果未知（Cole et al.，2013）。

■ 参考本书相关章节中的建议，解决头前伸和肱骨内旋问题。

肱骨内旋

正常静息位时，肱骨会有轻度的内旋（见图9.4a），但有些患者则内旋过度。肱骨内旋与肩胛骨前伸常常同时出现，因此与正常位置相比，肩胛骨前伸的患者中，出现肱骨内旋的情况也更为普遍。当患者的手臂内旋比正常情况更明显时，肌肉长度测试可以评估内旋肌缩短。从后面观察患者时，肘部鹰嘴会向远离你的方向旋转，这也为此体态提供了评估依据，如图 9.4b 中患者左臂的情况。观察患者的手部也比较有效，随着肩部内旋的加剧，会更易看到手掌部。但是请注意，能看到手掌不一定能证明患者肩部内旋，也可能是前臂旋前的结果。

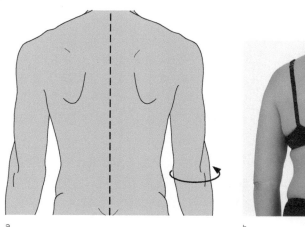
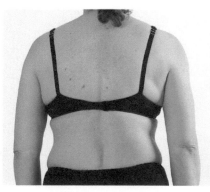

a   b

图 9.4   a. 正常的肩部体态和肘部位置；b. 肱骨内旋过度

肱骨内旋的后果

这种体态的主要后果是发生肩部撞击状况的可能性会增加。在正常体态下，肱骨头在关节窝（见图9.5）内很容易屈曲90度，并继续向上抬高。但是，肩胛骨前伸状态下，肱骨头沿其纵轴旋转时大结节的位置更靠前，并且在抬臂时更可能压缩肩峰下方的软组织，导致疼痛和运动受限。

从表9.2中可以看到，内旋肌缩短并可能肌力下降，外旋肌拉长但也可能会有肌力下降。三角肌收缩使上臂外展时，冈上肌和小圆肌肌力下降可能会使肩袖控制肱骨头向上移位的能力下降。这可能会增加肱骨头部在肩峰下空间撞击的可能。日常生活中，有这种状况的患者可能在某些特定运动中感到疼痛，并且手臂外旋能力下降。有些患者几个月甚至几年都是这种体态直到出现疼痛，因为随着时间推移，肌肉已经适应这种体态，最后慢慢发展为撞击。这种体态与肩胛骨前伸、头前伸有关。表3.3和表9.1分别详细说明了与头前伸和肩胛骨前伸两种体态相关的肌肉不平衡。

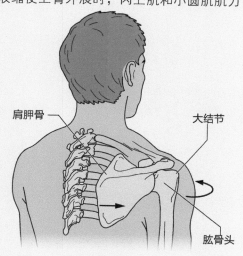

图9.5 肱骨内旋患者，肱骨和肩胛骨位置的变化。箭头表示肱骨内旋，以及相应的肩胛骨前伸的位置变化

表9.2 肱骨内旋导致相关肌肉的长度变化

部位	缩短的肌肉	拉长的肌肉
浅表肌	胸大肌 三角肌前束 背阔肌	冈下肌 三角肌后束
深层肌	大圆肌 胸小肌	小圆肌 冈上肌

治疗师应做到以下几点

对某些患者肱骨内旋应用矫正措施需谨慎，包括容易发生肩部半脱位或脱位的患者，已知的过度运动综合征患者，以及肩关节炎或怀疑有粘连性囊

炎的患者。过度拉伸可能会加剧这些症状。

- 帮助患者识别可能导致这种体态的因素，例如造成肩胛骨前伸的坐姿，或某些体力职业中，需要反复进行肩部内旋的动作。

- 指导患者如何拉伸内旋的肱骨，强化锻炼外旋肌力。自我矫正体态的效果总是优于治疗干预的方式。

- 被动拉伸缩短的组织。肩内旋引起急性症状时，需要谨慎实施体态矫正，以避免再刺激症状。可以轻轻牵引关节（见图9.6a），抓住肘部上方的手臂，以避免牵引肘部。这种牵引法能够在特定拉伸前进行关节组织拉伸。将双手放在双肩上，施加轻柔的按压（见图9.6b），拉伸肩前部的组织，轻轻地将肱骨头部向后推。这也是一种效果较好的初始拉伸方法，与使手臂外旋相比，患者可以更好地忍受。患者用坐姿，治疗师可在支撑患者手肘的情况下使其

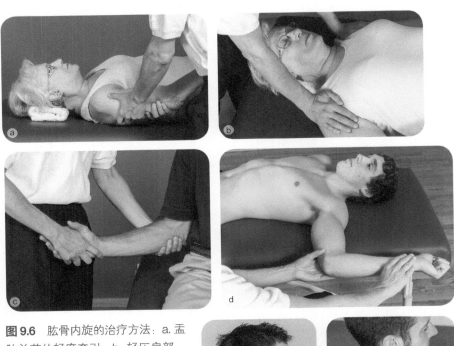

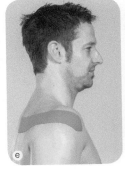

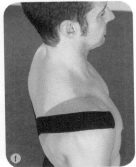

图9.6 肱骨内旋的治疗方法：a. 盂肱关节的轻度牵引；b. 轻压肩部，被动拉伸；c. 坐姿；d. 仰卧位加贴扎；e. 使肱骨外旋；f. 矫正肩胛骨位置

手臂轻轻外旋（见图 9.6c）。这种技术的缺点之一是，如果患者没有将躯体朝向你，你就很难做到轻轻按压。但是这样确实能够让患者更加舒适地保持手臂内收状态。当患者仰卧时，这种方法可以帮助患者实施进一步的被动外旋（见图 9.6d）。需要注意的是，当内旋较为显著时，患者通常不能将手臂外展或外旋达到图 9.6d 所示的程度。患者坐姿或仰卧位时均可应用肌肉能量技术。

■ 按摩缩短的肌肉，在这种情况下应按摩肱骨内旋肌。胸大肌和三角肌前束也是按摩的有效选择（见图 4.2d）。你可以让患者俯卧或侧卧，触诊并解决肩胛骨外侧缘的大圆肌和背阔肌的紧张状态。

■ 使用肌效贴。让患者直立坐好，轻轻地收缩并下压肩胛骨，让其回到正常的位置。如果可能，帮助患者手臂回归正常位置，使其不再内旋。使用肌效贴促使肱骨外旋（见图 9.6e），并避免肩胛骨前伸（见图 9.6f）。使用贴布不能影响正常的活动，而是向患者提供本体感觉反馈，以避免肩胛骨拉长和肩部内旋。对于患者而言，学习强化锻炼相对无力的肌肉以矫正体态，会比使用肌效贴更为合理，效果更好。

■ 参考本书相关章节中的建议，正确治疗头前伸和肩胛骨前伸。

患者能做什么

■ 确认造成这种不良体态的因素，并加以避免，例如肩胛骨前伸下久坐，或需要反复进行肩部内旋的运动。

■ 在静息位时被动拉伸肩部内旋肌。患者在仰卧休息时可进行被动拉伸，如图 9.6d 所示，或者指导患者坐位时，如何把手放在靠枕上以便拉伸内旋肌。（见图 9.7a）。

■ 积极拉伸肩部内旋肌。这样做的方法有很多种，其中之一是借助门框拉伸（见图 9.7b）。

■ 加强锻炼肩部外旋肌。肩部内收（见图 9.7c）或外展（见图 9.7d）时可借助弹力带来锻炼。对于患者而言，肩胛骨需保持在正确的位置上，然后开始练习，使肩胛骨慢慢回缩或下降，此过程避免前伸。 另一个更具挑战性的方法是，让患者尝试用双臂拉伸弹力带激活外旋肌，然后在上抬和下降过程中保持手臂前屈外展的姿势（见图 9.7e）。

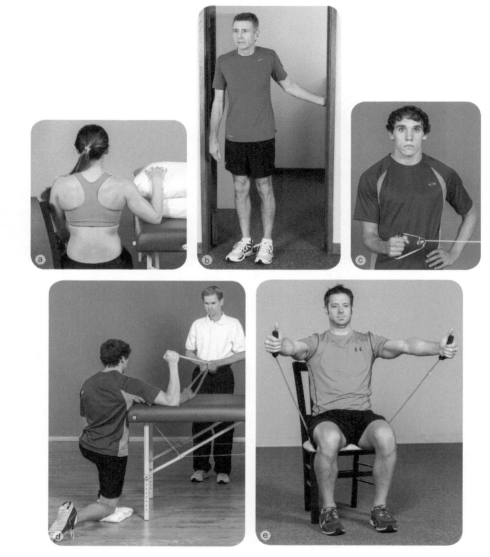

图 9.7 肩部内旋肌锻炼方法：a. 休息位被动拉伸内旋肌；b. 主动拉伸内旋肌，加强外旋肌肌力锻炼；c. 内收；d. 外展；e. 使用弹力带进行双臂拉伸

翼状肩胛骨

　　在无症状的患者中，肩胛骨静止时，与垂直面或与脊柱成 10 至 20 度（Levangie et al., 2001），并且具有能在矢状面上前倾的能力（见图 9.8）。翼状肩胛骨，是指肩胛骨下角和内侧缘在胸段明显突出的一种体态（Tibaek et al., 2014）。正常肩胛骨的倾斜程度有所变化，例如，一项研究发现肩胛骨倾斜度会随年龄增加而增长，超过 50 岁的女性平均为 13.2 度（Culham et al., 1993）。但是，翼状肩胛外观不会与其他体态相混淆，其最大的特点是呈现出显著的不对称。当患者站立，双臂放在体侧时，翼状肩胛的特征非常明显，与未受影响一侧的肩胛骨相比，可以观察到肩胛骨的内下缘更接近脊柱，而且明显抬高。当患者将肩部向前屈曲到水平位置时，症状更加明显（Martin et al., 2008）。这种体态通常是由于胸部长神经损伤而造成的，而胸长神经支配前锯肌，因此导致前锯肌不能再维持肩胛骨靠近胸壁。有些情况下，脊髓副神经损伤会导致上斜方肌瘫痪，也可引起肩胛骨外缘呈翼状突起。对

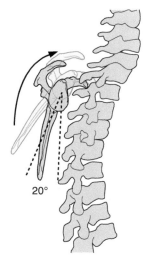

图 9.8 正常的肩胛骨位置，倾斜并有翼状的肩胛骨

翼状肩胛骨的后果

　　过度使用型损伤是翼状肩胛的病因之一（Greenfield et al., 1995）。这可能是因为肩胛骨倾斜减少了肩峰下空间，因此增加了软组织撞击的风险（Escamilla et al., 2009）。目前没有公认定义"肩胛骨倾斜（scapular tilting）"是否指正常参数范围内的倾斜，还是说"翼（winging）"即肩胛骨倾斜，而并非指真正的翼状肩胛。真正意义上的翼状肩胛会影响整个肩带，患者肩胛外观变化的同时（Klebe et al., 2003），颈部、肩膀和上背部还会经常感到疼痛（Meininger et al., 2011）。由于肩胛骨缺乏稳定性，而难以抬臂过头，可能需要依赖斜方肌上束和躯干侧屈作为代偿机制。翼状肩完成一些日常动作时会有困难，如推门。

表 9.3　翼状肩胛骨导致的肌肉变化

部位	对关节的影响	长度 - 张力影响
前锯肌麻痹	肩胛骨不能再贴在胸壁上 肩胛胸壁关节功能异常 盂肱关节功能异常	胸小肌拉紧或缩短，同时还伴有肩胛骨前伸，肱骨内旋肌缩短

于运动员而言，肩胛骨内侧缘可能比较突出，这可能是因为胸小肌紧张而导致的（Forthomme et al.，2008），但这种情况不属于翼状肩胛体态。

治疗师应做到以下几点

对于这种体态，按摩和伸展技术几乎没有明显的治疗效果。在某些情况下，病情会随着时间的推移而缓解，但胸部长神经或副神经损伤可能需要 6 个月至 2 年才能治愈（Cabrera et al.，2014）。已有研究发现，使用支具是一种有效的治疗方法（Klebe et al.，2003）。早期的支具是一种简单的带状装置，用于保持肩胛骨的稳定性。现代支具能实现相同的功能，但是由更轻便且可清洗的材料制成。

- 保持肩部的运动范围，预防关节囊周围的软组织挛缩非常重要，但要注意不要过度拉伸麻痹的肌肉（Martin et al.，2008）。肩部被动运动要轻柔，指导患者在每种运动的活动范围内，如何以放松的体态休息等这些方法都能保持肩部的运动范围（ROM）。主动 ROM 练习效果更好，能迫使肌肉运动，但这种方式有可能加剧已有的肌肉不平衡状况。

- 治疗有助于确定缩短的肌肉，或者那些感觉紧张的肌肉，采用按摩或拉伸来拉长放松这些肌肉。肩前部的所有软组织会比较紧张，胸小肌会特别紧张。

- 求助专业物理治疗师进行康复训练。只有确认了受影响的肌肉神经再支配后，才能开始加强锻炼（Martin et al.，2008）。如果无法缓解症状，可采用手术作为理疗计划的辅助手段，这些特殊练习（可称为肩胛练习）是为个别患者设计的。蒂巴克和加德斯贝尔（Tibaek et al.，2014）介绍了一项康复计划，其中包括一些练习，例如患者俯卧（见图 9.9a）或仰卧，肩胛骨位于上旋位时实施被动定位，以促进其运动及关节囊拉伸。另一项练习是患者在仰卧位时缩回肩胛骨（见图 9.9b）。第三个练习动作较难，患者仰卧休息，保持肩胛骨挨地，一手将弹力带一端向头侧拉伸到一定程度，再返回原始位置，另一只手作为锚固定弹力带（见图 9.9c）。肩胛练习还侧重于帮助患者重新获得控制特定肌肉的能力，在这种情况下，可指导患者使手臂前伸（见图 9.9d）或后屈（见图 9.9e）。重要的是要注意，这些高度专业化的练习应该在专业指导下进行，以确定正确的练习组数和重复次数，以及确认患者是否正确地完成练习动作。

患者能做什么

遵从物理治疗师或专业训练人士提供的建议。练习的重点应在于获得对斜方肌下束的控制能力，最终的目的是尽可能控制前锯肌。

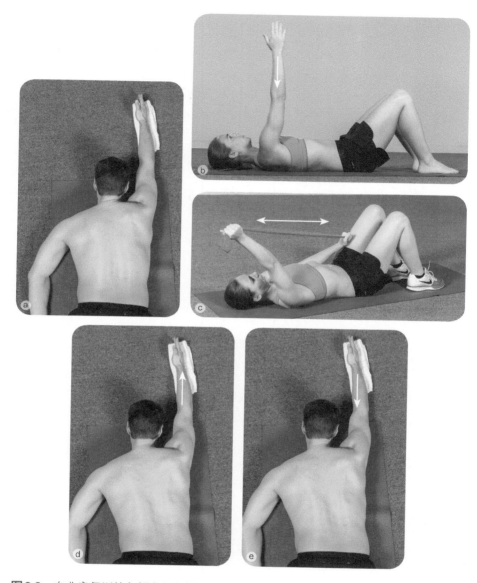

图9.9 专业康复训练包括肩胛骨被动定位: a. 向上旋转; b. 仰卧位肩胛骨前伸或缩回; c. 侧重于控制斜方肌下束的抗阻练习; d. 指导患者完成肩胛练习, 伸长手臂; e. 后屈手臂

高低肩

肩胛骨通常位于胸椎 T2 至 T7 高度，附着于第 2 肋至第 7 肋（Brunstromm，2012）。肩胛骨上提时，被称为上抬；相反，肩胛骨处于较低位置时，称为下降，上抬与下降都是正常的肩胛运动（见图 9.10a）。有些患者的肩胛骨始终保持在上抬位，如图 9.10b 中所示的右肩。非优势臂的肩胛骨通常低于优势臂（Kendall et al.，1993）。在需要伸臂过顶的运动员中，优势肩的位置通常低于非优势肩，这可能是由于韧带和关节囊被迫重复拉伸而导致的结果（Oyama et al.，2008）。请注意，这里描述的高低肩体态与斯普伦格尔（Sprengel）畸形（高肩胛畸形 / 先天性高肩胛症）不同，后者是一种由肩胛骨未下降导致的先天性疾病。

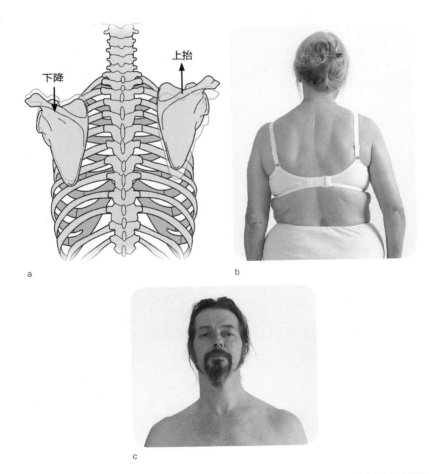

图 9.10 上抬和下降运动：a. 肩部；b. 右肩上抬；c. 左肩上抬，显示斜方肌上束不对称

高低肩的后果

稳定肩胛骨的肌肉有斜方肌、前锯肌、菱形肌和肩胛提肌。肩胛骨静息位置的变化会影响这些肌肉的长度，而长期变化可能会使这些肌肉无力，并妨碍正常的肩部功能。高肩可能位于前部（见图9.10 c），也可能位于后部，甚至伴有提肌肥大症状。

高肩一侧的颈部软组织稍有收缩，对侧的颈部软组织拉长。因为肩胛提肌附着在颈部，长期持续的这种体态可能会对颈部功能产生不利影响。

表9.4　高低肩导致相关肌肉的长度变化

部位	缩短的肌肉	拉长的肌肉
肩部	斜方肌上束 肩胛提肌	前锯肌 斜方肌下束

治疗师应做到以下几点

■　帮助患者识别可能造成这种体态的活动。例如，在一侧肩上携带沉重的袋子，驾驶时将手臂（升高的一侧）放在车辆的门沿上，手臂外展超过90度的重复运动（如持拍类运动），穿戴的臂吊带过短。

■　轻轻按压患者的双肩，让患者体会并对比左右肩的感受，从而确定不平衡的部位。简单指令是要求患者直立坐位，肘部弯曲约90度并放松，然后向地板方向按压肘部。

■　帮助患者加强锻炼下降肌。将患者肘部向椅子扶手方向按压，而不是将肘部向地板方向按压。

■　被动压肩。有两种简单的方法来做到这一点。一种方法是要求患者采取正常的坐姿，放松肩膀，握住患者手臂，轻轻按压肩膀。另一种方法是患者仰卧时进行（见图9.11）。

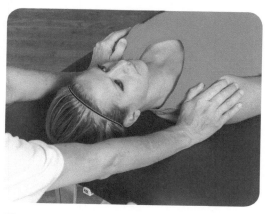

图9.11　高肩的治疗技术包括仰卧位被动按压肩胛骨

■　被动拉伸肩胛提肌和斜方肌。患者头部处于中立位，治疗师的手置于患者肘关节上方轻轻向尾端牵引。持续牵引时，请患者缓慢进行侧屈动作（见图 3.5a）。在这个图示中，患者正在接受右侧高肩的治疗。这种牵引盂肱关节的方法应禁止用于肩部脱位或半脱位的患者，并且对于肩部活动过度的患者也应谨慎实施。也可以在患者坐位或仰卧位时，对其肩膀、头部或两者进行轻柔地拉伸按压（见图 3.5b）。

■ 按摩缩短的组织：斜方肌上束和肩胛提肌。

■ 在高肩侧运用软组织放松技术（见图 3.5c）。

■ 指导患者侧屈颈部以便拉伸另一侧肌肉。

患者能做什么

■ 识别并避免造成高肩的持续性因素或活动。

■ 肩胛骨下沉练习。这些练习有益于加强下沉肌肉，同时抑制上抬肌肉。患者为坐姿，将肘部向椅子扶手方向下压，保持肘部伸展，然后尝试向上抬起自己的身体（见图 9.12）。

■ 主动拉伸缩短的肌肉，即受影响的肩同侧的颈部肌肉。在患侧手臂上轻轻向尾端做拉伸（见图 3.6a）。患者也可以将手臂置于身后（见图 3.6b）。

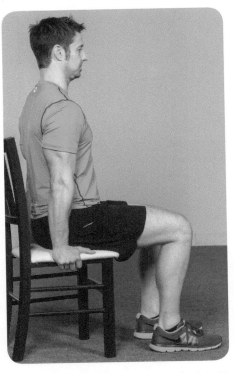

图 9.12 高肩患者的治疗技术包括肩胛骨下降练习

结束语

通过阅读本章，你了解了 4 种常见的肩部体态：肩胛骨前伸、肱骨内旋、翼状肩胛骨和高低肩。每种体态的解剖学特征，有对应的图片示例及说明。本章内容还包括每种体态的后果，并提供了每种体态的病理学表格，列出了缩短和拉长的肌肉，这些内容都可帮助制订治疗计划。

肘部

这一章的 2 种体态是肘部屈曲和肘部过伸。第 1 种体态通常是由于受伤造成的，在某些情况下，是肘屈肌过度训练造成的；第 2 种体态是关节松弛导致的。这 2 种体态在一般人群中都不常见，但在本章内容均有阐述，因为肘部体态矫正对于正常的上肢功能而言非常重要。

肘部屈曲

    肘部屈曲体态的患者站立时肘关节屈曲程度远大于正常状态。从患者侧面或后方观察时，这个特征非常明显（见图 10.1a 和图 10.1b）。正常肘关节的静息位置经常为肘部屈曲 30 度同时前臂旋前 10 度（Magee，2002）（见图 10.2a）。但是，静息位时肘部的屈曲水平各有不同。此外，肘部无法伸展的患者静止时都具有明显屈曲的肘部体态，表现出大于 30 度的静息位体态（见图 10.2）。但是，这些患者并无症状，你会在常规实践中遇到各种肘部体态的病例。请注意，图 10.2c 中的女性患者右手握靠在大腿上（伴随右肩抬高），若站立时不固定手的位置，会表现出更大程度的屈曲。

    患者站立时肘部屈曲程度较为严重，其原因有很多，最常见的是肘部僵硬。肘部僵硬是指肘部伸展活动范围下降 30 度，屈曲活动范围小于 120 度（Nandi et al.，2009）（见图 10.2a）。骨和软组织形成力学阻碍导致肘部伸展不足，还有很多其他原因，例如，肘部屈曲 90 度长时间固定后导致适应性肘屈肌缩短和伸肘肌拉长（Levangie et al.，2001），肘关节囊内病变常为关节囊、肌

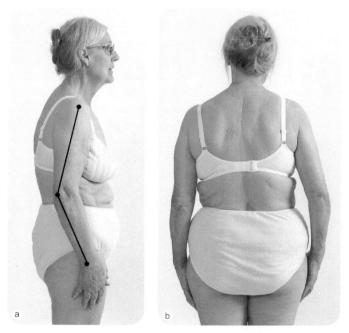

图 10.1   肘部屈曲患者的肘部屈曲程度大于正常值，观察方位：a. 侧面；b. 后方

肉及其附属韧带的挛缩造成（Nandi，2009），灼伤可能导致皮肤丧失延展性。有时可以观察到，经常参加体育运动的人士，特别是肘屈肌活动过度的运动人士，站立时肘部屈曲程度大于正常状态，这就是由于训练导致了肘屈肌缩短。外伤或手术常导致骨骼间撞击和肘部伸展受限。关节炎患者关节表面改变可使其肘部伸展范围受限。头部外伤也会导致肘屈肌缩短。

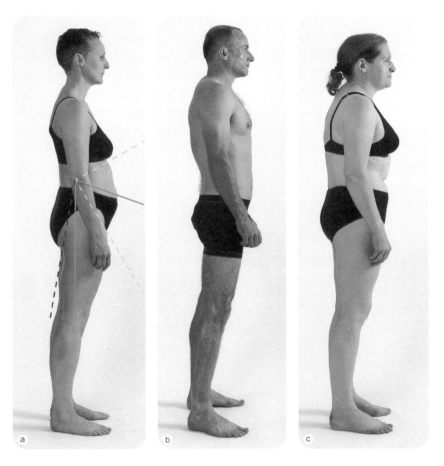

图 10.2　肘部正常静息体态的变化，这些示例说明肘部屈曲的范围：a. 5 度；b. 25 度；c. 40 度

肘部屈曲的后果

大多数日常活动（如洗漱，穿衣，烹饪和清洁）中，可在肘部屈曲30 至 130 度完成（Morrey et al., 1981）。除非肘部永久固定在一个位置，否则这种体态不太会影响日常活动。但是，为了达到正常功能状态，患者会运用肩部和手腕实施代偿性运动，这可能导致这些关节及其与之相关的肌肉出现问题。

肘部伸展受限的后果之一是会影响旋前和旋后功能。患者在完成需要这些动作的特定任务时，可能会受到妨碍（例如，在锁里转动钥匙或使用螺丝刀）。

肘部不能完全伸展非常影响负重能力。在这种体态下，通过屈曲的关节承重与通过伸展的关节承重相比会更不稳定，而且对肌肉和韧带会造成更大的压力。

这种体态会限制训练或运动能力。例如，肘部伸展受限会影响持拍类运动和重量训练类活动（如俯卧撑和肩推）的表现。如果持续这样的活动，会增加关节损伤的可能性。

表 10.1　肘部屈曲导致的相关肌肉的长度变化

部位	缩短的肌肉	拉长的肌肉
主要肌肉	肱肌 肱二头肌 肱桡肌	肱三头肌 肘肌
次要肌肉	旋前圆肌 桡侧腕屈肌 尺侧腕屈肌 指浅屈肌 掌长肌	无

提示　上肢表面皮肤、筋膜和内侧副韧带的状态都会限制伸展范围。

治疗师应做到以下几点

是否能有效地治疗肘部屈曲患者完全取决于患者的病因。关节僵硬是肘部手术后的常见症状。在这种情况下，拉长肘前间隔内的软组织，强化肘后间隔并结合关节松动，是可行的治疗建议。但是，由于烧伤造成的肘部僵硬或头部受伤引起的肌肉收缩，手法治疗很难起作用。这并不是说手法治疗没有作用，只是改变关节位置的效果较差。治疗关节炎导致的肘部屈曲患者时，需要小心谨慎。如果是由于骨撞击导致的肘部伸展受限，手法治疗可能无效。

■ 被动拉伸屈肘肌。首先拉伸肘部屈肌（见图 10.3a），然后进一步拉伸屈腕肌（见图 10.3b）。要注意的是，需进行一次旋前和旋后的评估，并在确定受限位置后使用被动拉伸。治疗师的手握住患者手进行旋前旋后的拉伸运动，如图 10.3c 所示。作为高级别（Ⅲ 级或 Ⅳ 级）松动疗法的辅助手段，高强度、持续频繁的拉伸可能对活动不足等问题有效（Jacobs et al.，2011）。对于创伤后和手术后肘部僵硬，尤其是软组织而非骨骼受限引起的僵硬，建议实施每天三次静态拉伸，每次 30 分钟（Müller et al.，2013）。慢性挛缩对拉伸的反应较差，肘部活动范围的改善程度可能较小（Jacobs et al.，2011）。

■ 如果你的职业范围不包括关节松动，请将患者转交给能够实施该技术的治疗师或整骨医师。针对固定肘部屈曲挛缩的物理治疗方法有很多。有一项研究表明，由于头部创伤后神经源性病因引起的肘屈肌挛缩，可以借助夹板实施低负荷的持续拉伸能有效改善肘部的活动范围（MacKay-Lyons，1989）。

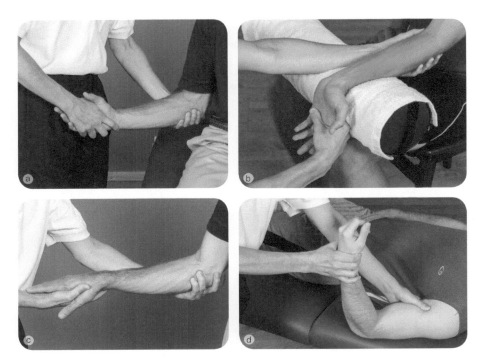

图 10.3 肘部屈曲的治疗技术：a. 屈肘肌被动拉伸（不拉伸屈腕肌）；b. 结合屈腕肌的拉伸；c. 运用拉伸来促进旋前与旋后；d. 使用软组织放松技术

■ 按摩屈肘肌以使之延长 。这包括使用简单的剥离式敲击或在手臂一个固定点位置进行软组织放松技术（见图 10.3d），然后保持固定点上的压力进行肘部伸展。使用软组织放松技术以促进肘部伸展的优点之一是不需要为了拉伸屈肘肌而让肘部伸展超出当前的活动范围。软组织放松技术也同样适用于拉伸腕屈肌。

■ 将患者转交给能够实施夹板技术的医师。当软组织挛缩造成肘部伸展能力中度丧失时，实施动态夹板对此有效，但要在特定的时间内使用才有效（Nandi，2009）。

■ 指导患者如何拉伸屈肘肌。

患者能做什么

■ 鼓励患者在肘伸展位上休息。肘部屈曲患者（见图 10.4a）可以将肘部放在垫子上，借助手和前臂的重量轻轻拉伸肘前的软组织。

■ 主动拉伸屈肘肌。最有效的方法是抓住一个门框或杆，进行肩内旋、肘伸展和前臂旋前（拇指朝下）的动作（Alter，2004）。对于某些患者而言，这可能是一个比较困难的姿势。一个简单的开端是，让患者每天用另一只手帮助关节伸展（见图 10.4b）。拉伸屈腕肌也是有效方法，因为这些肌肉穿过肘关节的前部表层，拉伸它们可以促进肘部伸展（见图 10.4c）。

■ 促使肱三头肌收缩，通过交互抑制机制促进主要屈肘肌放松，这样也有益于拉伸屈肘肌。肱三头肌拉长后就会相对无力，在非负重情况下进行肱三头肌肌力训练有益于矫正由于软组织缩短而造成的屈肘姿势。另一种方法是在坐位时使用弹力带（见图 10.4d）。但是需注意，握持动作会使用屈腕肌和屈指肌，其中大部分会穿过肘关节前部，可能加重肘部屈曲，因此应尽可能减少握持动作。

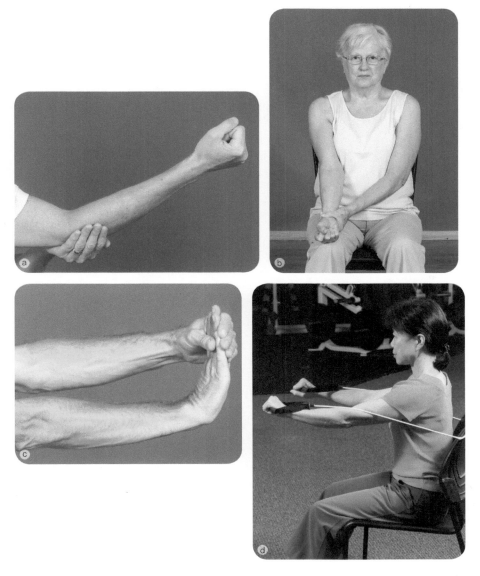

图 10.4 肘部屈曲患者的治疗方法：a. 在肘部伸展位上休息；b. 使用另一只手帮助拉伸屈肘肌；c. 拉伸屈腕肌；d. 非承重情况下进行肱三头肌肌力训练

肘部过伸

在成年人中，肘部均有轻度伸展，大概是 0 至 10 度（American Academy of Orthopaedic Surgeons，1994）。伸展超过 10 度即被认为是过度伸展。这种体态在一个人站立且手臂松弛的时候不容易被发现。当患者主动完成肘部伸展时，过伸体态便比较明显，能观察到伸展范围的结束位置明显超出正常伸展的程度。

肘部过伸的后果

在这种体态下，手臂前部的软组织拉长，后部的软组织缩短。在需要阻力或承重的活动中，关节的稳定性降低，软组织的损伤风险加大。在关节进一步伸展的位置，鹰嘴被迫进入鹰嘴窝，可能导致受伤。由于肩部和腕部承受额外的压力导致生物力学发生改变会引起肘部或上肢其他关节疼痛。这种体态是过度活动综合征的结果，可能存在一系列肌肉骨骼（Kirk et al.，1967）和非肌肉骨骼的症状，包括本体感觉缺陷（Kaux et al.，2013）。体育活动中存在肘部受伤的风险，过度伸展可能会影响运动表现。

表 10.2 肘部过度伸展导致相关肌肉的长度变化

部位	缩短的肌肉	拉长的肌肉
上臂	肱三头肌 肘肌	肱二头肌 肱肌 肱桡肌
前臂	肘伸肌	肘屈肌

提示 当患者有过度活动综合征时，可能他全身关节的软组织都有很大的延展性，而不仅仅是肘部。表 10.2 中的肌肉分类可能不适用于这类患者，因为他们的屈肘肌和伸肘肌都有较大延展性，没有缩短的肌肉。

治疗师应做到以下几点

请注意，对已知的过度活动综合征患者进行治疗时需要专家的建议。因为这些患者有可能因不当的拉伸和力量训练而受伤，必须对其进行监督，以确保使用正确的治疗技术。

■ 对于这种体态，最重要的治疗方式是建议患者进行自我矫正。指导患者如何保持肘部适度伸展（中立位 0 度），帮助患者识别肘部伸展超出该位置的情况（例如，坐位时手置于背后休息；从游泳池一侧伸出一只手臂做"杠杆"支撑；跪着擦洗地板时一只手支撑；和孩子一起玩耍或者锻炼）。演示正确的肘部对位对线姿势，特别是在负重活动时。

■ 指导患者避免关节过度伸展，且练习首先在非负重情况下进行，然后进行抗阻练习，最后练习简单的承重活动。

■ 建议患者进行适当的屈肘肌肌力训练。如有必要，请将患者转交给专业健身人士，他们将针对屈肘肌提供特定锻炼计划，同时又能避免肘部过度伸展。等动设备的离心运动可用于肌力训练以避免运动中关节过度活动（Kaux et al.，2013）。专业健身人士也会指导在进行常规力量训练时如俯卧撑、胸部按压、肩推和肱三头肌伸展时如何避免过度伸展。

■ 肘部贴扎。肌效贴可以有效防止过度伸展，或用于可能发生过度伸展的情况。但是肌效贴会过紧，这需要患者提供感觉反馈，然后自动校正肘部的位置，并最终了解如何才能使伸展不超过0度。使用肌效贴方式可以是在肘部位置上简单地纵向贴扎（见图10.5a），或者是十字贴扎（见图10.5b）。

■ 患者只有肱三头肌缩短，没有过度活动综合征时，才可以按摩肱三头肌，可按摩缩短的伸腕肌。

■ 患者没有过度活动综合征时，可向其推荐正确的拉伸技术。如果发现肱三头肌和伸腕肌缩短，可给予患者演示安全的拉伸方法。

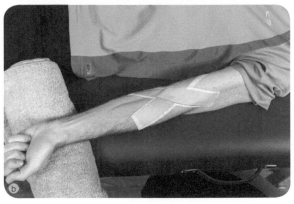

图10.5 肘部过伸的治疗技术包括使用肌效贴：a. 简单的纵向贴扎；b. 十字贴扎

患者能做什么

■ 识别和纠正导致肘部过伸的活动。例如，睡觉时避免将手臂放在背后、枕头或床沿上休息。学习如何使用肘部关节安全地承重。不要过度伸展肘部，练习如何在肘中立位上负重活动（见图 10.6）。

■ 进行简单的肱二头肌屈曲练习以强化屈肘肌。当进行一定的负重练习，肱二头肌屈曲时，上肢对位对线良好至关重要。因此，请遵循健身教练或治疗师给出的建议。长杠杆式的运动练习对肘过伸患者可能不利，因此需要谨慎进行负重练习或其他形式的抗阻练习。

图 10.6 肘部过伸患者的治疗技术，包括避免在负重练习中过度伸展，要在肘中立位时练习。

结束语

本章讲解了 2 种常见的肘部体态问题：肘部屈曲和肘部过伸。本章内容还包括每种体态的解剖学特征，及其对应的图片示例和说明。本章还描述了每种体态的后果，并且在每种体态的病理学表格中列出了缩短和拉长的肌肉，这些内容都将有助于制订治疗计划。

针对屏幕设备的以下建议能将坐位时的体态紧张度减至最小。

椅子

- 坐在椅子上，臀部与膝盖成 90 度角。这时大腿与膝盖处于同一水平位置。

- 椅子座位应该有垫子，比臀部和大腿宽出至少 1 英寸（约 2.5 厘米），且略微向下倾斜。

- 背靠椅背，座椅的前缘位于膝盖后侧。如果边缘压住了膝盖后侧，需换一把较低的椅子。椅子边缘和膝盖后侧之间，应该有两到三个手指的空间。

- 调整椅子的高度，使脚平放在地板上。如果其余设备无法调整，需使用垫脚凳。不要跪坐在脚上，足踝不要盘绕椅腿，不要交叉双腿坐在椅子上。

- 如果椅子有腰部靠背，请确保其位置正确：正对腰椎，而不是位于上背部或低于骶骨。试着抬高和降低椅背的水平，使之更加舒适。

- 调整椅背的倾斜度，背部不要距离椅背太远，同时也不能立得太直。使用椅子时，坐靠要合适，不要向前倾斜趴到桌子上。如有需要，请将椅子移近桌子。

- 如果椅子扶手妨碍你靠近桌子，可以将其拆下。

- 椅子的底座最好有五个滚动脚轮。

桌子

- 桌子下方和大腿间要有足够的空间。

- 避免桌面和桌子下方有杂物，所有电缆或电线都应安全地加以固定，不阻碍通道。

- 确保经常使用的物品放置在桌面以方便取用。

键盘和鼠标

- 键盘放置在你的正前方。

- 避免将键盘放置得太近或者太远。无论键盘放置在哪儿，长时间使用都会使你的上肢压力骤增。

- 确保键盘没有反光。

- 工作时肘部靠近身体，双臂和肩部放松。
- 肘部应以 90 至 100 度的屈曲体态休息，以使前臂接近水平。
- 手腕与前臂应该几乎呈直线，不要过度弯曲或伸展。
- 选择舒适的适合自己双手的鼠标，使手腕尽可能保持直线。
- 使用鼠标时，手腕的位置应避免偏斜。
- 使用鼠标时，避免手臂向外过度伸展。
- 避免将肘部或手腕放在坚硬的表面上休息。
- 轻按鼠标，轻敲键盘。

显示器

- 显示器放置在你的正前方。
- 显示器应距离你一臂的长度。
- 显示器放置应使屏幕的顶部与你的眼睛大致持平。
- 确保屏幕没有反光。
- 如有必要，使用文件架以防打字时向下看或者看向一侧。

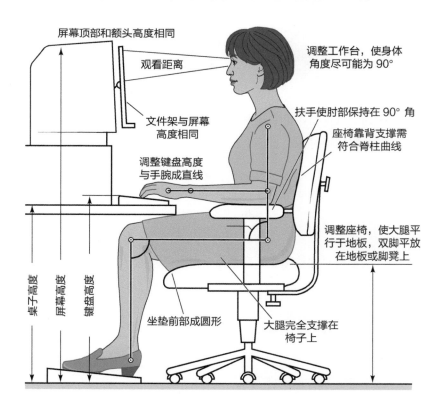

第 1 章

Bloomfield, J., T.R. Ackland and B.C. Elliott. 1994. *Applied anatomy and biomechanics in sport.* Victoria, Australia: Blackwell Scientific.

Chin, M.K., K. Steininger, R.C.H. So, C.R. Clark and A.S.K. Wong. 1995. Physiological profiles and sport specific fitness of Asian elite squash players. *Br J Sports Med* 29 (3): 158-64.

Chansirinukor, W., D. Wilson, K. Grimmer and B. Danise. 2001. Effects of backpacks on students: measurement of cervical and shoulder posture. *Aust J of Physiother* 47 (2): 110-16.

Dehghani, L., M. Hashemi, R. Saboonchi, A. Hemalfar and A. Roonasi. 2012. Relationship between somatotype and some musculoskeletal deformities of girl students with Down syndrome. *Europ J Experimental Biol* 2 (4): 1209-13.

Forthomme, B., J-M Crielaard and J-L Croisier. 2008. Scapular positioning in athlete's shoulder. *Sports Med* 38 (5): 369-86.

Grabara, M. 2012. Analysis of body postures between young football players and their untrained peers. *Hum Mov* 13 (2): 120-26.

Hennessy, L., and A.W.S. Watson. 1993. Flexibility and posture assessment in relation to hamstring injury. *Br J Med.* 27 (4): 243-46.

Herbert, R.D., and R.J. Balnave. 1993. The effect of position of immobilisation on resting length, resting stiffness, and weight of the soleus muscle of the rabbit. *J Orthop Res* 11 (3): 358–66.

Heslinga, J.W., G. te Kronnie and P.A. Huijing. 1995. Growth and immobilization effects on sarcomeres: A comparison between gastrocnemius and soleus muscles of the adult rat. *Eur J Appl Physiol Occup Physiol* 70 (1): 49–57.

Oyama, S., J.B. Myers, C.A. Wessinger, R.D. Ricci and S.M Lephart. 2008. Asymmetric resting scapular posture in healthy overhead athletes. *J of Athletic Training* 43 (6): 565-70.

Pourbehzadi, M., H. Sadeghi, H.A. Alinehad and L.S. Rad. 2012. The relationship between posture and somatotype and certain biomechanical parameters of Iran women's national dragon boat team. *Annals of Biological Research* 3 (7): 3657-62.

Spector, S.A. C.P. Simard, M. Fournier, E. Sternlicht and V.R. Edgerton. 1982. Architectural alterations of rat hind-limb skeletal muscles immobilized at different lengths. *Exp Neurol* 76 (1): 94–110.

Tinkle, B.T. 2008. Joint hypermobility. Niles, IL: Left Paw Press.

Travell, J., and D.L. Simons. 1999. *Myofascial pain and dysfunction: The trigger point manual.* Vol. 1, 2nd ed. Philadelphia: Lippincott Williams & Williams.

Watson, A.W.A. 1997. Posture: Introduction and its relationship to participation in sports *Rev. Fisioter. Uni. São Paulo* 4 (1): 1-46.

第 2 章

American Academy of Orthopaedic Surgeons. 2007. How to sit at a computer.

American Chiropractic Association. 2014. Tips to maintain good posture.

American College of Sports Medicine. 2011. Quantity and quality of exercise for developing and maintaining cardiorespiratory, musculoskeletal, and neuromuscular fitness in apparently healthy adults: Guidance for prescribing exercise. *Medicine and Science in Sports & Exercise*. DOI:10.1249/MSS.0b013e318213fefb.

Bloomfield, J., T.R. Ackland and B.C. Elliott. 1994. *Applied anatomy and biomechanics in sport*. Victoria, Australia: Blackwell Scientific.

Chaitow, L. 2001. *Muscle energy techniques*. London: Churchill Livingstone.

Chartered Society of Physiotherapists. 2013. Perfect posture.

Chartered Society of Physiotherapy and Fitness Industry Association Joint Working Party. 2011. Guidance on the referral of patients between physiotherapists and fitness instructors Produced by the Chartered Society of Physiotherapy and Fitness Industry Association Joint Working Party. 2011.

College of Occupational Therapists and Association of Chartered Physiotherapists in Neurology. 2015. Splinting for the prevention and correction of contractures in adults with neurological dysfunction. London: College of Occupational Therapists.

Donatelli, R. 1987. Abnormal biomechanics of the foot and ankle. *J Orthop Sports Phys Ther* 9 (1): 11-16.

Duncan, R. 2014. *Myofascial release*. Champaign, IL: Human Kinetics.

Earls, J. and T. Myers. 2010. *Fascial release for structural balance*. England: Lotus.

Fawdington, R.A., B. Johnson and N.T. Kiely. 2013. Lower limb deformity assessment and correction. *Orthopaedics and Trauma* 28 (1): 33-40.

Gross, M.T. 1995. Lower quarter screening for skeletal malalignment—suggestions for orthotics and shoewear. *J Orthop Sports Phys Ther* 21 (6): 389-405.

Guimond, S., and W. Massrieh. 2012. Intricate correlation between body posture, personality train and incidence of body pain: A cross-referential study report.

Hanten, W.P., S.L. Olson, N.L. Butts and A.L. Nowicki. 2000. Effectiveness of a home programme of ischemic pressure followed by sustained stretch for treatment of myofascial trigger points. *Phys Ther* 80 (10): 997-1003.

Health & Safety Executive. 2013. Working with display screen equipment (DSE).

Hertling, D., and R.M. Kessler. 2006. *Management of common musculoskeletal disorders*. 4th ed. Philadelphia: Lippincott Williams & Wilkins.

Heslinga, J.W., G. te Kronnie and P.A. Huijing. 1995. Growth and immobilization effects on sarcomeres: A comparison between gastrocnemius and soleus muscles of the adult rat. *Eur J Appl Physiol Occup Physiol* 70 (1): 49–57.

Holey, E., and E. Cook. 2003. Evidence-based therapeutic massage: A practical guide for therapists. 2nd ed. Edinburgh. Churchill Livingstone.

Huguenin, L.K. 2004. Myofascial trigger points: the current evidence. *Physical Therapy in Sport* 5 (1): 2-12.

Jacobs, C.A., and A.D. Sciascia. 2011. Factors that influence the efficacy of stretching programmes for patients with hypomobility. *Sports Health* 3 (6): 520-23.

Jarvis, H.L., C.J. Nester, R.K. Jones, A. Williams and P.D. Bowden. 2012. Inter-assessor reliability of practice based biomechanical assessment of the foot and ankle.

Johnson, J. 2009. *Soft tissue release*. Champaign, IL: Human Kinetics.

Johnson, J. 2010. *Deep tissue massage*. Champaign, IL: Human Kinetics.

Johnson, J. 2012. *Postural assessment*. Champaign, IL: Human Kinetics.

Johnson, J. 2014. *Therapeutic stretching*. Champaign, IL: Human Kinetics.

Kendall, F.P., E.K. McCreary. 1983. Muscles: *Testing and function*. 3rd ed. Baltimore: Lippincott Williams and Wilkins.

Kendall, F.P., E.K. McCreary and P.G. Provance. 1993. *Muscles: Testing and function*. 4th ed. Baltimore: Lippincott Williams and Wilkins.

Kidd, M.O., C.H. Bond and M.L. Bell. 2011. Patients' perspectives of patient-centredness as important in musculoskeletal physiotherapy interactions: A qualitative study *Physiotherapy* 97 (2): 154-162.

Langendoen, J., and K. Sertel. 2011. *Kinesiology taping*. Ontario, Canada: Rose.

Lavelle, E.D., W. Lavelle and H.S. Smith. 2007. Myofascial trigger points. *Anesthesiol Clin* 25 (4): 841-51.

Lee, L.J. 2013. Thoracic ring control: A missing link? *MPA In Touch* 4: 13F16.

Milroy, P., and G. O' Neil. 2000. Factors affecting compliance to chiropractic prescribed home exercise: a review of the literature. *J Can Chiropr Assoc* 44 (3): 141-48.

National Institutes of Health. 2014. Ergonomics program: The computer workstation.

Panel on Musculoskeletal Disorders and the Workplace Commission on Behavioral and Social Sciences and Education National Research Council and Institute of Medicine. 2001. Musculoskeletal disorders and the workplace: Low back and upper extremities.

Randall, K.E., and I.R. McEwen. 2000. Writing patient centred goals. *Physical Therapy* 80 (12): 1197-1203.

Sackett, D.L. 1996. Evidenced based medicine: What it is and what it isn' t. *BMJ* 312 (7023): 71-2.

Sanders, B., A.A. Blackburn and B. Boucher. 2013. Preparticipation screening: The sports physical therapy perspective. *Int J of Sports Physic Ther* 8 (2): 180-93.

Sarasohn-Kahn, J. (Ed.) 2013. *Personal health information technology—paradigm for providers and patients to transform healthcare through patient engagement*. Healthcare Information and Management Systems.

Simons, D.G. 2002. Understanding effective treatments of myofascial trigger points. *Journal of Bodywork and Movement Therapies* 6 (2): 81-88.

Sluijs, E.M., G.J. Kok and J. van der Zee. 1993. Correlates of exercise compliance in physical therapy. *Phys Ther* 73 (11): 771-82.

Society of Sports Therapists. 2013. What is sports therapy?

Tidy, N.M. 1944. *Massage & remedial exercises in medical and surgical conditions*. 6th ed. Bristol, UK: Wright.

Troyanovich, S.J., D.E. Harrison and D.D. Harrison. 1998. The structural rehabilitation of the spine and posture: Rational for treatment beyond the resolution of symptoms. *J of Manipulative & Physiol Ther* 21 (1): 37-50.

Verhoef, M.J., L.C. Vanderheyden, T. Dryden, D. Mallory and M.A. Ware. 2006. Evaluating complementary and alternative medicine interventions: In search of appropriate patientcentered outcome measures. *BMC Complementary and Alternative Medicine* 6: 38. DOI: 10.1186/1472-6882-6-38.

Woodard, C.J., and M. J. Berry. 2001. Enhancing adherence to prescribed exercise: Structured behavioural interventions in clinical exercise programs. *J Cardiopulm Rehabil* 21 (4): 201-9.

第 3 章

Caneiro, J.P., P. O'Sullivan, A. Burnett, A. Barach, D. O' Neil, O. Tveit, and K. Olafsdottir. 2010. The influence of different sitting postures on head/neck posture and muscle activity. *Man Ther* 15 (1): 54-60.

Chansirinukor, W., D. Wilson, K. Grimmer and B. Danise. 2001. Effects of backpacks on students: Measurement of cervical and shoulder posture. *Aust J of Physiother* 47 (2): 110-16.

Falla, D. 2004. Unravelling the complexity of muscle impairment in chronic neck pain. *Man Ther* 9 (3): 125-33.

Falla, D., G.A. Jull and P.W. Hodges. 2004. Patients with neck pain demonstrate reduced electromyographic activity of the deep cervical neck flexor muscles during performance of the craniocervical flexion test. *Spine* 29 (19): 2108-14.

Grimmer, K., and P. Trott. 1998. The association between cervical excursion angles and cervical short flexor muscle endurance. *Aust J Physiother* 44 (3): 201-7.

Gupta, B.D., S. Aggarwal, B. Gupta, M. Gupta and N. Gupta. 2013. Effect of deep cervical flexor training vs. conventional isometric training on forward head posture, pain, neck disability index in dentists suffering from chronic neck pain. *J Clin Diag Res* 7 (10): 2261-64.

Jull, G.A., S.P. O' Leary and D.L. Falla. 2008. Clinical assessment of the deep cervical flexor muscles: The craniocervical flexion test. *J Manipulative Physiol Ther* 31 (7): 525-33.

National Institute of Neurological Disorders and Stroke. 2014. *Dystonias factsheet*.

Noh, H.J., J.H. Shim and Y.J. Jeon. 2013. Effects of neck stabilization exercises on neck and shoulder muscle activation in adults with forward head posture. *JDCTA* 7 (12): 492-98.

Raine, S., and L. Twomey. 1994. Posture of the head, shoulders and thoracic spine in comfortable erect standing. *Aust J Physiother* 40 (1): 25-32.

Waldman, S.D. 2008. *Atlas of uncommon pain syndromes*. 2nd ed. Philadelphia: Saunders.

Wang, R., E.R. Snoey, R.C. Clements, H.G. Hern and D. Price. 2006. Effect of head rotation on vascular anatomy of the neck: An ultrasound study. *J Emerg Med* 31 (3): 283-6.

Yoo, W.G. 2013. Effect of neck retraction taping (NRT) on forward head posture and the upper trapezius muscle during computer work. *J Phys Ther Sci* 25 (5): 581-82.

第 4 章

Caneiro, J.P., P. O'Sullivan, A. Burnett, A. Barach, D. O'Neil, O. Tveit, and K. Olafsdottir. 2010. The influence of different sitting postures on head/neck posture and muscle activity. *Man Ther* 15 (1): 54-60.

Crawford, H.J., and G.A. Jull. 1993. The influence of thoracic posture and movement on range of arm elevation.

Gertzbein, S.D., D. Macmichael and M. Tile. 1982. Harrington instrumentation as a method of fixation in fractures of the spine *J Bone Joint Surg Br* 64 (5): 526-29.

Grabara, M., and J. Szopa. 2011. Effects of hatha yoga on the shaping of the antero-posterior curvature of the spine. *Human Movement* 12 (3): 259-63.

Greendale, G.A., M.H. Huang, A.S. Karlamangla, L. Seeger and S. Crawford. 2009. Yoga decreases kyphosis in senior women and men with adult-onset hyperkyphosis: Results of a randomized controlled trial. *J Am Geriatr Soc* 57 (9): 1569-79.

Gulbahar, S., E. Sahin, M. Baydar, C. Bircan, R. Kizil, M. Manisali, E. Akalin and O. Peker. 2006. Hypermobility syndrome increases the risk for low bone mass. *Clin Rheumatol* 25 (4): 511-14.

Harrison, D.E., C.J. Colloca, D.D. Harrison, T.J. Janik, J.W. Haas and T.S. Keller. 2005. Anterior thoracic posture increases thoracolumbar disc loading. *Eur Spine J* 14: 234-42.

Lee, L.J., M.W. Coppleters and P.W. Hodges. 2005. Differential activation of the thoracic multifidus and longissimus thoracis during trunk rotation. *Spine* 30 (8): 870-76.

Lee, L.J. 2008. Is it time for a closer look at the thorax? *In Touch* 1: 13-16.

Lewis, J.S., C. Wright and A. Green. 2005. Subacromial impingement syndrome: The effect of changing posture on shoulder range of movement. *J Orthop Sports Phys Ther* 35 (2): 72-87.

O'Gorman, H., and G. Jull. 1987. Thoracic kyphosis and mobility: The effect of age. Physiotherapy *Theory and Practice* 3 (4): 152-62.

Raine, S., and L. Twomey. 1994. Posture of the head, shoulders and thoracic spine in comfortable erect standing. *Aust J Physiother* 40 (1): 25-32.

第 5 章

Adams, M.A., and W.C. Hutton. 1980. The effect of posture on the role of apophyseal joints in resisting intervertebral compressive forces. *J Bone Joint Surg Br* 62 (3): 358-62.

Adams, M.A., and W.C. Hutton. 1985. The effect of posture on the lumbar spine. *J Bone Joint Surg Br* 67 (4): 625-29.

Been, E., and L. Kalichman. 2014. Lumbar lordosis.

Bloomfield, J., T.R. Ackland and B.C. Elliott. 1994. *Applied anatomy and biomechanics in sport*. Victoria, Australia: Blackwell Scientific.

Caneiro, J.P., P. O'Sullivan, A. Burnett, A. Barach, D. O'Neil, O. Tveit, and K. Olafsdottir. 2010. The influence of different sitting postures on head/neck posture and muscle activity. *Man Ther* 15 (1): 54-60.

Capson, A.C., J. Nashed and L. McLean. 2011. The effect of lumbopelvic posture on pelvic floor muscle activation and intravaginal pressure generation in continent women. *J Electromyogr Kinesiol* (1): 166-77.

Duncan, R. 2014. *Myofascial release*. Champaign, IL: Human Kinetics.

Earls, J., and T. Myers. 2010. *Fascial release for structural balance*. Chichester, UK: Lotus.

Fernard, R., and D.E. Fox. 1985. Evaluation of lumbar lordosis: A prospective and retrospective study. *Spine* 10 (9): 799-803.

Gajdosik, R. 1997. Hamstring stretching and posture. Letter to the editor. *Phys Ther* 77: 438-39.

Halski, T., L. Slupska, R. Dymarek, J. Bartnicki, U. Halska, A. Król, K. Paprocka-Borowicz, J. Dembowski, R. Zdrojowry and K. Ptaszkowski. 2014. Evaluation of bioelectrical activity of pelvic floor muscles and synergistic muscles depending on orientation of pelvis in menopausal women with symptoms of stress urinary incontinence: A preliminary observational study.

Harrison, D.E., R. Cailliet, D.D. Harrison, T.J. Janik and B. Holland. 2002. Changes in sagittal lumbar configuration with a new method of extension traction: Nonrandomized clinical control trial. *Arch Phys Med Rehabil* 83 (11): 1585-91.

Harrison, D.E., C.J. Colloca, D.D. Harrison, T.J. Janik, J.W. Haas and T.S. Keller. 2005. Anterior thoracic posture increases thoracolumbar disc loading. *Eur Spine J* 14: 234-42.

Hashimoto, K., K. Miyamoto, T. Yanagawa, R. Hattori, T. Aoki, T. Matsuoka, T. Ohno and K. Shimizu. 2013. Lumbar corsets can decrease lumbar motion in golf swing. *Journal of Sports Science and Medicine* 12 (1): 80-87.

Kendall, F.P., E.K. McCreary and P.G. Provance. 1993. Muscles: *Testing and function*. 4th ed. Baltimore: Lippincott Williams and Wilkins.

Kim, M.H., and W.G. Yoo. 2014. Effects of inclined treadmill walking on pelvic anterior tilt angle, hamstring muscle length, and trunk muscle endurance of seated workers with flat-back syndrome. *J Phys Ther Sci* 26 (6): 855-56.

Li, Y., P.W. McClure, and N. Pratt. 1996. The effect of hamstring muscle stretching on standing posture and on lumbar and hip motions during forward bending. *Phys Ther* 76 (8): 836-45.

Majeske, C., and C. Buchanan. 1984. Quantitative description of two sitting postures: With and without lumbar support pillow. *Phys Ther* 64 (10): 1531-35.

Russell, B.S., K.T Muhlenkamp, C.M. Hoiriis and C.M. DeSimone. 2012. Measurement of lumbar lordosis in static standing posture with and without high-heeled shoes. *J Chiropr Med* 11 (3): 145–53.

Scannell, J.P., and S.M. McGill. 2003. Lumbar posture—should it, and can it, be modified? A study of passive tissue stiffness and lumbar position during activities of daily living. *Phys Ther* 83 (10): 907-17.

Silva, A.M., G.R. de Siqueira and G.A. da Silva. 2013. Implications of high-heeled shoes on body posture of adolescents. *Rev Paul Pediatr* 32 (2): 265-71.

Smith, R.L., and D.B. Mell. 1987. The effects of prone extension exercise on lumbar extension range of motion. *Phys Ther* 67 (10): 1517-21.

Sparrey, C.J., J.F. Bailey, M. Safaee, A.J. Clark, V. Lafage, F. Schwab, J.S. Smith and C.P. Ames. 2014. Etiology of lumbar lordosis and its pathophysiology: A review of the evolution of lumbar lordosis, and the mechanics and biology of lumbar degeneration.

Tüzün, ?, I. Yorulmaz, A. Cindas, and S. Vatan. 1999. Low back pain and posture. *Clin Rheumatol* 18 (4): 308-12.

Yoo, W.G. 2013. Effect of individual strengthening exercises for anterior pelvic tilt muscles on back pain, pelvic angle, and lumbar ROMs of a LBP patient with flat back. *J Phys Ther* Sci 25 (10): 1357-58.

第 6 章

British Scoliosis Society. 2008. Patient information.

Curtin M., and M.M. Lowery. 2014. Musculoskeletal modelling of muscle activation and applied external forces for the correction of scoliosis.. *Journal of NeuroEngineering and Rehabilitation* 11(52). DOI: 10.1186/1743-0003-11-52.

Gielen, J.L., and E. Van den Eede. 2008. FIMS Position statement: Scoliosis and sports participation. *International SportMed Journal* 9 (3): 131-40.

Gogala, A. 2014. Correction of scoliosis in adulthood without surgery.

Hawes, M.C., and J.P. O'Brien. 2006. The transformation of spinal curvature into spinal deformity: pathological processes and implications for treatment.

National Scoliosis Foundation. 2014. Information and support.

Negrini, A., H. Verzini, S. Parzini, A. Negrini, A. and S. Negrini. 2001. Role of physical exercise in the treatment of mild idiopathic adolescent scoliosis: Review of the literature. *Eur Med Phys* 37: 181-90.

Pourbehzadi, M., H. Sadeghi, H.A. Alinehad and L.S. Rad. 2012. The relationship between posture and somatotype and certain biomechanical parameters of Iran women's national dragon boat team. *Annals of Biological Research* 3 (7): 3657-62.

Scoliosis Association (UK). 2014. Complementary therapies.

Scoliosis Research Society. 2015. Patient and family.

Solberg, G. 2008. *Postural disorders and musculoskeletal dysfunction: Diagnosis, prevention and treatment.* 2nd ed. Edinburgh/New York: Churchill Livingstone.

Vialle, R., C. Thévenin-Lemoine and P. Mary. 2013. Neuromuscular scoliosis. *Orthop*

Traumatol Surg Res 99 (1): S124-S39.

Watson, A.W.A. 1997. Posture: Introduction and its relationship to participation in sports. Rev. Fisioter. *Uni. São Paulo* 4 (1): 1-46.

Weinstein, S.L., D.C. Zavala and I.V. Ponsetti. 1981. Idiopathic scoliosis: Long-term follow-up and prognosis in untreated patients. *J Bone Joint Surg Am* 63 (5): 702-12.

Weinstein, S.L., L.A. Dolan, K.F. Spratt, K.K. Peterson, M.J. Spoonmore and I.V. Ponseti. 2003. Health and function of patients with untreated idiopathic scoliosis: A 50-year natural history study. *JAMA* 289 (5): 559-67.

Yadla, S., M.G. Maltenfort, J.K. Ratliff and J.S. Harrop. 2010. Adult scoliosis surgery outcomes: A systematic review. *Neurosurgical Focus* 28 (3): E3: 1-7.

第 7 章

Adams, M.A., and W.C. Hutton. 1985. The effect of posture on the lumbar spine. *J Bone Joint Surg Br* 67 (4): 625-29.

Bloomfield, J., T.R. Ackland and B.C. Elliott. 1994. *Applied anatomy and biomechanics in sport*. Victoria, Australia: Blackwell Scientific.

Bohannon, R., R. Gajdosik and B.F. LeVeau. 1985. Contribution of pelvic and lower limb motion to increases in the angle of passive straight leg raising. *Phy Ther* 65 (4): 474-76.

Boulay, C., C. Tardieu, C. Bénaim, J. Hecquet, C. Marty, D. Prat-Pradal, J. Legaye, G. Duval-Beaupère and J. Pélissier. 2006. Three-dimensional study of pelvic asymmetry on anatomical specimens and its clinical perspective. *J Anat* 208 (1): 21-33.

Brunstromm, S. 2012. *Clinical kinesiology*. 2012. 6th ed. Philadelphia: Davis.

Cohen, S.P. 2005. Sacroiliac joint pain: A comprehensive review of anatomy, diagnosis, and treatment. *Anesthesia & Analgesia*. 101 (5): 1440-1453.

Cooperstein, R. and M. Lew. 2009. The relationship between pelvic torsion and anatomical leg length discrepancy: A review of the literature. *J Chiropr Med* 8 (3): 107-13.

Day, J.W., G.L. Smidt and T. Lehmann. 1984. Effect of pelvic tilt on standing posture. *Phys Ther* 64 (4): 510-16.

Deckert, J.L. 2009. Improving pelvic alignment. *IADMS Bulletin for Teachers* 1 (1): 11-12.

Gnat, R., E. Saulicz, M. Bialy and P. Klaptocz. 2009. Does pelvic asymmetry always mean pathology? Analysis of mechanical factors leading to the asymmetry. *J Hum Kinet* 21: 23-35.

Kapandji, A.I., 2008. *The physiology of the joints: Volume 3 the spinal column, pelvic girdle and head*. London: Churchill Livingstone.

Kendall, F.P., E.K. McCreary and P.G. Provance. 1993. *Muscles: Testing and function*. 4th ed. Baltimore: Lippincott Williams and Wilkins.

Klingensmith, R.D., and C.L. Blum. 2003. The relationship between pelvic block placement and radiographic pelvic analysis. *Journal of Chiropractic Medicine* 2 (3): 102-106.

Levangie, P.K., and C.C. Norkin. 2001. Joint structure and function: *A comprehensive analysis*. Philadelphia: Davis.

Lee, J.H., W.G. Woo, M.H. Kim, J.S. Oh, K.S. Lee and J.T. Han. 2014. Effect of posterior pelvic tilt taping on women with sacroiliac joint pain during active straight leg raising who habitually wore high-heeled shoes: A preliminary study. *Journal of Manipulative and Physiological Therapeutics* 37 (4): 260-68.

Lippold C., G. Danesh, G. Hoppe, B. Drerup, and L. Hackenberg. 2007. Trunk inclination, pelvic tilt and pelvic rotation in relation to the craniofacial morphology in adults. *The Angle Orthodontist*, 77 (1): 29-35.

López-Miñarro, P.A., J.M. Muyor, F. Belmonte and F. Alacid. 2012. Acute effects of hamstring stretching on sagittal spinal curvatures and pelvic tilt. *J Hum Kinet* 31: 69-78.

Scannell, J.P., and S.M. McGill. 2003. Lumbar posture—should it, and can it, be modified? A study of passive tissue stiffness and lumbar position during activities of daily living. *Phys Ther* 83 (10): 907-17.

Viggiani, D., M. Nagouchi, K. M. Gruveski, D. De Carvalho and J. P. Callaghan. (2014). The effect of wallet thickness on spine sitting posture, seat interface pressure, and perceived discomfort during sitting. *IIE Transactions on Occupational Ergonomics and Human Factors*. DOI: 10.1080/21577323.2014.962712.

第 8 章

Alter, M.J. 2004. *The science of flexibility*. Champaign, IL: Human Kinetics.

American Academy of Orthopaedic Surgeons. 2014. Adult acquired flatfoot.

American College of Foot and Ankle Surgeons. 2014a. Cavus foot (high-arched foot).

American College of Foot and Ankle Surgeons. 2014b. Flexible flatfoot.

American College of Foot and Ankle Surgeons. 2014c. Common disorders of the Achilles tendon. .

Banwell, H.A., S. Mackintosh and D. Thewlis. 2014. Foot orthoses for adults with flexible pes planus: A systematic review. *Journal of Foot and Ankle Research*. 7 (23).

Betsch, M., J. Schneppendahl, L. Dor, P. Jungbluth, J.P. Grassmann, J. Windolf, S. Thelen, M. Hakimi, W. Rapp and M. Wild. 2011. Influence of foot positions on the spine and pelvis. *Arthritis Care Res* 63 (12): 1758-65.

Beynnon, B.D., D.F. Murphy and D.M. Alosa. 2002. Predictive factors for lateral ankle sprains: a literature review. *J Athl Train* 37 (4): 376-380.

Bloomfield, J., T.R. Ackland and B.C. Elliott. 1994. *Applied anatomy and biomechanics in sport*. Victoria, Australia: Blackwell Scientific.

Burns, J., K.B. Landorf, M.M. Ryan, J. Crosbie and R.A. Ouvrier. 2007. Interventions for the prevention and treatment of pes cavus. Cochrane Database of Systematic Reviews 17 (4) CD006154. DOI: 10.1002/14651858.CD006154.pub2.

Cerejo, R., D.D. Dunlop, S. Cahue, D. Channin, J. Song and L. Sharma. 2002. The influence of alignment on risk of knee osteoarthritis progression according to baseline stage of disease. *Arthritis Rheum* 46 (10): 2632-36.

Clementz, B.G. 1988. Tibial torsion measured in normal adults. *Acta Orthop Scand* 59 (4): 441-42.

Cooperstein, R., and M. Lew, 2009. The relationship between pelvic torsion and anatomical leg length discrepancy: a review of the literature. *J Chiropr Med* 8 (3): 107-13.

Corps, N., A.H. Robinson, R.L. Harrall, N.C. Avery, C.A. Curry, B.L. Hazleman and G.P. Riley. 2012. Changes in matrix protein biochemistry and the expression of mRNA encoding matrix proteins and metalloproteinases in posterior tibialis tendinopathy. *Ann Rheum Dis* 71 (5): 746-52.

Devan, M.R., L.S. Pescatello, P. Faghri and J. Anderson. 2004. A prospective study of overuse knee injuries among female athletes with muscle imbalances and structural abnormalities. *Journal of Athletic Training* 39 (3): 263-67.

Donatelli, R. 1987. Abnormal biomechanics of the foot and ankle. *J Orthop Sports Phys Ther* 9 (1): 11-16.

Fan, Y., Y. Fan, Z. Li, C. Lv and D. Luo. 2011. Natural gaits of the non-pathological flat foot and high-arched foot.

Fish, D.J., and C.S. Kosta. 1998. Genu recurvatum: Identification of three distinct mechanical profiles. *J of Prosthetics and Orthotics* 10 (2): 26-32.

Fowler, R.P. 2004. Recommendations for management of uncomplicated back pain in workers'compensation system: A focus on functional restoration. *J Chiropr Med* 3 (4): 129-37.

Gandhi, S., R.K. Singla, J.S. Kullar, G. Agnihotri, V. Mehta, R.K. Suri and G. Rath. 2014. Human tibial torsion—morphometric assessment and clinical relevance. *Biomed J* 37 (1): 10-13.

Gross, M.T. 1995. Lower quarter screening for skeletal malalignment—suggestions for orthotics and shoewear. *J Orthop Sports Phys Ther* 21 (6): 389-405.

Hagedorn, T.J., A.B. Dufour, J.L. Riskowski, H.J. Hillstrom, H.B. Menz, V.A. Casey and M.T. Hannan. 2013. Foot disorder, foot posture, and foot function: The Framington foot study.

Hartman, A.K., Murer, R.A. de Bie and E.D. de Bruin. 2009. The effect of a foot gymnastic exercise programme on gait performance in older adults: A randomised controlled trial.

Hicks, J., A. Arnold, F. Anderson, M. Schwartz and S. Delp. 2007. The effect of excessive tibial torsion on the capacity of muscles to extend the hip and knee during single-limb stance. *Gait Posture* 26 (4): 546-52.

Hughes, J., P. Clark and L. Klenerman. 1990. The importance of toes in walking. *J Bone Joint Surg Br* 72 (2): 245-51.

Inman, V.T. 1966. Human locomotion. *Cana. Med Ass J* 94 (4): 1047-54.

Kendall, F.P., E.K. McCreary and P.G. Provance. 1993. *Muscles: Testing and function*. 4th ed. Baltimore: Lippincott Williams and Wilkins.

Kerrigan, D.C., L.C. Deming and M.K. Holden. 1996. Knee recurvatum in gait: A study of associated knee biomechanics. *Arch Phys Med Rehabil* 77 (7): 645-50.

Knight, I. 2011. *A guide to living with hypermobility syndrome*. 2011. Philadelphia: Singing Dragon.

Kohls-Gatzoulis, J., J.C. Angel, D. Singh, F. Haddad, J. Livingstone and G. Berry. 2004. Tibialis posterior dysfunction: A common and treatable cause of adult acquired flatfoot. *BMJ* 329 (7478): 1328-33.

Kouyoumdjian, P., R. Coulomb, T. Sanchez and G. Asencio. 2012. Clinical evaluation of hip joint rotation range of motion in adults. *Orthop Traumatol Surg Res* 98 (1): 17-23.

Langendoen, J., and K. Sertel. 2011. *Kinesiology taping*. Ontario, Canada: Robert Rose.

Levangie, P.K., and C.C. Norkin. 2001. *Joint structure and function: A comprehensive analysis*. Philadelphia: Davis.

Levinger, P., H.B. Menz, M.R. Fotoohabadi, J.A. Feller, J.R. Bartlett and N.R. Bergman. 2010. Foot posture in people with medial compartment knee osteoarthritis.

Levinger, P., H.B. Menz, A.D. Morrow, J.A. Feller, H.R. Bartlett and N.R. Bergman. 2012. Foot kinematics in people with medial compartment knee osteoarthritis. *Rheumatology (Oxford)* 51 (12): 2191-98.

Loudon, J.K., H.L. Goist and K.L. Loudon. 1998. Genu recurvatum syndrome. *J Orthop Sports Phys Ther* 27 (5): 361-367.

Lun, V., W.H. Meeuwisse, P. Stergiou and D. Stefanyshyn. 2004. Relation between running injury and static lower limb alignment in recreational runners. *Br J Sports Med* 38: 576-80.

Luque-Suarez, A., G. Gijon-Nogueron, F.J. Baron-Lopez, M.T. Labajos-Manzanares, J. Hush and M.J. Hancock. 2014. Effects of kinesiotaping on foot posture in participants with pronated foot: A quasi-randomised, double-blind study. *Physiotherapy* 100 (1): 36-40.

Magee, D. J. 2002. *Orthopedic physical assessment*. 4th ed. Philadelphia: Saunders.

McWilliams, D.F., S. Doherty, R.A. Maciewicz, K.R. Muir, W. Zhang and M. Doherty. 2010. Self-reported knee and foot alignments in early adult life and risk of osteoarthritis. *Arthritis Care Res* 62 (4): 489-95.

Malvankar, S., Khan, W., Mahapatra, A and G.S.E. Dowd. 2012. How effective are lateral wedge orthotics in treating medial compartment osteoarthritis of the knee? A systematic review of the recent literature.

Manoli, A. and B. Graham. 2005. The subtle cavus foot, the "underpronator". *Foot Ankle Int* 26 (3): 256-263.

Mullaji, A.B., A.K. Sharma, S.V. Marawar and A.F. Kohli. 2008. Tibial torsion in non-arthritic Indian adults: a computer tomography study of 100 limbs. *Indian J Orthop* 42 (3): 309-13.

Myerson, M.S. 1996. Adult acquired flatfoot deformity: Treatment of dysfunction of the posterior tibial tendon. *Instr Course* 46: 393-505.

Neumann, D.A. 2010. Kinesiology of the hip: A focus on muscular actions. *J Orthop Sports Phys Ther* 40 (2): 82-94.

Perkins, G. 1947. Pes planus or instability of the longitudinal arch. *Proc Royal Soc Med* 41 (1): 31-40.

Riegger-Krugh, C., and J.J. Keysor. 1996. Skeletal malalignments of the lower quarter: Correlated and compensatory motions and postures. *J Orthop Sports Physical Therapy* 23 (2): 164-70.

Ritchie, G.W., and H.A. Keim. 1964. A radiographic analysis of major foot deformities. *Can Med Assoc J* 91 (16): 840-44.

Rodrigues, P.T., A.F. Ferreira, R.M. Pereira, E. Bonfá, E.F. Borba and R. Fuller. 2008. Effectiveness of medial-wedge insole treatment for valgus knee osteoarthritis. *Arthritis Rheum* 15 (59): 603-08.

Samaei, A., A.H. Bakhtiary, F. Elham and A. Rezasoltani. 2012. Effects of genu varum deformity on postural stability. *Int J Sports Med* 33 (6): 469-73.

Sorensen, K.L., M.A. Holland and E. Patla. 2002. The effects of human ankle muscle vibration on posture and balance during adaptive locomotion. *Exp Brain Res* 143 (1): 24-34.

Strecker, W., P. Keppler, F. Gebhard and L. Kinzl. 1997. Length and torsion of the lower limb. *J Bone Joint Surg Br* 79 (6): 1019-23.

Tinkle, B.T. *Issues and management of joint hypermobility.* 2008. Niles, IL: Left Paw Press.

Turner, M.S., and I.S. Smillie. 1981. The effect of tibial torsion on the pathology of the knee. *J Bone Joint Surg Br* 63-(B) (3): 396-98.

Vicenzino, B., M. Franettovich, T. McPoil, T. Russell, G. Skardoon and S. Bartold. 2005. Initial effects of antipronation tape on the medial longitudinal arch during walking and running. *Br J Sports Med* 39 (12): 939-43.

Whitman, R. 2010. The classic: A study of weak foot, with reference to its causes, its diagnosis, and its cure, with an analysis of a thousand cases of so-called flat-foot 1896. *Clin Orthop Relat Res.* 468 (4): 925-39.

Williams, D.S., I.S. McClay and J. Hamill. 2001. Arch structure and injury patterns in runners. *Clinical Biomech* (Bristol, Avon) 16 (4): 341-7.

第 9 章

Ackermann, B., R. Adams, and A. Marshall. 2002. The effect of scapula taping on electromyographicactivity and musical performance in professional violinists. *Australian Journal of Physiotherapy.* 28: 197-203.

Brunstromm, S. *Clinical kinesiology.* 2012. Eds P.A. Houglum and D.B. Bertoti. 6th ed. Philadelphia: Davis.

Cabrera, A.L., K.D. Plancher, S.C. Petterson and J.E. Kuhn. 2014. Treatment of medial and lateral scapular winging: Tendon transfers. *Oper Tech Sports Med* 22 (1): 97-107.

Cole, A.K., M.L. McGrath, S.E. Harrington, D.A. Padua, T.J. Rucinski and W.E Prentice. 2013. Scapular bracing and alteration in posture and muscle activity in overhead athletes with poor posture. *J Athl Train* 48 (1): 12-24.

Cools, A.N., V. Dewitte, F. Lanszweet, D. Notebaert, A. Roets, B. Soetens, B. Cagnie and E.E. Witvrouw. 2007. Rehabilitation of scapular muscle balance: Which exercises to prescribe? *American J of Sports Med* 35 (10): 1744-1751.

Culham, E., and M. Peat. 1993. Functional anatomy of the shoulder complex. *J Orthop Sports Phys Ther* 18 (1): 342-50.

DiVeta, J., M.L. Walker and B. Skibinski. 1990. Relationship between performance of selected scapular muscles and scapular abduction in standing subjects. *Phys Ther* 70 (8): 470-79.

Escamilla, R.F., K. Yamishiro, L. Paulos and J.R. Andrews. 2009. Shoulder muscle activity and function in common shoulder rehabilitation exercises. *Sports Med* 39 (8): 663-85.

Fitz, G.W. 1906. A clinical and anatomical study of resistant forward shoulders.

Forthomme, B., J-M. Crielaard and J-L. Croisier. 2008. Scapular positioning in athlete's shoulder. *Sports Medicine* 38 (5): 369-86.

Greenfield, B., P.A. Catlin, P.W. Coats, E. Green, J.J. McDonald and C. North. 1995. Posture in patients with shoulder overuse injuries and healthy individuals. *J Orthop Sports Phys Ther* 21 (5): 287-95.

Hoppenfeld, S. 1976. *Physical examination of the spine and extremities.* New York: Appleton-Century Crafts.

Kendall, F.P., E.K. McCreary and P.G. Provance. 1993. *Muscles: Testing and function.* 4th ed. Baltimore: Lippincott Williams and Wilkins.

Kibler, W.B., P.M. Ludewig, P.W. McClure, L.A. Michener, K. Bak and A.D. Sciacia. 2013. Clinical implications of scapula dyskinesis in shoulder injury: The 2013 consensus statement from the scapular summit.

Klebe, T.M., K.V. Dessing, T. Blenstrup, J. Nielsen-Ferreira, L. Rejsenhus, G. Aalkjaer and M. Breddam. 2003. Scapulae alatae—angels' wings. A study of 64 patients treated with braces and physical therapy at the Viberg's hospital. Ugeskr Laeger 165 (17): 1779-82.

Levangie, P.K., and C.C. Norkin. 2001. *Joint structure and function: A comprehensive analysis.* Philadelphia: Davis.

Lewis, J.S., C. Wright and A. Green. 2005. Subacromial impingement syndrome: The effect of changing posture on shoulder range of movement. *J Orthop Sports Phys Ther* 35 (2): 72-87.

Magee, D.J. 2002. *Orthopedic physical assessment.* 4th ed. Philadelphia: Saunders.

Martin, R.M., and D.E. Fish. 2008. Scapular winging: Anatomical review, diagnosis and treatments. *Curr Rev Musculoskelet Med* 1 (1): 1–11.

Meininger, A.K., B.F. Figuerres and B.A. Goldberg. 2011. Scapular winging: An update. *J M Acad Orthop Surg* 19 (8): 453-62.

Oyama, S., J.B. Myers, C.A. Wessinger, R.D. Ricci and S.M Lephart. 2008. Asymmetric resting scapular posture in healthy overhead athletes. *J of Athletic Training* 43 (6): 565-70.

Smith, J., T.D. Dietrich, B.R. Kotajarvi and K.R. Kaufman. 2006. The effect of scapular protraction on isometric shoulder rotator strength in normal subjects. *J Shoulder*

Elbow Surg 15 (3): 339-43.

Sobush, D.C., G.G. Simoneau, K.E. Dietz, J.A. Levene, R.E. Grossman and W.B. Smith. 1996. The Lennie test for measuring scapula position in healthy young adult females: A reliability and validity study. *J Orthop Sports Phys Ther* 23 (1): 39-50.

Tibaek, S. and J. Gadsboell. 2014. Scapula alata: Description of a physical therapy program and its effectiveness measured by a shoulder-specific quality-of-life measurement. *J Shoulder Elbow Surg* 1-9.

第 10 章

Alter, M.J. 2004. *The science of flexibility*. Champaign, IL: Human Kinetics.

American Academy of Orthopaedic Surgeons (W.B. Greene and J.D. Heckman, Eds). 1994. *Clinical measurement of joint motion*. Rosemont (IL).

Jacobs, C.A., and A.D. Sciascia. 2011. Factors that influence the efficacy of stretching programmes for patients with hypomobility. *Sports Health* 3 (6): 520-23.

Kaux, J.F., B. Forthomme, M. Foldart-Dessalle, F. Delvaux, F.G. Debray, J.M. Crielaard and J.L. Crosier. 2013. Eccentric training for elbow hypermobility.

Kirk, J.A., B.M. Ansell and E.G. Bywaters. 1967. The hypermobility syndrome: Musculoskeletal complaints associated with generalized hypermobility. *Ann Rheu. Dis* 26 (5): 419-25.

Levangie, P.K., and C.C. Norkin. 2001. *Joint structure and function: A comprehensive analysis*. Philadelphia: Davis.

MacKay-Lyons, M. 1989. Low-load prolonged stretch in treatment of elbow flexion contractures secondary to head trauma: A case report. *Phys Ther* 69 (4): 292-96.

Magee, D.J. 2002. *Orthopedic physical assessment*. 4th ed. Philadelphia: Saunders.

Morrey, B.F., L.J. Askew and E.Y. Chao. 1981. A biomechanical study of normal functional elbow motion. *J Bone Joint Surg Am* 36 (6): 872-7.

Müller, A.M., P. Sadoghi, R. Lucas, L. Audige, R. Delany, M. Klein, V. Valderrabano and P. Vavken. 2013. Effectiveness of bracing in the treatment of nonoseesoes restriction of elbow mobility: A systematic review and meta-analysis of 13 studies. *J Shoulder Elbow Surg* 22 (8): 1146-52.

Nandi, S., S. Maschke, P.J. Evans and J.N. Lawton. 2009. The stiff elbow. *Hand (N Y)* 4 (4): 368-79.

简 • 约翰逊（Jane Johnson）

理学硕士；一位专门从事职业健康工作的特许治疗师及运动按摩理疗师。

对于患者的体态评估及判断其职业、运动或日常活动是否导致了症状等专业工作，约翰逊投入了很多时间和精力，并设计了包括手法操作和非手法操作的体态矫正方法。

约翰逊已在英国及其他国家的许多组织中举办了多次持续专业发展（CPD）研讨会。同样，这些经历也使她接触了许多机构的成千上万的治疗师，帮助她形成了自己的工作模式。她经常支持和鼓励新晋治疗师或对工作不太自信的治疗师要在工作中更加自信。

约翰逊是物理治疗学会（CSP）的特许成员，也是卫生专业委员会（HPC）的注册成员。同时，作为一名医学法律协会（MLA）的特许理疗师，她在软组织治疗指南中提供过专家意见。

约翰逊现居英格兰东北部，业余时间喜欢遛狗、素描和参观博物馆。

译者简介

赵鹏

国家体育总局体育科学研究所运动康复与体能训练研究中心主任、研究员、硕士生导师；博士；中国举重协会科研委员会主任；国家举重队备战北京奥运会、伦敦奥运会及里约奥运会科研团队负责人，带领团队获得第 29 届和第 30 届奥运会科研攻关与科技服务项目贡献一等奖；曾作为骨科住院医师从事临床工作，并在国家女子篮球队、国家棒球队、国家摔跤队担任随队医生。主要研究方向：运动伤病的物理治疗、康复与体能训练、训练监控、营养补充、控降体重等。

李令岭

北京体育大学运动康复专业博士在读，昆明医科大学与澳大利亚格里菲斯大学联合培养硕士，澳大利亚格里菲斯大学访问学者；康复医学治疗技术师，通过 SFMA 初级及高级认证；主要擅长运动损伤的康复治疗与功能训练，于 2017 年 5 月就职于国家体育总局体育科学研究所运动康复与体能训练研究中心，并在国家举重队做科研保障服务；近 3 年在核心期刊及国内外会议上发表论文 7 篇，参与部委级课题 2 项。